LES

Œuvres Sociales

A

L'EXPOSITION UNIVERSELLE DE PARIS

•• 1900 ••

par

C. CHIOUSSE,

Délégué par M. le Préfet de l'Isère à l'Exposition de 1900.

*Président de la Fédération des Sociétés Coopératives de Consommation
des Employés des Chemins de fer P.-L.-M.*

Vice-Président de l'Union Coopérative des Sociétés Françaises de consommation.

*Président d'honneur de la Société coopérative des Employés des Chemins
de fer P.-L.-M. à Grenoble.*

BIBLIOTHÈQUE

DE LA FÉDÉRATION DES SOCIÉTÉS COOPÉRATIVES DE CONSOMMATION

des Employés des Chemins de fer P.-L.-M.

BUREAU-DIRECTEUR : 12, rue du 4-septembre, Grenoble.

1901

LES ŒUVRES SOCIALES

A l'Exposition Universelle de Paris 1900

LES

ŒUvres Sociales

A

L'EXPOSITION UNIVERSELLE DE PARIS

+• 1900 •+

par

C. CHIOUSSE,

*Président de la Fédération des Sociétés Coopératives de Consommation
des Employés des Chemins de fer P.-L.-M.*

Vice-Président de l'Union Coopérative des Sociétés Françaises de consommation.

*Président d'honneur de la Société coopérative des Employés des Chemins
de fer P.-L.-M. à Grenoble.*

Délégué par M. le Préfet de l'Isère à l'Exposition de 1900.

BIBLIOTHÈQUE

DE LA FÉDÉRATION DES SOCIÉTÉS COOPÉRATIVES DE CONSOMMATION

des Employés des Chemins de fer P.-L.-M.

BUREAU-DIRECTEUR : 12, rue du 4-septembre, Grenoble.

1901

INTRODUCTION

Lorsque le 18 juillet 1892, M. Jules Roche, alors ministre du commerce et de l'industrie, soumettait à la signature du regretté Président Carnot le décret fixant à l'année 1900 l'ouverture de la future Exposition universelle, il expliquait, dans le rapport précédant le projet de décret dont il formait en quelque sorte l'exposé des motifs, l'intérêt que pouvait présenter une Exposition universelle à cette date. Il insistait sur cette date qui devait marquer la fin d'un siècle de prodigieux essor scientifique et économique, et le seuil d'une ère nouvelle dont les savants et les philosophes prophétisent la grandeur et dont les réalités doivent, sans doute, dépasser les rêves de nos imaginations.

L'Exposition de 1900, disait-il, constituera la synthèse, déterminera la philosophie du XIXᵉ siècle.

Plus tard, M. Alfred Picard, commissaire général de l'Exposition, a dit à son tour : « Il faut que l'Exposition universelle de 1900 soit la philosophie et la synthèse du siècle ; qu'elle ait à la fois grandeur, grâce et beauté ; qu'elle reflète le clair génie de la France ; qu'elle nous montre, de même que par le passé, à l'avant-garde du progrès ; qu'elle honore le pays et la République ; que nous y apparaissions comme les dignes fils des hommes de 1789. »

Aujourd'hui, que l'Exposition a fermé ses portes, qu'une splendide apothéose a clôturé cette période brillante et que la France a pu, comme dans les Expositions précédentes, déployer, au milieu de ceux des autres nations, les trésors et les merveilles de sa production artistique, industrielle et agricole, qui donc parmi les millions de visiteurs qui ont peuplé les palais et admiré les richesses de toute nature qu'ils contenaient, pourrait dire que les résultats n'ont pas seulement confirmé les espérances de ses parrains, mais dépassé et de beaucoup les rêves les plus ambitieux.

Tous ceux qui ont visité l'Exposition en sont revenus les yeux éblouis et le cœur plein d'une légitime fierté.

Tout, dans l'ensemble comme dans les détails, mériterait une mention spéciale. Tout, le cadre harmonieux qui l'entourait, la ceinture de palais qui avait transformé l'Esplanade des Invalides en un rêve d'Orient, la beauté de la rue des Nations, l'ensemble si pittoresque des Expositions coloniales du Trocadéro, la beauté architecturale des palais des Beaux-Arts, comme les serres monumentales qui renfermaient l'exposition d'horticulture, et le palais de l'Economie sociale, qui portait, écrite sur ses murs, l'histoire touchante des efforts prolongés et soutenus du monde du travail dans sa marche à travers l'humanité, et les immenses galeries du Champs-de-Mars, contenant un entassement fantastique de richesses industrielles et agricoles.

Tout avait été combiné et arrangé pour le plaisir des yeux et l'instruction des visiteurs. Aussi, ceux qui ont voulu profiter de leur séjour à l'Exposition pour étudier les conquêtes de l'industrie et les progrès accomplis dans le domaine des sciences sociales, ont-ils pu faire ample moisson de renseignements et d'exemples, et en sortir réconfortés et pleins de foi en l'avenir.

Désigné par une décision bienveillante de M. le Préfet du département de l'Isère, comme délégué à l'Exposition de 1900, je me suis attaché plus particulièrement à l'étude du groupe de l'Economie sociale, installé dans le palais des Congrès. Cette partie de l'Exposition étant extrêmement intéressante, il m'eût été très agréable de présenter dans ce rapport un résumé complet des monographies, historiques et travaux divers qui s'y trouvaient réunis ; mais, après plusieurs jours passés à parcourir les diverses salles du palais de l'Economie sociale, j'ai été amené à constater qu'il m'était matériellement impossible de réaliser ce projet. — En effet, la multiplicité des œuvres exposées, la façon parfois défectueuse de leur exposition, quelques travaux, en raison de la quantité considérable des œuvres exposées, ayant dû être placés très haut et hors de portée de la vue, et beaucoup d'autres raisons, dont la moindre n'était certainement pas le court séjour qu'il m'était possible de faire à Paris, ne m'ont pas permis de donner à ce travail l'ampleur que j'aurais désiré. J'ai dû fixer des limites à mon ambition, et ne pouvant voir en détail toutes les classes du groupe XVI, je me suis occupé surtout des Sociétés coopératives de consommation, me bornant, quant aux autres, à quelques idées générales, appuyées d'un petit nombre d'exemples tirés des documents exposés.

J'ai parcouru cinq classes de l'Economie sociale, et par l'indication seule du nombre des exposants de chaque classe, il sera facile de se rendre compte qu'il était absolument impossible de les voir en détail, même en y consacrant un mois entier :

	Désignation de la classe	NATIONS représentées	EXPOSANTS		TOTAL des Exposants
			Français	Étrangers	
Associations coopératives de production et de crédit, syndicats professionnels.........	103	16	557	386	943
Syndicats agricoles. — Crédit agricole......	104	12	551	70	621
Habitations ouvrières..	106	16	90	162	252
Sociétés coopératives de consommation.....	107	11	74	56	130
Institution de prévoyance................	109	21	561	297	858
TOTAUX...			1.833	971	2.804

En établissant la modeste étude qui va suivre, je me suis fixé comme règle absolue, la plus sévère impartialité et en exprimant les quelques timides appréciations que le lecteur rencontrera, je n'ai pas eu l'intention de formuler des règles, ni imposer une méthode, pas plus que je n'ai cherché à instituer une discussion sur les principes sur lesquels reposent les institutions philanthropiques, et les organisations économiques et sociales qu'il m'a été donné d'étudier.

Mon ambition a été plus modeste : raconter simplement ce que j'ai vu et servir dans la mesure de mes forces et de mes moyens la grande cause de la Coopération et de la Mutualité.

Et je m'estimerai heureux et amplement récompensé, si j'ai pu, pour une part même très petite, aider au progrès de nos associations et au développement de la pratique de la solidarité.

LES ŒUVRES SOCIALES

A l'Exposition Universelle de Paris 1900

LE PALAIS DE L'ÉCONOMIE SOCIALE
A L'EXPOSITION DE 1900

Ce palais, construit entièrement par 19 Associations ouvrières de production (1), renferme des richesses inappréciables se composant à peu près exclusivement « d'idées morales, d'initiatives philanthropiques, de fraternités affirmées, de solidarités entrevues. Ce qui est là, c'est l'esprit humain dans ce qu'il a de meilleur ; c'est le cœur humain dans ce qu'il a de plus tendre. On y constate comment, sur la plupart des points du globe, un souci nouveau s'est fait jour, celui de l'homme, et combien la France, spécia-

lement, a le droit de s'enorgueillir de la sollicitude dont sont l'objet, chez elle, les masses laborieuses. Quiconque peine, quiconque souffre, enfant, femme, vieillard, malade, faible, déshérité, sent désormais se pencher sur lui, non pas seulement une bonté attendrie et secourable, mais une justice plus clémente. Ce n'est plus seulement le sentiment qui agit, c'est l'intelligence, c'est la raison, c'est la science.

Lentement elle se dégage, elle se forme, grâce à des tentatives librement entreprises et

---

(1) Ces Associations méritent d'être citées et d'être félicitées, car c'est une chose remarquable, que dix-neuf Associations ouvrières aient pu s'entendre pour édifier plus rapidement, que tous les autres entrepreneurs de l'Exposition, un monument dont la sévère simplicité seyait bien aux manifestations qui s'y sont déroulées et aux enseignements économiques qu'il abritait.

Voici le nom de ces Associations :

Association ouvrière, *Les Maçons de Paris*, 119, rue Michel-Bizot, Paris. Directeur : L. Dufresne.

Société des ouvriers *Charpentiers de Paris*, 24 et 26, rue Labrouste, Paris. Directeur : L. Favaron. O ✿.

Société Coopérative, *Les Charpentiers réunis*, 177, rue de Tolbiac, à Paris. Directeur : Gamain.

Association d'ouvriers *Charpentiers*, La Batignollaise, 65, avenue d'Ivry, Paris. Directeur : H. Gigot.

Société des ouvriers *Charpentiers de la Villette*, 49, rue Saint-Blaise, Paris. Directeur : J. Moris.

Union des ouvriers *Serruriers*, 7, rue Froissart, Paris. Administrateur délégué : L. Pasquier. ✿

Société Coopérative des ouvriers *Serruriers*, l'Avenir du Bâtiment, 40, rue Servan, à Paris. Directeur : J. Le Corre.

Association des ouvriers *Menuisiers de Paris*, 35, rue du Poteau, Paris. Directeur : C. Machuron. ✿

Association Coopérative. *La Menuiserie moderne*, 161, rue Marcadet, Paris. Directeur : E. Villaut.

Union des ouvriers *Menuisiers*, 5, rue Désiré-Ruggièri, Paris. Directeur : Fraudel.

Association d'ouvriers *Peintres*, Le Travail, 50, rue de Maistre, Paris. Directeur : Henry Buisson. ✿ ✿

Association d'ouvriers *Peintres* La Mutuelle, 60 rue de Caulaincourt, Paris. Directeur : Gillet.

Société Coopérative des ouvriers *Parqueteurs*, 10 rue de la Rosière-Grenelle, Paris. Fradelle et Cie.

Société Coopérative des ouvriers *Replanisseurs de*

librement conduites. Le nombre, la diversité en sont presque incroyables. Qu'on parcoure les immenses espaces réservés aux œuvres de l'Economie sociale, on sera frappé de stupeur devant un tel déploiement d'ingéniosité pour le bien. Crèches, institutions de prévoyance pour l'enfance, coopératives de production ou de consommation, participations aux bénéfices, mutualités, banques populaires, maisons ouvrières, institutions d'épargne, moyens de toute sorte pour accroître et vivifier le plus inappréciable des capitaux, le capital humain, sont là, mis en lumière par des statistiques, des dessins, des volumes, dont la réunion constitue un ensemble formidable. C'est le plus étonnant des monuments à la gloire de l'humanité. Pour les études pratiques d'où peut et doit sortir l'amélioration plus rapide et plus certaine de la condition sociale, il est impossible d'imaginer concours plus utile. Avec de tels matériaux, quelle ambition semblerait trop haute » (1).

Ici, les Sociétés de Consommation qui, parties de rien pour la plupart, presque sans argent, ayant contre elles la défiance des ouvriers, la haine des concurrents commerciaux, ont pu, grâce au dévouement que rien ne lasse, de leurs initiateurs, sortir des difficultés qui entravaient leur essor et devenir de merveilleux instruments de solidarité humaine, semant le bien à pleines mains, donnant aux travailleurs les moyens de s'élever dans l'échelle sociale, et les mettant à l'abri du lendemain.

---

la Seine, 24, rue du Cloître-Saint-Merri, Paris, Directeur : P. Serre.
- Association des ouvriers *Plombiers-Couvreurs-Zingueurs*, 152, rue Saint-Maur. Directeur : Regnard.
Association Coopérative d'ouvriers *Couvreurs-Plombiers*, La Lutèce, 16, rue Bichat, à Paris. Directeur : E. Bonnet.
Société des ouvriers *Plombiers-Couvreurs-Zingueurs*, L'Avenir, 18, rue d'Odessa, Paris. Directeur : J. Ménard.
Société Coopérative de *Sculpteurs-Décorateurs et Ornemanistes*, 54, rue de l'Amiral-Roussin, Paris. Directeur : J. Langevin.
Association Coopérative des ouvriers *Tapissiers*, 60, rue de Maistre, Paris. Directeur : E. Ladousse.

(1) Extrait du journal *Le Temps* (juillet 1900).

Là, les Sociétés de production, fondées par de bons et laborieux ouvriers, dont les bras et l'ardeur à la besogne formaient le plus clair de leur apport, et qui ont su, par leur discipline et la continuité de l'effort, donner à leurs membres plus de bien-être et plus de sécurité.

Ailleurs, ces Sociétés d'épargne et de secours, où, sou par sou, se forment des capitaux qui permettent de soulager bien des misères, et de soutenir l'ouvrier, l'employé, pendant de longs jours de maladie et de chômage. Sans elles, la gêne et les privations s'installeraient au foyer de bien des familles, auxquelles leurs subventions assurent le pain de chaque jour, pendant les périodes difficiles.

Enfin, on trouve mêlées à toutes ces Associations diverses, émanant de l'initiative ouvrière, des Institutions fondées par le patronat, qui nous font connaître les efforts de l'industriel pour améliorer la situation des travailleurs.

Mais, procédons par ordre, et disons quelques mots sur chacune des formes sous lesquelles se présentent à nous ces œuvres de solidarité humaine.

Associations Coopératives de production. — La première, ou celle que l'on reconnaît comme la première en date de ces Sociétés, c'est l'Association des menuisiers, fondée par Buchez, en 1831, constituant une véritable socialisation du travail dans la profession. En effet, le capital était inaliénable et indivisible, s'augmentant progressivement par un fort prélèvement sur les bénéfices, et devait englober toute la corporation.

L'Association de Buchez n'a pas fonctionné.

Jusqu'en 1848, il n'y eut plus d'autres tentatives que l'Association des bijoutiers en doré, qui, donnant à ses membres un fort intérêt personnel, vécut longtemps.

De 1848 à 1851, 200 Sociétés environ se fondèrent, qui à peu près toutes disparurent en peu de temps.

En 1863, on en comptait seulement 17 antérieures à juin 1863. A ce moment, un nouveau réveil de l'idée se produit, qui s'accentue lors de la promulgation de la loi du 24 juillet 1867. Puis le mouvement décroît jusqu'en 1881.

Le mouvement coopératif reprend à l'approche de l'Exposition de 1889. En 1894, 32 Sociétés se fondent ; en 1895, 30 ; en 1896, 41. Le 1er janvier 1897, leur nombre total est de 184 ; en 1899, de 220.

Syndicats professionnels. — Ce genre d'Associations se dessine à partir de 1800, sous le nom de Sociétés professionnelles de secours autorisées par l'administration. Un grand nombre s'établissent dans les grandes villes, Paris, Lyon, Marseille, Bordeaux, Grenoble, etc. En 1823, il y en avait 132 à Paris, 71 à Lyon.

Parallèlement à ces Sociétés, fonctionnaient les Compagnonnages, qui étaient, à proprement parler, des Sociétés secrètes, et comprenaient 31 professions.

En 1830, la fondation de l'Union des Travailleurs du Tour de France désagrège le Compagnonnage. L'Union comprend aujourd'hui 49 bureaux, installés dans 25 villes, et compte 4.000 membres.

Les premières Chambres syndicales patronales furent établies à Paris, en 1801, par les boulangers et les bouchers. En 1805, ce fut le tour des charcutiers.

La loi de 1884 a donné un grand essor à ces Associations. En 1899, on comptait 1.972 Syndicats patronaux, avec 154.310 membres ; 2.380 Syndicats ouvriers, avec 424.870 membres ; et environ 2.000 Syndicats agricoles, avec 800.000 membres.

Habitations ouvrières. — L'œuvre des habitations ouvrières et à bon marché est une des plus intéressantes qu'il nous ait été donné d'étudier et de connaître.

« Je regarde l'œuvre des habitations à bon marché, a dit M. Jules Simon, comme la plus belle que l'on puisse entreprendre ; je la mets sur le rang du sauvetage de l'enfance moralement abandonnée, et de la mutualité maternelle. Il s'agit partout de reconstituer la famille..... Nous disons à l'ouvrier qui travaille, qui se livre à un rude métier : « Restez chez vous, après la journée ; allez vous reposer dans votre intérieur. » Mais quel est cet intérieur ? Quelle est cette chambre étroite, où l'air ne circule pas, où le jour manque, où l'on entre étouffé par la fumée, poursuivi par de mauvaises odeurs, où toute la famille, père, mère, enfants de sexes différents, sains et malades, grands et petits, grouillent ensemble dans une promiscuité dangereuse pour la santé et pour les mœurs ? Ce pauvre homme, épuisé, haletant, qui a besoin d'un peu de gaîté autour de lui, en trouvant cette saleté, cette puanteur, et, dans cette atmosphère, des êtres déguenillés, affamés, n'a-t-il pas le droit de se plaindre à Dieu et aux hommes de la part qui lui est faite ? S'il se laisse tenter par le cabaret, par le bien-être et par la grosse gaîté qu'on y trouve, il est coupable, sans doute ; mais, n'a-t-il pas une excuse ? Vous, mes chers amis, vous leur dites : « Quittez les joies du cabaret, plus tristes que la vie de ménage » ; vous leur donnez à bon marché un logement agréable, où la ménagère trouve une cuisine avec évier, où les portes ferment bien, où elle a une chambre à part pour ses filles, où la propreté semble si naturelle, qu'on oublie, en le voyant, les tanières où vivaient autrefois les pauvres. »

Voilà en quels termes touchants Jules Simon s'exprimait sur les logements ouvriers.

C'est pour porter remède à la situation qu'il dépeignait avec des paroles si tristes, que l'œuvre des habitations à bon marché s'est fondée. Des maisonnettes claires, saines, agréables, entourées de jardins, recevant à flots le soleil et l'air, ayant de l'eau en abondance ont surgi dans beaucoup d'endroits, apportant avec elles, dans les ménages, la santé, la force, la joie et la tranquillité.

L'initiative patronale peut revendiquer une grande part dans cette rénovation. A côté d'elle, l'élément travailleur n'est pas resté inactif. Il s'est groupé en sociétés coopératives de construction. Ces deux éléments ont rivalisé d'efforts dans la recherche du bien.

Le patron a sacrifié une partie de ses revenus pour ses ouvriers et, sur d'autres points, les ouvriers ont suppléé à leur insuffisance en groupant leurs efforts. Le problème est résolu.

Le remède est à côté du mal que signalait Jules Simon.

L'Exposition de 1900 nous a fourni des exemples très nombreux des tentatives qui ont parfaitement réussi et dont peuvent se féliciter aujourd'hui les intéressés.

L'Etat, enfin, a contribué à l'extension du mouvement par une législation spéciale qui facilite et encourage la construction d'habitations à bon marché. C'est la loi du 30 novembre 1894, due à l'initiative de M. Jules Siegfried, et complétée ensuite par la loi du 31 mars 1896, qui a consacré ce progrès.

En 1898, il y avait, dans 50 départements, 88 comités créés en conformité des lois précitées.

Sociétés coopératives de consommation. — C'est dans la famille coopérative le type d'association le plus répandu. Il est, du reste, le plus facile à organiser, sa mise en train ne demande que peu de fonds et il donne à bref délai des résultats tangibles.

Le but de la Société coopérative de consommation est surtout de procurer à ses adhérents des denrées et marchandises de premier choix à des prix réduits, par l'élimination des intermédiaires inutiles. La Société s'adresse directement aux producteurs industriels et agricoles, et bénéficie ainsi des différences de prix.

Par le paiement au comptant, qui est la base et la raison d'être des Sociétés de consommation, le Coopérateur est obligé de proportionner ses dépenses à son salaire et, pour cela, d'adopter des habitudes d'ordre, d'économie et de prévoyance, qui élèvent sa dignité et assurent son indépendance.

La pratique de la Coopération rend le citoyen meilleur, en développant chez lui le sentiment de la solidarité dans le bien.

Elle lui permet de s'affilier à des sociétés de secours et de retraites, dont il peut acquitter les cotisations sans s'imposer des privations, en utilisant, à cet effet, les bonis de la consommation.

La Société de consommation a excité le dévouement de milliers de citoyens, mais, d'un autre côté, elle a dû se défendre contre les entreprises de la multitude de ceux dont elle tend à réduire les bénéfices : les intermédiaires.

Jusqu'à ce jour, elle a su déjouer leurs attaques et éviter d'être confondue avec le détaillant ordinaire par le paiement de la patente.

Elle espère qu'elle finira par obtenir du Parlement français le vote du code coopératif, qui voyage depuis quinze ans entre les deux Chambres, et qui doit établir définitivement les bases sur lesquelles elle doit s'appuyer.

Au 1er janvier 1900, on comptait en France 1.489 sociétés coopératives de consommation. Depuis, le nombre de ces associations s'est augmenté de pas mal d'unités, et il n'est pas exagéré d'en fixer le chiffre total actuel à 1.550, possédant plus de 50 millions de capital, faisant un chiffre de livraisons supérieur à 200 millions, et comprenant 600.000 adhérents.

Sociétés de secours mutuels. — Parmi les institutions de prévoyance, ce sont les sociétés de secours mutuels qui tiennent la tête par leur nombre et le chiffre de leurs adhérents.

La dernière statistique, publiée par le Ministère de l'Intérieur, porte la date du 31 décembre 1896. A cette date on comptait, en France :

7.943 sociétés approuvées ayant	1.157.703	adhérents
3.017 — autorisées ayant	324.338	—
Au total 10.960	1.482.041	
Plus	254.167	honoraires
Et au total	1.736.208	membres

Les recettes de l'année 1896 ont été de . . . . 35.492.769 »
et à la fin de la même année leur avoir total était de . . . . 248.610.677 »
dont, pour les sociétés approuvées . . . . 208.567.696 »
et pour les sociétés autorisées 40.042.981 »

Pendant la même année elles ont indemnisé 5.454.554 journées de maladie, soit 4 par sociétaire en moyenne.

En 1898, le nombre des pensionnés des

Sociétés de secours mutuels, qui joignent la retraite aux secours, a été de 42.678, avec une moyenne de 70 fr. de pension.

L'Etat leur a alloué en 1898, 2.392.116 fr. de subventions.

La mutualité scolaire, de création récente, compte déjà 1.500 sociétés avec 500.000 mutualistes.

La loi du 1er août 1898, qui a réalisé en grande partie les principaux désiderata des amis de la mutualité, marquera une date mémorable dans l'histoire de ces institutions et leur donnera un puissant essor.

Caisses de retraites. — Ces caisses se divisent en plusieurs catégories : 1° la « Caisse nationale des retraites pour la vieillesse » ; 2° les « Caisses patronales » ; 3° les « Compagnies d'assurances ; 4° les « Caisses dues à l'initiative des travailleurs ».

Les Caisses patronales, fondées par les grandes Compagnies de chemins de fer et le réseau de l'Etat, ont consacré à ce service 43.000.000 fr., pendant l'année 1897 et comprennent............ 200,000 adhérents

Les caisses des ouvriers des mines............. 245,587 —

Parmi les 296.797 établissements industriels soumis à l'inspection du travail et comptant 2.673.000 ouvriers, il a été fondé 229 caisses avec.............. 115,896 —

Les entreprises de tramways et omnibus........ 25,000 —

Institutions patronales. — Les galeries du groupe de l'Economie sociale de l'Exposition de 1900 ont réuni une abondante moisson de nobles et généreux exemples, donnés par l'initiative patronale dans la recherche des moyens les plus propres à améliorer la situation des travailleurs.

Tous seraient à citer, mais nous nous bornerons, pour le moment, à reproduire les quelques phrases qui ont été placées par l'administration supérieure de l'Exposition, en tête de la liste des exposants de la classe 109.

« Les institutions patronales sont de date récente. Au début de ce siècle, il semblait qu'entre patrons et ouvriers il ne put y avoir d'autres relations que celles de la vente et de l'achat du travail. Mais l'industrie a compris que, derrière la main-d'œuvre, cette abstraction économique, il y a un ouvrier avec sa famille et ses besoins ; que, si ces besoins ne sont pas satisfaits, il en résulte dans toute la machine industrielle des frottements et des à-coups qui peuvent l'arrêter ou même la briser ; que l'harmonie dans les rapports et le bien-être de la famille ouvrière sont de puissants facteurs économiques ; qu'en dehors du sentiment, elles dominent de haut les intérêts et que de leur bonne ou mauvaise solution dépendent la vie ou la mort même de l'industrie.

« De là, toutes ces combinaisons de solidarité sociale dont le cycle est complet : on y trouve des moyens pour aider la famille ouvrière dans chacune de ses crises et pour fortifier son action dans la période normale de la vie. Du berceau à la tombe, la sollicitude patronale accompagne l'ouvrier avec une ingéniosité que rien ne lasse. Ces libéralités s'étendent, en effet, à l'enseignement des enfants, au logement de la famille, aux vêtements, à la nourriture, aux maladies, à la vieillesse. Elles représentent, pour certaines exploitations houillères, de 7 à 20 o/o du salaire, de 50 à 70 o/o du dividende. Pour les six grandes compagnies de chemins de fer, l'ensemble de ces subventions s'est élevé en 1899 à 60.394.000 francs, c'est-à-dire en moyenne à 258 francs par agent, ou 10 o/o des dépenses d'exploitation.

« Ce sont là des chiffres très éloquents, et qui font d'autant plus honneur à l'industrie française, qu'ils sont le résultat de la libre volonté des patrons, et qu'ils témoignent de la ténacité et de l'ampleur de leurs efforts pour associer dans l'harmonie et dans la paix les deux grands facteurs de la production ; le capital et le travail ».

On ne saurait ni plus ni mieux dire.

CHAPITRE II

SOCIÉTÉS COOPÉRATIVES DE PRODUCTION ET DE CRÉDIT. - SYNDICATS PROFESSIONNELS

Maison Leclaire (Redouly, Valmé & Cⁱᵉ, Succʳˢ)

11, rue St-Georges, à Paris

Ici nous nous trouvons en présence, non point d'une entreprise patronale, comme pourrait le faire supposer le vocable adopté, mais d'une véritable association de production, créée de toutes pièces par Leclaire, qui fit preuve dans l'accomplissement de cette grande œuvre, d'une ténacité et d'une persévérance qu'animait une conviction ardente, et donna un exemple de désintéressement vraiment héroïque en se dépouillant volontairement en faveur de ses ouvriers.

Depuis 1842, le patron faisait participer ses ouvriers aux bénéfices, au moyen de gratifications aux ouvriers les plus anciens et les plus méritants; mais, à partir de 1869, l'association, en pleine possession de l'outillage de l'entreprise, donne intégralement, aux membres associés, tous les bénéfices qu'elle réalise.

Voici, du reste, la répartition des bénéfices nets depuis cette époque :

18,75 °/₀ aux gérants ;

31,25 °/₀ à la Société de Prévoyance et de secours mutuels, dont nous parlerons tout à l'heure.

50,00 °/₀ aux ouvriers et employés, au prorata de leurs salaires et appointements.

En jetant les bases de l'association, Leclaire a montré une sagesse et une prévoyance admirables.

Nous allons dire quelques mots sur l'organisation et le fonctionnement de la maison.

La raison sociale est formée d'abord du nom du gérant le plus ancien, en suite des noms des deux autres gérants et des mots : et Cⁱᵉ.

La direction est confiée à 3 *gérants*, choisis parmi les employés ; ils doivent apporter chacun une mise sociale, mais cette mise est formée par l'accumulation de leur part de bénéfices annuels, et l'associé sortant ou ses héritiers, en cas de décès, ne peuvent retirer leur apport qu'au fur et à mesure que le nouvel associé a pu fournir le sien.

Les gérants sont élus pour une durée illimitée ; ils ont tous les pouvoirs et toutes les responsabilités incombant à des associés en nom collectif.

Les associés gérants sont élus par le *noyau*.

Le noyau est composé d'ouvriers connaissant à fond leur métier, d'une conduite et d'une moralité irréprochable et d'employés ; pour être admis au noyau, les uns et les autres doivent avoir 25 ans au moins et 40 ans au plus.

Les membres du *noyau* élisent, chaque année, un Comité composé de cinq ouvriers, trois employés et le Patron président de droit. Ce Comité est chargé de juger les ouvriers et employés qui pendant le travail s'écarteraient de leurs devoirs. Il est chargé également d'examiner les demandes d'admission au noyau, de faire les enquêtes nécessaires et de proposer les candidats à l'Assemblée générale.

Les membres du noyau nomment chaque année, en Assemblée générale, deux délégués, choisis parmi eux, chargés avec le Président de la Société de secours mutuels, de contrôler si la répartition des bénéfices a été faite entre les ayants droit, conformément à l'acte social.

Apprentissage. Les apprentis, pris de préférence parmi les fils et parents des membres du noyau, sont payés aussitôt leur entrée à la maison et augmentés chaque année au mois d'avril. suivant leurs progrès. Ils sont traités avec douceur et considérés comme les enfants de la maison. Tous les soins sont donnés à leur instruction technique.

A la fin de chaque année un jury examine les progrès qu'ils ont faits et attribue des prix de 25 à 200 fr. à ceux qui sont les plus méritants.

Chaque année, la maison verse, en outre, au profit de chaque apprenti, lauréat ou non, une somme de dix francs à la caisse nationale des retraites.

La Société a eu depuis 20 ans 132 apprentis, dont 42 sont devenus sociétaires (12 chefs d'ateliers, 25 ouvriers et 5 employés à titres divers); le surplus est encore parmi les auxiliaires.

Société de secours mutuels. En 1838, Leclaire fonda une Société de secours mutuels pour son personnel ouvrier et employé.

Le droit d'admission à cette caisse est de 20 francs. Elle compte aujourd'hui 130 membres actifs et 5 membres honoraires.

Pour être admis à la Société il faut faire partie du noyau et avoir cinq ans de service à la maison. Les membres ne sont astreints à aucune cotisation.

Les sociétaires ont droit aux soins du médecin, aux médicaments et à une indemnité de 3 fr. 50 par jour.

Les femmes des sociétaires et leurs enfants, les rentiers, leurs femmes et leurs enfants ont droit au médecin et aux médicaments.

Tout sociétaire ayant 50 ans d'âge et 20 ans de service, les ouvriers blessés au travail et incapables de travailler ont droit à une pension de 1.500 francs.

Les veuves des sociétaires, et des ouvriers tués au travail et leurs orphelins, jusqu'à leur majorité, ont droit à la moitié de la pension.

Les ouvriers et employés auxiliaires ont droit dans les conditions ci-dessus, aux deux tiers de la pension des sociétaires, réversible par moitié sur la tête de leurs veuves.

Tous les ayants droit ci-dessus en cas de décès, sont inhumés aux frais de la Société dans une concession de cinq ans.

Tous les membres de la Société sont assurés pour une somme de 1.000 fr., au profit des veuves et des orphelins.

En 1899, la Société a payé 141.467 fr. 20 de pensions, et son avoir au 1er janvier 1900 s'élevait à 3.198.761 fr. 45.

Leclaire a fondé une œuvre durable et ses ouvriers qui sont restés ses continuateurs bénissent sa mémoire.

Il fut récompensé de son vivant par une médaille d'or, qui lui fut délivrée par la *Société pour l'encouragement de l'Industrie nationale* par un prix Monthyon que lui décerna l'Institut de France et enfin par la croix de la Légion d'honneur, en 1849.

Nous terminerons cette trop courte notice en rappelant les paroles qu'il adressait à ses ouvriers, en 1864, et qu'on lisait à l'Exposition universelle de 1889 au-dessus de son buste :

« Si vous voulez que je parte de ce monde le cœur content, il faut que vous ayez réalisé le rêve de toute ma vie ; il faut qu'après une conduite régulière et un travail assidu, un ouvrier et sa femme puissent, dans leur vieillesse, avoir de quoi vivre tranquille sans être à charge à personne. »

Le rêve de Leclaire est devenu dans la maison qu'il a créée une bienfaisante réalité. Il appartenait à cette élite d'hommes qui honorent l'humanité.

La maison Leclaire (Redouly, Valmé et Cie) qui avait obtenu dans les Expositions précédentes un diplôme d'honneur et cinq grands prix, vient d'être honorée par le Jury de l'Exposition universelle, de deux grands prix et d'une médaille d'or. Nous félicitons et le lauréat et le Jury.

SYNDICAT COOPÉRATIF DES DÉBITANTS
de Boissons gazeuses
14-16, Rue Guibal, MARSEILLE

Le 30 mars 1890, les débitants de boissons de Marseille reçurent de leurs fournisseurs d'eau de Seltz, une circulaire leur annonçant que le prix des siphons et bouteilles seraient surélevé à dater du 1er avril suivant.

Les fabricants d'eau de Seltz s'étant formés en syndicat pour faire ce beau coup, les débitants de boissons se formèrent à leur tour en syndicat pour répondre du tac au tac à leurs fournisseurs et organisèrent une société coopérative de production qui fut définitivement fondée dans une assemblée générale tenue le 15 août suivant.

D'après les évaluations faites, il fallait réunir 25.000 francs pour établir une usine pour la fabrication des eaux gazeuses. Le premier appel de fonds en réunit 65.000 et l'affaire obtint un succès complet.

Aujourd'hui l'usine possède une machine à vapeur de 10 chevaux de force actionnant 4 saturateurs à double pompe pouvant produire 15 mille siphons de seltz et 10.000 siphons de limonades et occupant 12 ouvriers, un torréfacteur de cafés produisant journellement 275 kilos de café torréfié, et une pompe pour le rinçage des bouteilles, lavant 1.000 bouteilles à l'heure.

L'usine produit annuellement 150 mille litres de sirops.

Depuis sa fondation à fin 1899, elle a livré à ses adhérents pour

105.861 fr. 50		de bière (service installé depuis 1897 seulement)
1.178.542	70	d'eau de seltz, limonades et sirops.
10.897	65	d'eaux minérales (service installé depuis 1899 seulement) ;

soit 1.295.301 fr. 85 au total, ayant produit un bénéfice net de 256.337 fr. 40 et, si l'on tient compte des différences de prix, ce bénéfice s'élève à 495.130 francs en réalité.

COMPARAISON ENTRE LES BILANS DE 1893 ET DE 1899

	ANNÉE 1893	ANNÉE 1899	DIFFÉRENCE en faveur de 1899
ACTIF			
Espèces en caisse........................	7.843 75	3.007 30	
Marchandises en magasin.................	2.969 40	50.475 40	47.506 »
Matériel et mobilier.....................	72.541 70	46.112 45	
Dépôt en banque........................		12.326 70	12.326 70
Titres.................................		25.103 60	25.103 60
Débiteurs divers........................		1.979 55	1.979 55
Totaux............	83.354 85	139.005 »	
PASSIF			
Capital social..........................	42.534 50	48.600 »	6.165 50
Créanciers divers.......................	16.344 70	26.569 55	10.224 85
Bénéfices non répartis...................	10.545 80		
Bonis nets..........................	13.930 35	63.825 45	49.905 10
Totaux............	83.354 85	139.005 »	

Tout débitant peut être admis à faire partie de la société moyennant un droit d'entrée de 25 francs, qui demeurent acquis à l'association.

Le capital social est divisé en actions de cent francs, mais l'associé n'a droit qu'à une voix dans les délibérations de la Société quelle que soit l'importance de ses apports Ces derniers produisent un intérêt de 6 % l'an.

La Société est administrée par un conseil de 22 membres élus au scrutin de liste, et pour deux ans. Les administrateurs sont renouvelables par moitié tous les ans. — Chaque administrateur doit être titulaire de deux actions.

Les employés de la Société participent aux bénéfices annuels pour une part de 6 fr. 50 pour cent. Cette part s'est élevée pour l'année 1899 à 4,152 fr. 50.

La Société comptait au début 120 membres, elle en réunit aujourd'hui plus de 500.

Le Syndicat industriel des débitants de boissons a été récompensé d'une médaille d'or par le Jury de l'Exposition de 1900 qui a décerné à ses collaborateurs : une médaille d'argent, une médaille de bronze et 4 mentions honorables.

LES CAFÉS POPULAIRES DU " VOLSKBOND "
Ligue des Amis du Peuple
A AMSTERDAM

ASSOCIATION CONTRE L'ABUS DES BOISSONS ALCOOLIQUES

Ces cafés ont été créés en vue d'y attirer aux heures matinales nombre de ceux qu'on avait vus fréquenter les cabarets ou ces crémeries de bas étage, installées à Amsterdam dans les sous-sols. On espérait aussi y voir entrer, aux heures de loisir, de nombreux ouvriers occupés trop loin de chez eux pour pouvoir aller y prendre leurs repas, et, par conséquent, désireux de trouver dans ces cafés quelques bonnes beurrées ou d'arroser de quelque chose de chaud celles qu'ils avaient apportées, comme aussi des hommes et des femmes qui, pendant le courant de l'après-midi ou de la soirée, éprouveraient le besoin de prendre un rafraîchissement ; enfin, on se flattait de l'espoir d'y faire éprouver aux consommateurs un tel sentiment de bien-être qu'ils y viendraient le soir, au lieu de fréquenter le cabaret aux relents pestilentiels d'alcool.

Il fallait donc livrer à prix très réduits, dans des locaux confortables, des boissons agréables et saines d'où l'alcool serait exclu très rigoureusement.

Comme, d'autre part, l'ouvrier amsterdamois est très sensible à la façon dont on le sert, et qu'il se montre foncièrement hostile à tout ce qui peut être interprété comme une tentative de le moraliser, il fallait affecter aux cafés un personnel de choix bien stylé et bannir de leurs murs les textes bibliques et les sentences morales que l'on trouve généralement dans les locaux des Sociétés de tempérance, et écarter toute allusion au but dans lequel les cafés avaient été fondés.

Ce programme a été réalisé et, à l'heure actuelle, la Ligue exploite 12 cafés économiques dans les endroits les plus fréquentés par l'élément ouvrier.

L'association est administrée par un comité de 3 membres qui remplissent leur mandat gratuitement, et dont l'un est pourvu des fonctions de trésorier. — Vis-à-vis des fournisseurs, comme des gérants des établissements, ils sont représentés par un inspecteur qui touche par semaine et par café 2 florins (le florin vaut environ 2 fr. 50), et qui a pour mission de visiter journellement tous les locaux, d'encaisser la recette du jour précédent, de constater tous les 14 jours l'état du stock et de remettre chaque semaine au comptable les états justificatifs ; ce dernier tient à jour les comptes des divers cafés et remet tous les 3 mois un bilan au comité.

Les gérants des cafés, d'ordinaire des gens d'âge mûr et sans enfants à entretenir, sont logés gratuitement et font librement usage des articles de consommation pour leur alimentation personnelle ; ils touchent 16 francs par semaine, non compris les bénéfices qu'ils réalisent sur la vente d'œufs, de cigares, etc., à la fin de l'année ils touchent une gratification qui a été de 100 francs pendant les derniers exercices.

Nous avons dit que la Ligue exploite actuellement 12 cafés.

Voici, à titre d'indication, le nombre de consommations servies par l'un d'eux, celui du Haarlemmerplein, pendant l'année 1899 :

Boissons chaudes (cacao, café, thé, bouillon, etc).....................	53.250
Petite bière	16.203
Autres boissons (lait, petit-lait, limonade, stout, eau gazeuse......	14.450
Total........	83.903

soit une moyenne de 230 par jour.

Les 12 cafés ont servi pendant la même période 696.000 consommations environ.

Il n'est pas sans intérêt maintenant de connaître le prix des consommations. Il est plus que modique, ainsi qu'on va en juger :

Une tasse de café avec sucre et lait...		0 f. 06
»	thé » ...	0 06
»	cacao à l'eau...........	0 08
»	» au lait...........	0 10
»	bouillon	0 10
Un verre de lait (1/3 de litre)		0 08
»	petit-lait (1/3 de litre)...	0 04
»	bière (2/5 de litre).....	0 10
»	limonade (1/4 litre)....	0 10
Un petit pain sans beurre..........		0 04
»	beurré..............	0 06
»	garni de fromage.......	0 08

Chose remarquable, ces prix permettent de réaliser encore 40 °/₀ de bénéfices.

Il est vrai que par suite de l'absence de tous droits protecteurs, les Pays-Bas jouissent d'une situation favorable. En France, il serait absolument impossible de réaliser un bénéfice quelconque en débitant ces boissons aux prix indiqués.

Les fondateurs de cette œuvre ne se sont point inspirés de principes purement philanthropiques. Il apparaît même que la philanthropie est bannie de l'institution, qui porte le cachet d'une affaire commerciale, et a des actionnaires qui touchent un dividende. Mais par ses Statuts, la Société a pris des mesures pour que jamais l'entreprise ne pût être exploitée au profit personnel des actionnaires. Du reste le principal de ces actionnaires est sa promotrice, la Ligue des amis du peuple, et les autres actionnaires sont membres du Comité de cette association.

Les autorités communales d'Amsterdam honorent de leur confiance cette institution, à laquelle elles ont accordé la faveur de se charger de l'exploitation d'un bâtiment construit aux frais de la cité.

Enfin, à l'Exposition internationale d'Amsterdam, en 1895, la Société a obtenu la plus haute distinction, la Croix d'honneur.

Union Compagnonnique des Compagnons du Tour de France des Devoirs unis, à Lyon

(4, Rue Gentil)

Les Sociétés d'Union Compagnonnique procèdent à la fois du syndicat professionnel et de la société de secours mutuels. Elles ont été fondées depuis de longues années et, dans la première moitié de ce siècle, le compagnonnage était florissant. Du reste, le syndicat professionnel actuel n'est qu'une copie de l'ancienne société de compagnonnage étendue et mise en harmonie avec les mœurs et les besoins des temps modernes, moins le secours mutuel.

L'Union compagnonnique a pour but et pour programme :

1º De grouper les artisans honnêtes de tous les métiers en société d'activité et leur procurer les moyens de s'instruire en voyageant ;

2º D'assurer à tous ses membres participants une indemnité de maladie partout où ils se trouvent ;

3º Faire des pensions de retraite à ses vieillards et à leurs épouses, si elles sont inscrites à cette institution ;

4º Elever et protéger les orphelins des sociétaires s'ils sont laissés dans le besoin ;

5º Veiller sur les apprentis et pourvoir à leurs besoins par des associations de protection ;

6° Ouvrir des cours professionnels théoriques et pratiques, pour faciliter les jeunes gens à se perfectionner dans leur métier ;

7° Procurer aux patrons de bons ouvriers et aux ouvriers du travail.

L'Union compagnonnique a été fondée le 3 septembre 1889 par les délégués des sociétés actives et des chambres fédérales du Tour de France, réunis en congrès à Paris.

L'Union groupe dans son sein 44 sociétés de compagnonnage établies dans 44 villes différentes, dont 42 en France, 1 en Suisse et 1 dans la la République Argentine, à Buenos-Ayres.

En fondant l'Union compagnonnique, le Congrès a déclaré formellement, et cette déclaration a été insérée dans le Règlement de l'Union (art. 2), que cette Société, voulant respecter toutes les croyances comme toutes les opinions, s'interdit la discussion des questions politiques et religieuses, ainsi que celles des rites, des corporations et des personnalités ; seuls, les intérêts de l'association, tendant à sa prospérité, au développement de son organisation et au bien-être de ses membres, devant faire l'unique préoccupation de ses travaux.

L'Union admet comme membres toutes les sociétés compagnonniques ayant une organisation régulière, ainsi que les corporations d'artisans similaires à celles faisant partie du compagnonnage.

Sont admis à l'Union compagnonnique tous les compagnons appartenant aux corporations d'artisans ne dépassant pas 40 ans d'âge, produisant un certificat de médecin attestant qu'ils ne sont atteints d'aucune maladie, jouissant de leurs droits civils et compagnonniques, attestés par un certificat de corporation, le casier judiciaire ou un rapport favorable d'une commission d'enquête accepté par la majorité des membres du bureau.

Sont admis sans limite d'âge tous les compagnons d'une société entrant collectivement, à condition que le quart de ses membres ne dépasse pas 40 ans, et en produisant les pièces ci-dessus énoncées pour chacun d'eux.

Tout compagnon a le droit et le devoir, dans l'intérêt de l'association, de propager ses principes.

Pour être reçu compagnon et membre participant, il faut professer ou avoir professé d'une manière effective, pendant au moins 3 ans, un métier d'artisan, être âgé de 17 ans au moins et de 40 ans au plus, sain de corps et d'esprit, de bonne vie et mœurs, présenter le casier judiciaire et donner des preuves de capacité professionnelle reconnues.

Dans toutes les villes de France et de l'étranger, cinq compagnons jouissant de leurs droits civils et compagnonniques, peuvent constituer une société d'union compagnonnique en en faisant demande à la direction, qui leur envoie les statuts de l'association. Après en avoir pris connaissance, ces compagnons peuvent demander l'affiliation de leur groupe au président, qui convoque les membres de la direction et du comité de l'activité. — L'assemblée décide au scrutin secret l'admission ou le rejet de la demande.

Chaque société d'Union compagnonnique est administrée par un comité de 10 membres. Le président doit être Français, avoir au moins 25 ans d'âge et 3 années de compagnonnage.

Le président d'une administration ne peut être nommé président d'une ville d'Union compagnonnique.

Chaque société de l'Union compagnonnique est tenue de verser chaque année, par membre honoraire et participant, 1 fr. 25 pris à sa caisse pour les besoins suivants :

0 fr. 50 pour être envoyés au trésorier de la Mutualité générale ;

0 fr. 25 pour être envoyés au trésorier de la direction, pour frais généraux ;

0 fr. 25 à l'orphelinat ;

0 fr. 25 aux sociétés protectrices des apprentis.

Chaque versement est accompagné de la liste des membres de la société.

Le sociétaire qui, en partant d'une ville, doit des cotisations à cette dernière, est tenu de les acquitter. Le trésorier régularise le livret quand les cotisations sont à jour.

Les compagnons et candidats voyageurs sont obligés de loger chez la Mère, sauf dispense du

2

président de la société qui désigne l'établissement.

Le président ne doit viser aucun livret sans s'être assuré que le partant a rempli ses diverses obligations envers la Mère, le patron et l'établissement où il aurait mangé et logé.

L'entrée de chambre ne sera accordée à l'arrivant que s'il est en règle.

Si la société a adopté les services médicaux et pharmaceutiques, elle doit le médecin et les médicaments aux sociétaires. Dans ce cas, les cotisations sont de 2 francs par mois.

Toute maladie déterminant une incapacité de travail d'au moins 3 jours, donne droit à l'indemnité si le sociétaire est en règle et s'il a envoyé de suite au président la déclaration du médecin de la société.

Le sociétaire qui tombe malade étant en voyage est tenu d'envoyer de suite au président de la ville vers laquelle il se dirige, la déclaration de sa maladie constatée par un médecin, accompagnée de son livret, et ne peut toucher son indemnité que s'il est en règle, en produisant un certificat dudit médecin constatant la durée de la maladie, légalisé par le maire et visé par le président de ladite ville.

L'indemnité payée au sociétaire malade par la ville qu'il a avisée, sera remboursée à cette dernière par la ville où le sociétaire aura versé ses dernières cotisations.

Au décès d'un membre participant, la famille doit prévenir le président. Si le membre décédé est en règle vis-à-vis de la société, celle-ci paie les frais funéraires de la classe au-dessus des indigents. Les compagnons sont convoqués aux enterrements des sociétaires et de leurs épouses.

Le sociétaire voyageur arrivant dans une ville où il ne trouve pas d'embauche, s'il se trouve dans le besoin, a droit à 3 repas et au coucher, le tout ne devant pas dépasser 3 fr. 50. Il reçoit aussi 0 fr. 04 par kilomètre pour se rendre d'un siège d'Union compagnonnique à un autre. Cette allocation ne peut excéder 5 francs.

Le sociétaire qui n'est pas en règle ou qui refuse le travail, n'a pas droit à ces secours.

En cas de dissolution d'une Société d'Union compagnonnique les fonds sont envoyés à la caisse de la Mutualité générale et les archives à la direction.

Règlement des groupes de l'activité. — Les groupes d'activité ont pour but de s'occuper des intérêts corporatifs, de l'admission de leurs membres dans les sociétés d'Union compagnonnique, de l'embauchage gratuit, de l'enseignement professionnel, de l'instruction compagnonnique conforme à celle établie par la Commission des trois Rites nommée par le Congrès de Toulouse et de correspondre entre villes. Ils choisissent à leur gré la Mère et le siège de leur société.

Les groupes d'activité se composent de corporations ayant des rapports ou des similitudes de matières à travailler.

Ils sont administrés par un conseil composé d'un nombre de membres variable.

Chaque activité est tenue de se mettre en rapport avec les villes du Tour de France afin d'établir un service continu d'offres et de demandes entre patrons et ouvriers. Les correspondances sont adressées aux présidents des activités, qui les remettent aux délégués des corporations intéressées.

Aucun candidat n'est reçu compagnon de l'Union compagnonnique s'il n'a fait un stage de 3 mois dans un groupe d'activité.

Caisse de retraite. — Fondée en 1882, la caisse de retraite de l'Union compagnonnique a pour but de faire des pensions à ses adhérents et de venir en aide à ceux devenus infirmes avant l'âge ou par accident, pourvu que ce ne soit pas de leur faute ou le résultat de leur inconduite.

Seuls les compagnons inscrits à l'Union compagnonnique et leurs épouses peuvent y participer.

Les membres participants paient un droit d'entrée de 3 francs et une cotisation mensuelle de 1 franc.

Un retard de quelques mois dans le paiement des cotisations entraîne la radiation.

Aucune pension ne peut être servie avant que le sociétaire ait 50 ans d'âge et 15 années de versements, sauf dans les cas d'accidents ou d'infirmités justifiées par certificat de médecin légalisé par le maire, signé de 3 sociétaires retraités, déclarant que le titulaire ne peut plus travailler.

Les demandes de pensions sont adressées, chaque année, au trésorier administrateur, du 1er au 31 octobre, accompagnées de l'extrait de naissance.

Quand le mari et la femme font partie de la caisse de retraite, si celui qui meurt le premier est pensionné ou avait droit à la pension, le survivant, lorsqu'il a droit à la retraite à son tour, peut recevoir, sans arrérages, la moitié de la pension que touchait ou aurait pu toucher le décédé.

Au cas où aucun des conjoints n'est retraité, le survivant a droit à la moitié des intérêts, au taux du jour, des versements du défunt, si ce dernier faisait partie de la caisse de retraite depuis 15 ans, et touchera cette rente à sa mise à la retraite.

La veuve qui se remarie perd son droit à la demi-pension, mais elle peut rester sociétaire si elle continue ses versements.

La caisse de retraite est administrée et gérée, d'un congrès à l'autre, par le trésorier-administrateur général nommé en congrès, et un trésorier-adjoint, assisté du président de l'Union compagnonnique de la ville où elle siège, et d'un délégué nommé en assemblée générale, qui forment le comité administratif. Les questions litigieuses sont soumises à la direction de l'Union compagnonnique.

Le siège de la caisse de retraite est à Surgères (Charente-Inférieure).

Mutualité générale. — La caisse centrale de la Mutualité générale a été établie pour avoir une réserve nécessaire au cas où des sièges des villes compagnonniques se trouveraient en détresse, par suite d'épidémie ou autres causes qui auraient épuisé leurs ressources.

Cette caisse, dont le siège est désigné à chaque congrès, est administrée et contrôlée par un conseil de 8 administrateurs et 2 commissaires de surveillance.

Les fonds alimentant la caisse centrale de la Mutualité sont fixés à chaque congrès. De 1899

à 1904, ils seront fournis par un impôt de 0 fr. 50 par an et par sociétaire inscrit à l'Union compagnonnique.

Toute société de l'Union compagnonnique qui, par suite d'épidémie, d'indemnités de maladie, frais funéraires, de secours urgents ou toutes autres dépenses reconnues indispensables, et dont les fonds en caisse et les versements de ses membres deviendraient insuffisants doit adresser au président de la Mutualité générale une demande de secours accompagnée d'un compte détaillé de ses recettes et dépenses depuis son dernier rapport financier jusqu'au jour de ladite demande. Le président de la Mutualité décide sur le vu de ces pièces.

Pour obtenir un secours, les compagnons malheureux ou leurs veuves adressent une demande à la direction générale de l'Union compagnonnique, qui la transmet, avec son avis, à la Mutualité générale. Celle-ci leur vient en aide avec la *Caisse de secours immédiats*, formée par le prélèvement de 0 fr. 10 sur le versement de chaque sociétaire à la Mutualité générale.

Le siège de la Mutualité générale est à Bordeaux, 45, rue Borie.

Orphelinat compagnonnique du Tour de France. — L'orphelinat a été fondé par une décision du congrès tenu à Nantes en 1894, et a pour but de recueillir, sans distinction de sexe, les orphelins des compagnons décédés membres participants de l'Union compagnonnique, de les soutenir, de les élever autant que ses moyens le lui permettront, jusqu'à l'âge de 16 ans au plus.

Les enfants secourus peuvent être laissés chez leurs mères, chez d'autres parents ou placés chez des étrangers de bonne vie et mœurs, qui les élèvent et les soignent comme les leurs.

L'orphelinat assure à ses pupilles, au sortir des écoles, avec l'éducation, une profession industrielle ou agricole en les plaçant, d'accord avec le tuteur ou la tutrice, chez d'honnêtes patrons choisis par le bureau de la Société d'Union compagnonnique de laquelle ils dépendent, et les fait surveiller par une commission.

L'administration de l'orphelinat est confiée à cinq membres. Le président est élu par le congrès ; les autres membres le sont par la société de la ville où l'orphelinat a son siège. Les membres de l'administration sont nommés pour deux ans et sont rééligibles.

Au décès d'un membre de l'Union compagnonnique, sa veuve ou le tuteur des orphelins peut obtenir les secours de l'orphelinat en adressant au président de la société à laquelle appartenait le défunt, une demande accompagnée de l'acte de décès de celui-ci, de l'extrait de naissance de l'enfant et d'un certificat délivré par la mairie, constatant que la mère est d'une conduite régulière et dans une situation peu aisée pour élever ses enfants.

Les compagnons veufs chargés de famille peuvent obtenir des secours, en adressant une demande au président de la ville.

Les présidents des villes où il y a des orphelins sont tenus, tous les trimestres, de donner connaissance à l'administration de l'orphelinat des conditions dans lesquelles se trouvent ces enfants.

Les frais de mois de nourrice, d'entretien et de garde de l'enfant, sont arrêtés par le président de la commission chargée de la surveillance des orphelins assistés, au minimum de ceux en usage dans la région.

Une assemblée générale a lieu tous les ans pour l'exposé de la situation financière et morale.

Dans chaque établissement de Mère des Compagnons du Tour de France, est installé un tronc pour l'association de l'orphelinat.

Ainsi qu'on a pu en juger par ce qui précède, l'Union compagnonnique des Compagnons du Tour de France des Devoirs unis, forme, au point de vue professionnel, corporatif et prévoyant, un tout complet parfaitement organisé, répondant à tous les besoins et pouvant rendre les plus grands services à ses affiliés.

Il se dégage de l'étude de cette institution une impression de touchante solidarité et un parfum d'honnêteté qui saisit et réconforte.

Le Jury de l'Exposition universelle de 1900 a décerné une médaille d'or à l'Union compagnonnique des Compagnons du Tour de France.

Syndicat de la Presse de l'Alimentation
A PARIS. 12, Rue Saint-Bon

Les diverses corporations qui représentent les nombreuses branches de l'alimentation se sont formées en syndicats professionnels qui tous, ou presque tous, possèdent un organe corporatif créé en vue de la défense des intérêts des syndiqués.

Ces journaux corporatifs, réunis en syndicat depuis quelques années, ont mené une campagne très rude contre les associations coopératives de consommation qu'ils considèrent, peut-être non sans raison, comme des adversaires, et leur action journalière a été suffisante jusqu'ici pour tenir en échec la loi coopérative qui, depuis 15 ans, fait le pied de grue dans l'antichambre du Parlement.

Et sans être obligé de nous prononcer sur la la fragilité des bases sur lesquelles les syndicats de l'alimentation appuient leurs revendications et le peu de fondement de leurs doléances contre les sociétés coopératives, nous ne faisons aucune difficulté de reconnaître qu'ils se sont tant remués et ont fait un tel tapage, que, ma foi, ils ont fini par obtenir de la lassitude de nos législateurs, quelques succès qui leur font espérer une réussite complète.

Comme ils doivent ces résultats à leur esprit d'union et à leur discipline, et qu'il serait puéril de ne pas vouloir reconnaître les très grands services que ces organes ont rendu à leurs corporations, il nous a paru nécessaire de parler du Syndicat de la Presse de l'alimentation qui a joué un rôle prépondérant dans la lutte économique entreprise par les détaillants de l'alimentation, contre la masse de la démocratie française. (1).

Aux termes des Statuts peuvent faire partie du Syndicat tous ceux qui, à un titre quelconque, sont attachés à la rédaction d'un journal corporatif, tels que rédacteurs en chef, secrétaires de rédaction, avocats conseils, architectes, chi-

(1) L'auteur de cette étude qui, en sa qualité de Coopérateur militant, a été pris très vivement à partie par plusieurs de ces journaux spéciaux, peut en parler en toute connaissance de cause.

mistes contentieux et tous collaborateurs actifs de la Presse de l'alimentation.

Le Syndicat a pour but : « de donner aux intérêts communs de ses membres une représentation constamment organisée pour agir auprès du gouvernement, des corps élus, des Préfectures de la Seine et de Police, des administrations, Compagnies de chemins de fer et de toute autre société particulière. »

Il est administré par un bureau de 7 membres élus pour trois ans par l'assemblée générale. Les membres sortants sont rééligibles. — Une commission de contrôle de 3 membres est nommée dans les mêmes conditions et pour la même durée.

Le Syndicat se réunit en séance ordinaire au moins une fois par mois.

La cotisation est fixée à 3 fr. par mois.

Les Statuts et le Règlement intérieur qui les suit sont peu développés et définissent en quelques mots le fonctionnement du Syndicat.

Nous ne possédons aucuns renseignements statistiques au sujet de ses opérations, et nous le regrettons, car il doit être intéressant de les consulter.

LE SYNDICAT MIXTE DE L'INDUSTRIE ROUBAISIENNE

Le Syndicat mixte de l'Industrie Roubaisienne a été fondé en vue de rapprocher et de concilier les deux grands facteurs de l'Industrie : Le capital et le travail, ce qui est encore la meilleure manière de servir leurs intérêts réciproques.

Patrons et ouvriers n'ont pas cru, en effet, avoir rempli l'intégralité de leur devoir les uns vis-à-vis des autres, les uns par le paiement du salaire convenu, les autres par l'exécution du travail réglementaire, et ils ont pensé, comme ils le disent dans la notice exposée, qu'en dehors de l'exécution étroite du contrat de travail il y avait entre eux une solidarité à laquelle ils ne pouvaient ni ne devaient se soustraire.

Le Syndicat mixte, fondé en 1888, comprend aujourd'hui 4.772 membres.

Il a encaissé depuis....... 133.410 fr. 70
Ses dépenses se sont élevées. 129.621 30

Reste un avoir de... 3.819 fr. 40

Le Syndicat mixte a fondé 24 institutions principales, qui embrassent toute la prévoyance et sur lesquelles nous allons dire quelques mots :

Société de Secours mutuels Saint-Joseph (96 membres).

Recettes .... 126.519 fr. 25
Dépenses........ 127.039 25
Secours donnés.. 124.832 80
Frais de gestion.. 1 77 %

En cas de déficit le Syndicat fait les avances nécessaires.

Société de Secours mutuels Notre-Dame. — (657 membres — femmes.)

Recettes........ 79.092 fr. 00
Dépenses 74.441 45
Secours donnés... 72 691 50
Frais de gestion.. 1 83 %

Société de Secours Saint-Henri. — Caisse de retraite pour les employés. — A un avoir de 17.195 francs.

Société de secours mutuels « Les Prévoyants de l'Industrie et du Commerce Roubaisien » Caisse de Retraite et d'assurances en cas de décès. Admet les hommes, les femmes et les enfants. — Avoir de la Société 69.000 francs.

Bureau de Placement gratuit des Ouvriers et Employés : a procuré 965 emplois aux syndiqués.

Société « l'Union » — 150.000 francs ont été souscrits par les employés et ouvriers syndiqués.

Sociétés d'Epargne. — Il en a été créé 5, qui possèdent 8.141 fr. 70.

Caisse de prêts gratuits. — A consenti 4.993 prêts pour une somme de 37.838 fr. 25.

Société l'Union (habitations ouvrières), a fait construire 49 maisons formant deux groupes. Les loyers mensuels varient de 14 fr. 50 à 19 fr.

Sociétés de Consommation « Saint-Martin » et Boulangerie économique « L'Union ». — Ces deux sociétés ont livré au 31 décembre 1899 :

6.091.916 kilos de charbon
406.600 — de pommes de terre
21.100.600 — de pain

et 10.230 fr. 61 d'autres produits qui ont procuré un boni de 1.219.426 fr. 67.

La Boulangerie a 18.925 adhérents en faveur desquels elle a une caisse de secours en cas de maladie, une caisse d'assurance en cas de décès, une caisse de prêt gratuit.

Pour son personnel salarié elle a une caisse de secours en cas de maladie et une caisse mutuelle de retraite.

Le Syndicat a fondé, en outre :
Un cercle d'études sociales ;
Une bibliothèque ;
Un conseil de conciliation et d'arbitrage ;
Une école professionnelle avec cours de filature, teinture, apprêt, tissage, etc. ;
Une école ménagère pour les filles des syndiqués.
Une école de couture — —
Une école de piquage — —
Une Société d'archers.

Une Société chorale et dramatique, etc., etc.

Enfin le Secrétariat du Syndicat se charge du placement des syndiqués et des membres de leur famille, de donner des conseils et de faire des démarches pour affaires de famille et de justice.

Le Jury de l'Exposition de 1900 a décerné au Syndicat mixte une médaille d'or, une d'argent et une de bronze.

Union des Caisses Rurales
et Ouvrières françaises
A LYON (97, *avenue de Saxe*)

En exposant les résultats obtenus par les Caisses rurales et ouvrières françaises, groupées dans l'Union dont il est le Président, M. Durand explique longuement les raisons qui mettent le cultivateur dans l'obligation de recourir au crédit et les conditions dans lesquelles ce crédit doit être distribué.

« On a longtemps affirmé, dit-il, que le cultivateur se ruine lorsqu'il emprunte et qu'il doit cultiver avec ses seuls capitaux.

« Assurément il serait préférable que chaque cultivateur fût assez riche pour se suffire sans recourir à l'emprunt. Mais il est bien certain, cependant, que l'emprunt prudent, modéré, et intelligemment employé, est utile et parfois indispensable à l'agriculture.

« Combien n'y a-t-il pas d'agriculteurs aisés qui répugnent à emprunter, s'efforcent de se suffire avec leurs seules ressources, conformément à cette doctrine, et, par suite, se privent d'avantages précieux ? Ils omettent des fumures nécessaires, et perdent ainsi un supplément de récolte important ; ils vendent en pleine baisse du bétail maigre, faute de pouvoir le nourrir quelques mois de plus. Ils négligent de remplir leurs étables pour utiliser leurs approvisionnements de fourrages, etc. Et, ainsi, pour ne pas emprunter une somme, souvent bien minime, ils renoncent à un bénéfice qui mettrait un peu d'aisance dans leur foyer, et leur assurerait le moyen de mieux cultiver l'année suivante.

« Mais combien plus nombreux encore sont les cultivateurs qui, ne pouvant pas exercer leur profession avec leurs seuls capitaux, sont réduits à recourir à des expédients ruineux aux multiples formes, sous lesquelles se dissimule le crédit usuraire : ils prennent du bétail en cheptel à des conditions léonines, ils achètent à crédit ou empruntent du grain et de la farine à des prix qu'on n'oserait pas proposer à qui paierait comptant ; la dure nécessité leur fait accepter tout moyen de se tirer momentanément d'embarras.

« On s'imagine parfois que l'usure n'existe pas dans les campagnes françaises : assurément elle ne s'y montre pas sous la forme cynique qu'on trouve dans certains pays étrangers. Mais elle n'en est pas moins répandue, et les caisses rurales ont provoqué des confidences nombreuses et convaincantes qui dé-

« montrent combien il est urgent de porter
« secours aux agriculteurs.

« Mais même pour ceux qui peuvent échapper
« à l'usure, même pour ceux qui cultivent avec
« leurs seuls capitaux, le crédit honnête et
« modéré serait une précieuse ressource, puis-
« qu'il leur permettrait de tirer de leur travail
« le maximum de profit, en leur fournissant les
« moyens de faire une bonne culture.

« On ne se doute pas, si on ne l'a pas prati-
« qué, combien quelques centaines de francs,
« prêtés au moment opportun, à la veille d'une
« foire, à l'époque d'une fumure, à l'instant où
« s'offre une bonne opération, peuvent être
« utiles et profitables à un petit cultivateur.

« Sans doute, le crédit peut être une occasion
« de ruine pour l'imprévoyant qui l'emploie non
« à produire, mais à vivre avec plus de prodi-
« galité. Mais, pour l'homme sérieux et prudent,
« le crédit est un moyen puissant de travail et
« de progrès ».

Le cultivateur peut-il obtenir facilement du
crédit ? Comme il est peu connu en dehors de
sa commune et que, d'autre part, les sommes
dont il a besoin doivent être prêtées à long
terme, il éprouve des difficultés nombreuses à
emprunter, les banques ordinaires ne pouvant
faire du crédit dans ces conditions.

Il faut donc, pour répondre aux besoins spéciaux et particuliers à l'agriculture, un organe
spécial réunissant les conditions suivantes :

« Il faut, en premier lieu, que l'institution
« fonctionne dans les limites de la commune, là
« où le petit agriculteur est parfaitement connu.

« Il faut, en second lieu, que cette institution
« de crédit agricole ait, par elle-même, une
« solidité, un crédit indiscutables, qui lui
« donnent la certitude de pouvoir toujours,
« même dans les moments difficiles, faire hon-
« neur à sa signature, malgré le peu de noto-
« riété de ses clients, et malgré l'immobilisation
« de ses capitaux, immobilisation qui résulte
« nécessairement de l'emploi qu'elle en a fait ».

Le président de l'Union des caisses rurales
indique, pour remplir ce programme, la société
rurale système Raiffeisen, qui est une petite
société de crédit mutuel entre habitants de la
même commune, formée sans capital, chaque
associé apportant, non de l'argent, mais sa responsabilité illimitée.; tous répondant solidaire-
ment, sur tous leurs biens, des engagements
contractés par la société.

Et pour donner une idée exacte de la solidité
qu'offrent ces caisses, il cite l'exemple suivant :

Les 52 caisses du groupe régional des caisses
rurales du Doubs, composées de 1,428 membres
offrant à leurs créanciers une *garantie foncière*
de 14,700,000 francs, dont 4,000,000 en pro-
priétés bâties, et 10,500,000 francs, en pro-
priétés non bâties, sans préjudice de la fortune
mobilière des associés, bétail, instruments, ré-
coltes, etc. n'ont emprunté que 185,000 francs.
Ces caisses offraient donc à leurs déposants une
garantie foncière couvrant 75 fois leurs dépôts.

Ces chiffres ont une éloquence qui nous dispense de commentaires, et indiquent que la
caisse rurale offre une sécurité absolue et qu'elle
est à l'abri de toute panique. Elle est, d'autre
part, d'un fonctionnement facile.

Les initiateurs des caisses ouvrières se sont
demandé si la caisse Raiffeisen, qui s'adapte
admirablement aux besoins agricoles en vue desquels elle a été imaginée, ne pourrait rendre les
mêmes services aux populations des villes.

Les caisses ouvrières devant opérer dans un
milieu absolument différent des caisses rurales,
dont les besoins sont autres et les ressources
aussi, il a fallu leur donner une organisation à
part.

Les caisses ouvrières n'ont pas été créées en
vue de faciliter la circulation du papier commercial et, par conséquent, ne s'adressent pas à la
clientèle des petits commerçants, qui ont besoin
de faire de véritables opérations de banque et
d'escompte.

C'est dans l'intéressante catégorie des petits
artisans que les caisses ouvrières Raiffeisen trouvent une clientèle sûre, c'est parmi les travailleurs qui ont besoin d'une petite avance, pour un
temps plus ou moins long, afin de se munir
d'outils (une machine à coudre pour l'ouvrière
en chambre), ou de se procurer quelques matières premières (quelques cuirs pour le petit
cordonnier).

Ces crédits sont utiles, avantageux, productifs, c'est indiscutable ; mais encore faut-il pour la garantie de la caisse que les emprunteurs soient honnêtes, laborieux, économes, et par conséquent solvables, ce qui oblige les administrateurs à se renseigner très soigneusement sur la valeur morale de l'emprunteur et de sa caution, vérifier leurs habitudes d'ordre et d'économie, en un mot prendre toutes les précautions pour que le prêt soit accordé à un homme qui peut en retirer avantage, et non pas à un prodigue, déjà perdu de dettes, et dont la situation est désespérée.

La charge des administrateurs des caisses ouvrières n'est donc pas une sinécure.

Le fondateur de l'Union des caisses rurales et ouvrières dit, avec juste raison, que pour implanter en France les caisses Raiffeisen, il fallait non seulement démontrer leur utilité, mais encore préparer les voies aux fondateurs.

Pour cela un centre commun, un point d'appui étaient nécessaires, et c'est dans l'Union des caisses rurales et ouvrières qu'ils résident.

En effet, bien que le fonctionnement de ces institutions soit particulièrement simple et facile, il fallait néanmoins étudier soigneusement des statuts types devant permettre aux principes de Raiffeisen de s'adapter à la législation française ; indiquer la manière d'organiser les caisses, les formalités à remplir, les méthodes à suivre pour leur administration et leur comptabilité, etc.

Ce rôle, l'Union l'a rempli avec un grand dévouement, servi par une grande compétence. Elle a rédigé un *Manuel pratique à l'usage des fondateurs et administrateurs des caisses rurales*, qui a servi de guide à près de 800 caisses qui ont surgi sur tous les points de la France.

Comme la caisse Raiffeisen n'est pas seulement une œuvre financière, mais qu'elle repose sur des principes économiques, sociaux et moraux d'une portée considérable, l'Union ne se borne pas à établir des liens entre les caisses rurales ; elle tient aussi — et c'est là une partie essentielle de sa mission — à maintenir l'intégrité des doctrines et des principes qui sont son fondement.

L'œuvre de l'Union est déjà considérable et les chiffres statistiques suivants indiquent son rapide développement.

	1894	1899
Nombre de caisses fondées par l'*Union*	176	763
Caisses dissoutes (1)	»	205
Caisses n'ayant pas répondu au questionnaire	»	87
Caisses ayant participé à la statistique	72	328
Nombre des Membres	1.684	11.104
Mouvement de caisse	335.683	3.723.938
Nombre des prêts en cours au 31 décembre 1899	421	4.675
Montant des prêts id. id.	103.610	1.875.894
Bénéfices	1.363	14.926
Pertes (ou frais de premier établissement)	29	240
Montant des créances douteuses	0	484

Le Jury de l'Exposition a décerné deux médailles d'or à l'Union des caisses rurales et ouvrières, ainsi qu'une médaille d'or, une médaille d'argent et une médaille de bronze à ses collaborateurs.

(1) A la suite d'un arrêt du Conseil d'Etat du 24 décembre 1897, imposant la patente aux Caisses rurales et ouvrières.

ASSOCIATION DE CRÉDIT MUTUEL

DES EMPLOYÉS DE CHEMINS DE FER FRANÇAIS A PARIS

(24, RUE DES VOLONTAIRES)

C'est une association coopérative d'une espèce particulière, qu'il nous a paru intéressant d'étudier, tant en raison de l'originalité de son fonctionnement et du but qu'elle poursuit, que pour les résultats qu'elle a donnés.

Cette association répond évidemment à des besoins réels et respectables, et nous ne sommes nullement surpris qu'elle ait pu se développer et prospérer, malgré les difficultés du début.

Un léger emprunt à l'exposé fait au jury de l'Exposition par le Conseil d'administration de l'association, nous indiquera la nature des services qu'elle offre à ses membres, et les besoins qu'elle ambitionne de satisfaire :

« L'employé de chemins de fer débute à des appointements modestes, de 1.350 à 1.500 francs, dans les services centraux, à des appointements plus modestes encore dans les services actifs ; il a satisfait aux obligations du service militaire, il a par conséquent l'âge de se marier, et son emploi étant stable, il se marie ; les chefs de gare et de station le sont dans la proportion de 99 %. Les enfants viennent vite, les économies ne s'effectuent que lentement ; elles ne correspondent pas toujours à la quotité voulue pour l'amortissement du mobilier, du linge, etc., de sorte qu'à un moment donné, de sept à dix ans pour un ménage créé dans de bonnes conditions et sagement géré, un nombre considérable d'employés sont obligés de recourir aux maisons de vente à crédit ; si des maladies se sont produites chez la femme ou les enfants, si des décès sont survenus, c'est au crédit en espèces qu'il faut avoir recours pour attendre les jours où les appointements, qui s'élèvent lentement, d'ailleurs, permettront de liquider l'arriéré. »

C'est pour faire face à ces situations si intéressantes qu'a été fondée l'association du crédit mutuel des employés de chemins de fer français, dont la création remonte au 6 mars 1894.

Son capital social est de 150.000 francs, divisé en actions de 25 francs, et son administration, qui est confiée à un conseil de 9 membres, est contrôlée par une commission de surveillance de trois membres.

L'association ne prête qu'à ses membres, et les prêts qui ne sont consentis qu'après enquête discrète mais très sérieuse, sont remboursables par versements mensuels. Le maximum d'un prêt est fixé à 600 francs.

Un détail qui indique combien l'administration a agi avec prudence dans la gestion des deniers de l'association, c'est que sur 2.850 prêts consentis, 32 seulement ont été passés au contentieux. Cette constatation fait également le *plus grand honneur* à la vaillante et laborieuse corporation des employés de chemins de fer, dont elle atteste la loyauté et le respect des engagements souscrits.

Au 10 juin 1900, l'association possédait un capital versé de 126.000 francs, et sur 504.999 francs de prêtés par elle, il avait déjà été remboursé 360.507 fr. 25. Il restait donc dû par les emprunteurs, 144.491 fr. 75.

Le jury de l'Exposition de 1900 a décerné une médaille de bronze à cette association.

Banque Populaire de Menton

Elle a été fondée le 18 février 1883, dans un moment très difficile, où la méfiance des capitaux était devenue extrême, à la suite de la suspension des paiements de la maison de banque la plus importante de la localité.

Ses promoteurs, qui ne se dissimulaient pas les difficultés qu'ils avaient à vaincre et rendus timides par l'affolement qui régnait, avaient limité à 20.000 francs le chiffre du capital minimum, nécessaire pour la constitution de la Société. Bientôt, devant l'affluence des souscriptions, on l'éleva à 100.000 francs pour pouvoir donner satisfaction aux souscripteurs. Finalement la souscription atteignit 150.000 francs, et les demandes les plus fortes durent être réduites.

Le succès était complet, mais loin d'en être grisés, les promoteurs ne se départirent pas de leur grande prudence, et la plus sévère économie régna dès le début de l'entreprise.

L'ouverture des bureaux fut fixée au 11 avril 1883.

La Banque populaire de Menton, qui est aujourd'hui une grande et belle institution, fut d'abord installée dans deux chambres garnies et ce devait être, certes, un spectacle peu banal que de voir fonctionner une société de crédit dans des locaux meublés de commodes, de tables de toilette et de guéridons, servant de bureau, sans l'ombre d'un guichet, et ayant pour tout personnel un directeur (qui l'est encore), et un caissier qui est devenu le gérant d'une succursale. Directeur et caissier se partageaient la besogne. Le premier tenait la comptabilité, faisait la correspondance, établissait les bordereaux d'escompte; le caissier cumulait au besoin ses fonctions avec celles de garçon de recettes, et présentait les effets à l'encaissement. Comme on n'avait pas de coffre-fort, la sacoche contenant les espèces et les titres faisait la navette entre les bureaux de la banque et la caisse du président du Conseil d'administration.

Il est intéressant de connaître les opérations de la première journée d'exercice de la banque, et sa situation le 11 avril 1883.

Actif :

Compte actions............	58.140	»
Caisse..................	21.657	25
Intérêts actions..........	409	50
Frais d'installation.......	1.164	45
Frais généraux...........	41	15
Rente française 3 %.......	20.000	»
	101.412	35

Passif :

Capital	100.000	»
Comptes de dépôts........	1.400	»
Commission	12	35
	101.412	35

Quelques mois après, les opérations s'étant développées avec une grande rapidité, le capital était devenu absolument insuffisant. Il fut porté à 200.000 francs le 28 octobre 1883. L'année suivante, le capital subit une nouvelle augmentation de 100.000 francs. Il est aujourd'hui de 400.000 francs.

La Banque populaire de Menton a créé 2 succursales : à Monte-Carlo, en 1888, et à Beaulieu, en 1896.

La Banque est administrée par un Conseil d'administration de 7 membres, nommés pour 3 ans, et renouvelables par tiers chaque année. Ils doivent être possesseurs de 15 actions. Elle est dirigée par un directeur qui a la signature sociale. Le Conseil se réunit une fois par semaine et prend connaissance de la situation de la Société. Il désigne chaque semaine un de ses membres qui assiste le directeur dans l'examen des effets présentés à l'escompte et des demandes d'avances.

La Banque populaire de Menton a créé différents services destinés à faciliter la constitution des petites épargnes :

1° Les Dépôts d'épargne avec minimum de versement de 1 franc, et rapportant 3 1/2. Le maximum du compte est fixé à 1.000 francs, et les versements hebdomadaires à 100 francs. En 1898-1899 ce compte s'élevait à 57.947 francs 09 ;

2° L'épargne du loyer, minimum de versement 1 fr. Ce compte s'est élevé pour 1898-99 à 1.355 fr. 95 ;

3° L'épargne des contributions. N'a pas obtenu beaucoup de succès ;

4° La vente des titres payables par petits versements. Le mouvement de ce compte se résume, pour les 3 derniers exercices, par une somme de 22.690 francs 35.

La Banque participe à certaines œuvres de bienfaisance, prête son concours à des œuvres de progrès et d'utilité locale, et donne des encouragements à des associations diverses.

La Banque donne à son personnel une participation aux bénéfices, qui s'est élevée pour les 10 dernières années à 23.046 fr. 95 qui ont été distribués au prorata du traitement de chaque employé.

Depuis 1896, la Banque a fondé une *Caisse de Prévoyance* en faveur de son personnel.

Cette caisse, administrée par un comité composé de 3 membres du Conseil d'administration et le directeur de la Banque, est alimentée par un prélèvement de 1.000 francs par an sur les bénéfices sociaux, et par un prélèvement fait sur ce que touche chaque employé comme appointements, participation aux bénéfices, gratifications.

L'avoir de la caisse était au 31 décembre 1899 de 9.642 francs, et le nombre de ses participants de 16.

Depuis sa fondation la banque a reçu en dépôt	40.348.027 37
Sur lesquels elle a remboursé...	39.332.594 75
Reste un solde de ...	1.015.432 62
Elle a fait comme opérations d'escompte et d'avances................	40.141.385 78
Elle a réalisé sur ses opérations un boni brut de...................	1.277.964 23
Ses frais généraux se sont élevés.	875.121 64
Il lui est donc resté un boni net de	402.842 59

Le nombre de ses sociétaires est aujourd'hui de 551.

A la question qui lui a été posée par le Comité de l'Exposition de 1900, sur les résultats obtenus par elle au point de vue économique et moral, la Banque populaire de Menton répond :

« La Coopération de crédit a permis de venir efficacement en aide à toute une région pendant des périodes critiques : catastrophes financières, épidémies, tremblement de terre se succédant presque sans interruption ;

« Elle a combattu avec succès l'usure ;

« Elle a modifié les tendances des capitalistes et des épargnistes à laisser leurs capitaux émigrer. Par des combinaisons variées et par une incessante propagande, elle a pu retenir sur place une partie de ces capitaux et les mettre à la portée du travail ;

« Elle a amélioré la pratique du crédit en le rendant de plus en plus personnel ; »

« Elle a puissamment aidé à la diffusion du crédit à l'agriculture par les caisses agricoles, dont elle est devenue le pivot, en même temps que l'office de compensation, car elle reçoit leurs excédents de caisse, et les met à la disposition des caisses n'ayant pas assez de ressources, alliant ainsi la pratique du crédit agricole à celle du crédit urbain ;

« Elle a rapproché fraternellement les trois facteurs de la production : capital, intelligence, travail ;

« Elle vient utilement en aide par le réescompte à des institutions sœurs ;

« Par son action et par celle des sociétés à la constitution desquelles elle a contribué, elle a aidé à répandre dans la région l'esprit d'association ;

« Par la bonté du principe, elle a pu réunir dans un même faisceau les éléments les plus divers soit comme nationalité, soit comme religion, soit comme opinion. »

Bilans de la Banque à la fin des exercices des années 1883 et 1899.

Actif :	1883	1899
Portefeuille	170.652 28	743.754 70
Caisse	16.109 82	81.025 59
Effets unis à la Caisse....	20.775 60	168.827 65
Rentes et valeurs diverses.	19.834 80	361.978 66
Coupons	3.895 25	334 39
Correspondants débiteurs.	32.286 91	187.579 45
Comptes courants débiteurs.	44.996 37	277.887 84
Titres en dépôt..........	49.600 »	322.550 »
Titres en nantissement ...	6.850 »	343.510 »
Compte actions...	47.070 »	
Frais d'installation.......	6.417 90	9.000 »
Compte d'ordre et divers..	8.995 96	6.408 60
Réescompte actif........	3.630 »	30.170 41
Opérations de crédit agricole		18.172 »
Comptes bourse et divers débiteurs		10.897 40
Ventes de titres à crédit..		4.053 05
Titres de la Caisse de Prévoyance		6.890 7
	371.114 89	2.573.040 19

Passif :	1883	1898
Capital..................	200.000 »	384.300 »
Réserve...................		57.625 33
Réserve spéciale........		12.855 79
Réserve pour fluctuations de valeurs.................		9.805 53
Correspondants créditeurs.	9.253 60	42.816 57
Comptes courants créditeurs....................	82.245 35	911.057 32
Dépôts d'épargne........		57.947 09
Dépôts à échéances.......	47.350 »	322.959 60
Effets à l'encaissement...	16.526 25	26.615 75
Déposants en dépôt......	19.600 »	322.550 »
de titres en nantissement	6.850 »	343.510 »
Dividendes à payer.......		7.388 85
Comptes d'ordre et divers.	74 68	3.935 42
Réescompte passif	614 21	5.752 01
Epargne de loyer.........		1.355 95
» de contributions.		30
Fonds J. Gélès............		222 30
Comptes bourse et divers créditeurs..................		13.073 90
Caisse de prévoyance des employés.................		7.551 30
Bénéfices nets.....	8.600 80	41.717 18
	374.114 89	2.573.040 19

Le jury de l'Exposition a décerné un grand prix, deux médailles d'or, une médaille d'argent et une médaille de bronze, tant à l'association elle-même qu'à ses collaborateurs. Les deux médailles d'or ont été décernées à son directeur.

LE TRAVAIL
Société ouvrière d'Entreprise générale de Peinture
50, Rue de Maistre, à PARIS

C'est une belle et importante Association que celle que nous allons étudier et il nous est d'autant plus agréable de constater les superbes résultats qu'elle donne que ses débuts ont été plus durs et plus pénibles.

Fondée en 1882, par quelques ouvriers sans appui, sans relation, sans capital, sans le moindre travail en perspective, ses initiateurs ont connu, pendant de longues années de lutte, les peines et les tourments de la misère et des privations.

Mais ces braves, ces vaillants de la première heure avaient au cœur le ferme désir de réaliser un idéal très élevé, un but très noble, et rien n'a

pu les détourner de la voie qu'ils s'étaient tracée.

Ils ont montré, entre autres qualités, qu'ils possédaient à un très haut degré, le courage, la résignation, l'esprit de solidarité et le respect de la discipline. Ils n'ont jamais douté de leur avenir et Dieu sait pourtant si les exercices de 1885 et 1887 furent mauvais.

Après les sombres jours des premières années leur horizon s'est éclairci. La destinée s'est montrée moins cruelle. Les années fructueuses ont succédé aux mauvaises années et ils sont aujourd'hui amplement récompensés de leurs peines et de leurs travaux.

L'Association qui faisait 97.537 fr. 20 de travaux, en 1883 ; 99.482 fr. 71, en 1887 ; 317.690 fr. 15, en 1891, et 666.692 fr. 08, en 1895, en a fait 3.235.082 fr. 51, en 1899-1900.

La même progression se retrouve dans les chiffres des bonis nets qui ont été de :

4.285 fr. 04 en 1883,
  597 03 — 1885,
1.139 68 — 1887,
23.608 32 — 1891,
68.081 00 — 1895,
442.110 12 — 1899-1900.

Le chiffre des salaires, d'abord assez réduit, atteint actuellement un total considérable ; il s'est élevé successivement à :

41.637 fr. 50 en 1883,
44.050 68 — 1887,
92.351 30 — 1891,
219.122 54 — 1895,
1.006.870 00 — 1899-1900.

Le nombre des travailleurs qui était de 39 en 1883 s'est élevé à 1.475 pendant l'exercice 1899-1900.

Dans le courant du dernier exercice le prix de la main-d'œuvre a été de :

0 fr. 85 de l'heure pour les associés,
0 80   — pour tous les ouvriers peintres.
0 fr. 60 à 0 70   — pour les hommes de peine.
1 00 à 1 10   — aux doreurs et peintres de décors.
1 50 à 2 00   — aux décorateurs.

Pour les travaux de nuit les peintres ont été payés à raison de 1 fr. 50 de l'heure et les spécialistes à des prix établis sur la même base.

L'Association a fait des payes qui ont atteint un chiffre très élevé ; celle du 20 avril par exemple qui s'est élevée à 56.385 francs pour 13 journées de travail de 750 ouvriers, et celle du 6 mai qui se montait à 60.000 francs.

Si l'on additionne les résultats des exercices clos depuis la fondation de la Société, (18 ans), on trouve les chiffres suivants :

Montant brut des travaux exécutés.	11.422.960 fr.	27
— — t — —	7.033.751	25
— de la main d'œuvre......	3.387.069	26
— des marchandises employées........	1.059.988	88
Bénéfices bruts...............	1.986.693	11
Frais généraux et divers..........	807.394	23
Créances litigieuses amorties.....	46.704	60
Amortissements divers...........	346.321	17
Bénéfices nets.................	1.097.513	89
Sommes attribuées pour participation aux bénéfices...............	220.932	65

L'Association qui avait déjà exécuté de grands travaux pour le compte de l'Etat, la ville de Paris, les grandes administrations et les particuliers, parmi lesquels on peut citer :

La Bourse centrale du Travail ;
La nouvelle Sorbonne;
Les Lycées Fénelon et Lamartine ;
La Caserne Mouffetard :
L'Institut national agronomique ;
Huit écoles de la Ville de Paris ;
L'Hôtel Grévy;
Le Théâtre Concert de la Cigale,
Le nouvel Hôtel du Figaro, etc., etc.,

a exécuté dans les cinq derniers mois du dernier exercice, en plus des affaires très importantes de sa clientèle ordinaire, les travaux de remise en état, comme vitrerie et peinture, de la *Galerie des Machines* de l'Exposition, la peinture de la *Salle des Fêtes*, du *Château-d'Eau*, des *Palais de la Mécanique*, du *Grand Palais des Champs Elysées*, des *Palais des Industries chimiques*, de l'*Economie Sociale*, du *Pavillon de la ville de Paris*, de la nouvelle *Gare d'Orléans* et du *Palais d'Orsay*.

Et l'administration de la Société rappelle avec satisfaction « que tous ces travaux ont été « exécutés avec une rapidité et une exactitude « que l'administration supérieure de l'Exposi- « tion et les architectes qui les dirigeaient se sont « plu à reconnaître pour en récompenser ses « collaborateurs. »

Bilan au 30 Juin 1900

ACTIF

Espèces en caisse................	67.407 fr.	71
Cautionnements et loyers d'avance.	25.569	95
Marchandises en magasin.	65.375	40
Titres en portefeuille.............	23.270	00
Immeubles,...................	165.276	90
Matériel et mobilier....	77.959	25
Fonds de commerce.............	375.000	00
Frais de 1er l'établissement.......	17.943	97
Comptes débiteurs (rabais déduit)..	1.347.186	78
	2.164.989 fr.	96

PASSIF

Capital	1.000.000 fr.	00
Obligations..................	117.200	00
Réserve ordinaire.........	4.182	65
Réserve extraordinaire	4.182	65
Caisse de retraites	12.547	96
Réserves pour amortissements :		
Matériel et mobilier..........	5.459	33
Fonds de commerce..........	18.750	00
Frais de 1er l'établissement....	3.586	28
Comptes créditeurs..............	556.970	97
Bénéfices	442.110	12
	2.164.989 fr.	96

Les résultats de ce dernier exercice, qui viennent compléter si heureusement la série des succès déjà obtenus par l'Association « Le Travail » font le plus grand honneur à ses membres et à leur Directeur, M. Henry Buisson, dont le dévouement et la compétence sont universellement connus et appréciés dans le monde des coopérateurs ouvriers où il ne compte que des amis.

Du reste, le Gouvernement de la République a déjà donné une consécration éclatante à l'œuvre accomplie par M. Buisson en lui décernant la croix de chevalier de la Légion d'honneur.

Résumé des opérations pendant l'exercice 1899-1900

Montant des travaux exécutés..........................		3.235.082 51
A déduire :		
Escomptes et rabais......................	1.086.765 36	
Marchandises..........................	534.099 27	
Main-d'œuvre.........................	940.310 46	2.561.475 09
Bénéfices bruts.............		673.907 42
A déduire :		
Frais généraux.........................	131.232 70	
Frais d'adjudication....................	33.729 92	
Intérêts et négociations.................	46.540 83	
Assurance contre les accidents...........	20.293 85	231.797 30
Bénéfices nets.............		442.110 12
Répartition des bénéfices nets :		
Amortissements divers (1)...	253.443 97	
Gratifications à divers.................	10.000 »	
Intérêts au capital.....................	25.000 »	288.443 97
A répartir, suivant l'article 56 des Statuts : 153.666 15		
5 °/. à la réserve ordinaire	7.683 30	
5 °/. à la réserve extraordinaire.........	7.683 30	
27 1/2 °/. au dividende	42.258 20	
17 °/. à la caisse de secours et retraites...	26.123 25	
32 1/2 0/0 à la participation............	49.941 50	
9 °/. au Directeur.....................	13.829 95	
4 °/. au Conseil d'administration	6.146 63	153.666 15
		442.110 12

Le Directeur de l'Association a, de sa propre volonté, abandonné 2 0/0 de ses bénéfices au profit du Conseil d'administration, celui-ci ayant été porté de 5 à 7 membres. Ce trait de désintéressement du Directeur, qui abandonne spontanément une somme de 3,073 fr. 30 au profit de ses camarades, ne nous surprend aucunement de la part de notre ami Buisson, qui dirige l'Association « Le Travail » depuis sa fondation.

La Société ouvrière de production « Le Travail » s'est reconstituée en 1898 sur des bases nouvelles et a accompli une véritable révolution dans les idées de la classe ouvrière, en admet-tant les représentants du capital à participer au succès de son entreprise par la souscription d'actions.

Jusqu'alors son capital social était entièrement, comme pour la totalité des associations de production, entre les mains de ses associés-ouvriers, qui en étaient en même temps les actionnaires.

L'Association « Le Travail » a donc rompu franchement avec les principes qui, jusqu'à ce mo-

(1) Dans ce chiffre figurent 200,000 francs pour amortissement du fonds de commerce qui figure à l'inventaire pour 375.000 francs et 20,000 francs pour amortissement du compte mobilier

ment, étaient considérés comme intangibles, et elle n'a pas lieu de regretter d'avoir tenté une expérience qui lui donne de si beaux résultats et une si complète satisfaction.

La transformation de cette association souleva dans le monde ouvrier coopérateur des discussions passionnées, et elle dut lutter courageusement pour arriver à rester, après ce gros événement, dans le giron des associations de production.

Deux années se sont à peine écoulées depuis, et, déjà, l'Association « Le Travail » a la satisfaction de voir le principe de la collaboration du capital si violemment combattu, mis en pratique par d'autres sociétés importantes et qui, elles aussi, sont en voie de prospérité. Il y a lieu d'ajouter également, que les différents congrès des associations coopératives de production qui se sont réunis pendant l'Exposition de 1900, ont adopté, à la presque unanimité, le principe de l'admission du capital dans les sociétés coopératives.

En rappelant ces faits, l'administration de l'Association explique que « c'est moins pour « faire apprécier la somme de courage qu'il lui « a fallu pour oser rompre et s'élever contre un « préjugé considéré par bien des gens comme « indéracinable, que pour constater l'évolution « profonde et rapide qui s'est produite au sein « des associations ouvrières ».

Et elle ajoute : « Certes, nous ne nous illu-« sionnons pas sur l'importance et la portée de « ce succès ; nous savons que, malheureuse-« ment, l'immense majorité des travailleurs est « loin de partager notre manière de concevoir « les droits et les devoirs respectifs du Capital « et du Travail en matière de production ; nous « avons conscience que notre voix est bien faible, « et l'exemple qu'avec d'autres associations nous « donnons bien insuffisant pour arriver à faire « pénétrer, dans l'esprit des masses ouvrières, « des vues et des opinions qui nous sont chères, « parce que nous croyons que de leur appli-« cation doit résulter de bonnes et excellentes « choses, profitables à tous et plus particulière-« ment aux travailleurs.

« La constatation de l'action très limitée que

« nous pouvons exercer est loin de nous détour-« ner de ce que nous considérons comme notre « devoir ; nous ne nous lasserons pas de répéter, « d'affirmer hautement et en toute circonstance « ce que nous avons maintes fois dit Qu'étant « donné l'état actuel de la société, il n'y a guère « de possible et de réalisable en matière d'or-« ganisation du travail, en vue des grandes « entreprises ou de la grande industrie, que des « sociétés où les divers éléments qui concourrent « à l'œuvre de production : *Le Capital, le Tra-« vail et le Talent* seraient intimement liés et « concourraient vers le même but ; que la « seule difficulté que présente la mise en pra-« tique de telles associations réside dans la « délimitation des droits respectifs de ces divers « éléments et la fixation de leur rémunération, « en raison des services que chacun d'eux est « appelé à y rendre ».

Mais, en appelant le capital à collaborer à leur œuvre, les membres ouvriers de la Société « Le Travail », considérant comme hors de leurs moyens et de leur tâche, la possibilité de faire que le sentiment d'intérêt personnel inné chez l'homme, n'existât plus chez les associés non ouvriers qu'ils allaient grouper, établirent leur organisation de telle sorte que cet intérêt, tout en trouvant sa satisfaction, ne put en aucun cas nuire à l'intérêt collectif ; qu'au contraire, les résultats qu'il était susceptible de produire, fussent, pour la plus grande part, à l'avantage de tous les associés.

En un mot, que la Société, bien que faisant appel aux capitaux étrangers, restât toujours et quand même, une organisation ouvrière par son esprit, son but, sa direction et son administration.

Les ouvriers peintres de la Société « Le Travail » ont réalisé leur programme et donné une forte impulsion à leurs affaires commerciales en entrant dans cette voie féconde de l'association du capital et du travail.

Nous ne pouvons que les en féliciter en leur souhaitant de nouveaux succès et une longue prospérité.

Le Directeur de la Société « Le Travail » ayant été nommé membre du Jury de l'Exposition universelle de 1900 (vice-président du Jury, classe 103), cette Association a été placée hors concours. Le Jury du groupe 10 lui a décerné une médaille d'or pour l'ensemble des travaux qu'elle a exécutés à l'Exposition, et 40 de ses collaborateurs ont reçu des diplômes d'honneur.

Les Charpentiers de Paris

(24 et 26, RUE LABROUSTE)

La fondation de cette association ouvrière de production est de date relativement récente, puisque celle-ci ne remonte qu'à l'année 1893, et le développement très considérable de ses affaires, qui la place au premier rang des entreprises de charpente de la capitale, n'est pas dû seulement à la faveur dont jouissent actuellement ces sortes d'associations, mais encore aux qualités professionnelles des membres de la Société, à la scrupuleuse exactitude avec laquelle ils ont tenu tous leurs engagements, et surtout au talent de leur directeur, M. J.-Louis Favaron. Ce fut, en effet, bientôt une opinion courante dans les bureaux et les cabinets techniques qu'on pouvait être tranquille sur l'heureuse issue d'une entreprise, du moment que c'était M. Favaron qui en avait la direction ; on savait qu'elle serait sûrement menée à bien et dans les délais voulus.

La Société des Charpentiers de Paris entreprend non seulement les gros travaux de charpente de bois et de fer, la menuiserie et la serrurerie, mais elle s'occupe aussi de l'exécution des travaux d'art. Elle a la spécialité des escaliers de style et possède un brevet pour escaliers en fer à marches de bois mobiles. Elle peut faire aussi l'entreprise générale du bâtiment. Dans ses bureaux et chantiers de la rue Labrouste, elle dispose d'un nombreux personnel d'ouvriers, d'ingénieurs, de dessinateurs savants et expérimentés. Elle possède, en outre, une usine à vapeur.

La durée de la Société a été fixée à 15 ans

par les statuts, et son capital à 135.000 francs. Celui-ci est divisé en actions de 500 francs, qui ne peuvent être acquises que par des ouvriers appartenant à la corporation des charpentiers faisant partie de l'Association, dans laquelle ne peuvent être admis que les ouvriers de nationalité française, âgés de 21 ans au moins.

Chaque sociétaire doit souscrire au moins 2 actions et ne peut en posséder plus de 160.

La Société est administrée par un Conseil d'administration de 5 membres, élus en Assemblée générale à la majorité des voix des membres présents. Le Directeur de l'Association fait partie de droit du Conseil d'administration. Les administrateurs, sauf le Directeur, dont les fonctions ont une durée de 6 années, sont renouvelables à raison de 2 par an.

Les membres du Conseil d'administration doivent être propriétaires de 2 actions, qui sont inaliénables pendant la durée de leurs fonctions et affectées à la garantie des actes de leur gestion. Ils reçoivent pour toutes les réunions faites en dehors du travail des jetons de présence dont la quotité est fixée par l'Assemblée générale.

Le Directeur a la signature sociale ; il dirige et représente la Société dans la mesure la plus large et dans toutes les circonstances. Il assure l'exécution des délibérations du Conseil d'administration, sous l'autorité duquel il est placé. Il est toujours révocable par l'Assemblée générale, sur la proposition du Conseil d'administration, prise à la majorité des voix des membres présents. L'assemblée générale à laquelle sera soumise la proposition de révocation devra comprendre les 4/5 des actionnaires.

Les opérations de l'Association sont contrôlées par une Commission composée de 2 membres, nommés pour un an par l'Assemblée générale. Comme les administrateurs, les contrôleurs reçoivent des jetons de présence dont la quotité est fixée par l'Assemblée générale.

Les bénéfices sont répartis comme suit :

5 % à la réserve légale ;
28 % à la réserve extraordinaire ;
5 % au capital versé ;
15 % à toutes les actions ;

20 % à tous les travailleurs et employés, au prorata des salaires reçus ;

20 % au Directeur de la Société ;

5 % au gâcheur de charpente ;

2 % au gâcheur d'escalier.

En cas d'insuffisance des produits d'une année pour donner, comme intérêts et dividendes réunis, 5 % par action, la différence peut être prélevée sur le fonds de réserve extraordinaire.

Les fonds de réserve peuvent atteindre ensemble 3 fois le montant du capital versé.

Maintenant que nous avons expliqué le fonctionnement de l'Association, indiquons par quelques chiffres statistiques le programme de son chiffre d'affaires depuis sa fondation :

	Salaires payés	Bénéfices distribués
1893...	147.659 85	6.750 »
1894...	228.464 05	35.311 »
1895...	236.867 60	38.462 »
1896...	314.047 95	57.292 »
1897...	372.646 55	69.201 »
1898...	374.972 20	90.430 »
1899...	483.744 60	145.020 »
	2.158.402 80	442.466 »

L'Association « Les Charpentiers de Paris » a donc, en 7 années, payé 2,158,402 fr. 80 de salaires, et distribué à son personnel 442,466 fr. de bénéfices.

Il suffira de faire connaître quelques-uns des principaux travaux qu'elle a exécutés pour donner une idée de l'œuvre considérable accomplie par cette Société, dont l'histoire, aussi glorieuse que courte, peut se résumer dans l'exposé des services considérables de son Directeur, qui en fut le fondateur et en est devenu l'âme.

C'est à elle qu'on doit les travaux des lycées Fénelon, Lamartine, Janson-de-Sailly, Victor Hugo, Louis-le-Grand, des écoles J.-B.-Say, du Muséum d'Histoire naturelle, de la mairie du Xᵉ arrondissement, des moulins de Javel, du nouvel Opéra-Comique, l'agrandissement de la gare de l'Est, ainsi que la construction des bâtiments nécessités par la conversion du 4 1/2, la reconstruction de la Sorbonne. Elle a exécuté

également de nombreuses écoles et bâtiments industriels, une foule d'hôtels privés, de maisons de rapport, d'habitations de villégiature jusque dans la Somme.

Actuellement, la Société est chargée de l'entretien des édifices, monuments, établissements, des palais nationaux du département de la Seine et de la ville de Paris : Arc de Triomphe, Palais du Louvre et des Tuileries, Palais de Justice, Conservatoire des Arts et Métiers, Bibliothèque nationale, Conservatoire de musique, Mont-de-Piété, École des Beaux-Arts, École normale supérieure, Institut agronomique, théâtre de l'Odéon, nombreuses écoles, plusieurs casernes et prisons. Elle fournit l'Assistance publique, les compagnies des chemins de fer du Nord et de l'Est, la Compagnie parisienne du gaz et plusieurs compagnies d'assurances.

Mais c'est à l'occasion de l'Exposition de 1900 que l'Association des Charpentiers de Paris, dont les membres « ont, suivant l'expression du journal *Le Bâtiment, de la science et de la conscience* », a pu donner l'exacte mesure de la puissance de ses moyens d'action, de l'adresse expérimentée et la valeur professionnelle de ses membres, et de la décision, la ferme netteté de vue et l'audace réfléchie de leur Directeur, M. Favaron.

Pour énumérer tous les travaux exécutés dans cette circonstance par les «Charpentiers de Paris», il faudrait allonger outre mesure le cadre de cette notice. Toutefois, il nous paraît nécessaire de mentionner les plus importants : la charpente du Grand-Palais des Champs-Elysées, l'entreprise générale des bâtiments de la section tunisienne, les pavillons du Luxembourg, de Bosnie, Herzégovine, de l'Indo-Chine, et de l'Afrique occidentale, du Portugal, des colonies portugaises, le bâtiment des contributions indirectes, les estacades des Invalides et du Palais des Mines, les trois bâtiments de la Boulangerie-Pâtisserie ; l'Exposition du Ministère de l'instruction publique, les échafaudages du pont Alexandre III, et le montage des Pégases au sommet des pylônes et toutes les clôtures de l'Exposition (9 kilomètres environ), la charpente des palais de la partie médiane des Invalides (côté Constantine) ; celle du pavillon du Comptoir national d'escompte, celle des établissements Duval, quai de Billy (700 mètres carrés à chacun des 3 étages ; les bâtiments pour le service médical du Champ de Mars, des Invalides et du Trocadéro, les parquets du Palais des Mines et de la Métallurgie ; le restaurant Bleu ; les postes des pompiers des Invalides, du Champ-de-Mars, du Trocadéro, de l'Octroi et de la Navigation ; cinq bureaux des Postes et des Télégraphes ; la maison du Rué et le Mas provençal ; le pavillon de la Nouvelle-Calédonie ; le palais des Congrès et de l'Economie sociale (3,000 mètres carrés de surface ; 100 mètres de long sur 30 de large), pour lequel il a fallu plus de 4,000 mètres de bois. Au préalable, 200 pieux ont été battus dans l'eau, car ce palais se trouve en encorbellement sur la Seine (ce palais fut construit en quatre mois, dont deux pour le montage) ; l'entreprise du grand escalier d'honneur de la salle des Fêtes, escalier très important, qui est tout en fer, sauf les marches, qui sont en bois et qui a trois départs ; l'entreprise générale de la Salle des Fêtes du ministre de l'intérieur, ainsi que celle du ministre du commerce, etc., etc.

« Telle est, brièvement résumé, dit l'un des biographes du Directeur des Charpentiers de Paris, l'œuvre colossale due au génie laborieux et entreprenant d'un homme qui compte aujourd'hui à peine 44 ans(1) et dont la carrière, éminemment utile et philanthropique, pourrait être enviée par les plus notables des vétérans de l'industrie parisienne. Il est juste d'ajouter que cet immense labeur a trouvé sa récompense dans les consécrations officielles. M. Favaron a obtenu, en effet, les plus hautes distinctions dans les Expositions, et il était chevalier de la Légion d'honneur depuis le 26 mai 1895. Ces premiers témoignages attestaient déjà hautement l'importance des services rendus par lui à la cause mutualiste, autant que la valeur de ses nombreux travaux et de sa science technique. Il a été promu au grade d'officier de la Légion

d'honneur par décret en date du 13 octobre 1900.

Membre du Conseil supérieur des habitations à bon marché au ministère du commerce, du Conseil d'administration de la Banque coopérative des associations ouvrières de production, de la Commission extra-parlementaire pour la revision des cahiers des charges et marchés de l'Etat, du Conseil supérieur du Travail, lauréat depuis 1897 de la Société centrale des architectes français, M. Favaron a été membre des Comités d'admission et d'installation et ensuite nommé membre du Jury des récompenses (classe 28) de l'Exposition universelle de 1900, et enfin secrétaire du Congrès de l'Education sociale. »

Le surlendemain de l'inauguration officielle de l'Exposition universelle, M. Bouvard, directeur général de l'architecture des parcs et jardins, lui adressait la lettre suivante :

Paris, avenue Rapp, 2, le 16 avril 1900.

Monsieur, je suis heureux de vous adresser mes remerciements pour le précieux concours que vous avez bien voulu nous prêter, *vous et les vôtres*, au sujet de l'achèvement des passerelles et de la salle des fêtes.

Je profite du premier moment de répit qui m'arrive pour vous exprimer ma reconnaissance personnelle et vous prie d'agréer l'expression de mes meilleurs sentiments.

J. BOUVARD.

La Société les Charpentiers de Paris s'est vu décerner les récompenses suivantes à l'occasion de l'Exposition universelle : Grand prix (cl. 103), médaille d'or (cl. 29), Hors concours, membre du Jury (cl. 28), 4 médailles d'argent et 2 de bronze aux collaborateurs (cl. 28, 29 et 100, 40 médailles de travail à ses membres.

En outre, sur la proposition de M. Bouvard, directeur des services d'architecture de l'Exposition, la Société nationale des architectes de France, a décerné une médaille d'argent avec diplôme à M. Toulouse, l'un des chefs d'atelier de l'Association.

Après avoir lu ce qui précède, on conviendra qu'il était de notre devoir de donner une place d'honneur dans notre étude à l'Association des Charpentiers de Paris.

---

(1) Il est né à Valentine (Haute-Garonne), le 7 septembre 1856.

CHAPITRE III

SOCIÉTÉS COOPÉRATIVES DE CONSOMMATION

L'Union Coopérative

Des Sociétés françaises de Consommation

1, RUE CHRISTINE, A PARIS

Le premier essai de Fédération des Sociétés françaises de Consommation date du 25 juillet 1885, date à laquelle se réunit le premier Congrès coopératif français.

Les Sociétés représentées à ce Congrès décidèrent de former un groupement et fondèrent, sous le nom de Chambre consultative, l'organe *qui devait leur servir de centre de ralliement*, et devint, en 1889, par décision du Congrès, le Comité central de l'Union Coopérative.

Le Comité central se compose de 30 membres titulaires et 6 suppléants. Les premiers membres furent nommés par le Congrès de 1889 ; ils sont élus actuellement par les *Sociétés adhérentes à* l'Union coopérative. L'élection se fait au scrutin de liste, et les membres du Comité, élus pour 2 ans, sont *renouvelables par moitié chaque* année.

Depuis 1893, seules les Sociétés vraiment coopératives, c'est-à-dire celles *qui restituent* les bonis non point au capital, mais aux adhérents, au prorata de leur consommation, peuvent faire partie de l'Union coopérative.

La cotisation annuelle des Sociétés affiliées est fixée à 0 fr. 05 par membre et par an, avec maximum de 50 francs.

Le nombre des Sociétés adhérentes au Comité central a suivi une progression constante ; il a été successivement de :

59 en 1890
190 en 1895
307 en 1900

et, à l'heure actuelle, les adhérentes arrivent plus nombreuses.

Le *Comité central* a pour mission de représenter la *Coopération française* auprès des pouvoirs publics, de faire une propagande incessante *en faveur de l'idée coopérative*, de fournir aux Sociétés tous les renseignements dont elles ont besoin au point de vue administratif et judiciaire, *de les aider à repousser les réclamations* injustifiées des administrations fiscales, de défendre les Associations contre les prétentions des tiers, *d'aider à la fondation des Sociétés nouvelles* et de tenir les Sociétés adhérentes en rapports constants.

Il est secondé, pour la partie juridique, par un Comité de jurisconsultes choisis parmi les professeurs de droit de l'Académie de Paris et les membres du barreau de la capitale.

A cet effet, il publie depuis longtemps un Bulletin mensuel, qui est adressé régulièrement à toutes les Sociétés de consommation. Il édite chaque année un annuaire (1), qui constitue un très utile instrument d'éducation et de propagande coopératives ; il a publié un Guide du coopérateur (2) qui contient d'excellents rensei-

---

(1) Cet annuaire a été préparé et édité par M. le professeur Charles Gide jusqu'en 1896, et, depuis cette date, c'est M. de Boyve, directeur de l'Émancipation à Nîmes, qui a bien voulu se charger de ce soin.

(2) Ce Guide a été rédigé par M. Frédéric Clavel, ancien secrétaire général de la questure de la Chambre des députés et président honoraire du Comité central.

gnements sur la manière d'organiser et de diriger une Société de consommation, des conseils précieux sur leurs obligations à l'égard des administrations fiscales et un modèle-type de Statuts ; il envoie ses membres faire des conférences sur divers points du territoire ; enfin, il a la mission d'organiser les Congrès coopératifs, dont il publie et répand les comptes rendus (1).

Les services rendus par le Comité central sont déjà très importants et font autour de lui la meilleure et la plus utile propagande, et il n'est pas douteux que dans un avenir prochain, il réunira dans son sein toutes les Sociétés soucieuses de leurs intérêts moraux et matériels, et dirigées par des hommes amis du progrès social et économique qui doit représenter l'idéal de tous les coopérateurs vraiment dignes de ce nom.

L'Alliance des Travailleurs

A LEVALLOIS-PERRET (Seine)

Cette Société, fondée le 13 août 1890, compte aujourd'hui 3,082 sociétaires, dont 2,778 actionnaires et 304 adhérents.

Elle est en pleine prospérité, et l'accroissement incessant de ses membres autorise à fonder les plus belles espérances sur son avenir.

Elle possède actuellement, en dehors de son siège social, 3 succursales qui facilitent les approvisionnements des sociétaires en plaçant à leur portée les denrées dont ils ont besoin.

Le capital social de l'Alliance est divisé en actions de 50 francs. Chaque sociétaire actionnaire doit en posséder 2 au moins et peut en souscrire 4 ; le nombre des actions souscrites

au 30 juin 1900 s'élevait à 5,031, représentant un capital de 251,550 francs.

La Société se compose d'actionnaires et de simples adhérents. Ces derniers versent seulement un droit d'entrée de 1 franc. Ils participent aux bonis de la Société, mais ils ne peuvent s'immiscer dans son administration. Toutefois, lorsque leur avoir social s'élève à 5 francs, soit par versements d'espèces, soit par l'application à leur compte-actions de leur part de bonis, ils deviennent de plein droit actionnaires et jouissent de tous les droits attachés à cette qualité.

L'Alliance des Travailleurs est administrée par un Conseil de 21 membres, élus pour 3 ans au scrutin secret, 8 jours après l'Assemblée générale. Le vote est obligatoire pour tous les actionnaires, qui sont amendés s'ils n'y participent pas.

Les administrateurs sont renouvelables par tiers chaque année. Ils sont rééligibles.

Les vacances qui se produisent dans le Conseil d'administration entre deux Assemblées générales sont comblées par les administrateurs suppléants que l'Assemblée générale nomme au nombre de 7, dans les mêmes conditions que les titulaires.

La Société s'interdit toute ingérence dans le domaine de la politique et de la religion.

Une Commission de surveillance, composée de 9 membres, à laquelle sont adjoints 4 suppléants, est élue aux mêmes époques, pour la même durée et dans les mêmes conditions que le Conseil, et a pour mission de contrôler la gestion financière de celui-ci.

L'Alliance des Travailleurs a fondé, dans son sein, quelques institutions sur le fonctionnement et le but desquelles nous allons dire un mot.

Caisse de prêts. — Cette caisse, alimentée par une dotation spéciale, qui ne peut dépasser 5.000 francs, prise sur les fonds sociaux, et destinée à accorder des avances de 25 francs, et de 40 francs exceptionnellement, aux sociétaires momentanément gênés. Sauf dans des cas exceptionnels, ces avances ne peuvent être accordées que pour achats de denrées et sont représentées

---

(1) Dix congrès ont été tenus : le 1er en 1885 (Paris); le 2e en 1886 (Lyon); le 3e en 1887 (Tours); le 4e en 1889 (Paris); le 5e en 1890 (Marseille); le 6e en 1891 (Paris) ; le 7e en 1893 (Grenoble) ; le 8e en 1894 (Lyon) ; le 9e en 1896 (Paris) ; et le 10e en 1900 (Paris).

par des bons. de crédit. Les prêts ou avances sont amortis par la restitution pure et simple, soit par l'application à ce compte des bonis des sociétaires débiteurs. Au 30 juin 1900, les prêts consentis s'élevaient à la somme de 11,486 fr. 60, et le Conseil d'administration s'est trouvé dans l'obligation de demander à l'Assemblée générale une nouvelle et plus forte dotation pour la caisse de prêts.

Caisse d'assurance des employés contre les accidents professionnels. — Cette caisse est alimentée par un prélèvement de 0 fr. 25 par 100 francs sur les factures des fournisseurs.

La Société contracte, au moyen des fonds de cette caisse, une assurance aussi large que possible en faveur de son personnel, soit à la Caisse de l'État, soit à une société d'assurance.

L'avoir de cette caisse était de 2,590 fr. 35 au 30 juin 1900.

Caisse de solidarité en cas de décès. — Cette caisse est alimentée par le prélèvement de 1/2 0/0 sur le montant des bonis et est destinée à subvenir aux frais de maladie et d'inhumation d'un sociétaire décédé, sans toutefois que la somme totale allouée pour ces frais puisse dépasser le douzième du montant total des achats faits par ce sociétaire dans le courant des 6 dernières années.

Pendant le premier semestre de 1900, l'Alliance des Travailleurs a versé une somme de 2,797 fr. 17 pour 23 sociétaires décédés.

L'avoir de cette caisse était de 3,807 fr. 96 au 30 juin 1900.

Caisse de propagande. — Dans le but de faire connaître les bienfaits de l'Association coopérative et d'organiser autour d'elle une active propagande, l'Alliance a créé une caisse dont le produit sert à donner des fêtes, à faire des dons à des œuvres philanthropiques, etc. Cette caisse est alimentée par le cinquième des remises faites par les intermédiaires sur les factures délivrées aux sociétaires.

L'avoir de cette caisse était de 1,114 fr. 51 au 30 juin 1900.

Caisse de secours. — Cette caisse est ali-mentée par le produit des amendes infligées aux sociétaires, par les dons volontaires, par le versement de sommes qui n'auraient pas d'affectation spéciale, et, enfin, si besoin est, par un prélèvement sur les fonds sociaux avec approbation de l'Assemblée générale.

Des secours sont accordés par cette caisse aux sociétaires à l'égard desquels le Conseil d'administration a épuisé toutes les ressources que la caisse de prêts met à sa disposition. Ils sont délivrés autant que possible en marchandises, mais les bonis réalisés sur ces livraisons sont versés à la caisse de secours.

Les sommes distribuées comme secours n'engagent le sociétaire que moralement pour le cas où, plus tard, sa situation s'étant améliorée, il croit de son devoir de se libérer envers la Société.

L'avoir de cette caisse était de 1.780 fr. 46 au 30 juin 1900.

Service des Magasins-Bureaux. — Le service des magasins est placé sous la direction de deux employés principaux, responsables. Ces employés sont responsables de la bonne marche de leurs magasins respectifs et sont chargés de la surveillance des employés placés sous leur autorité. Ils assistent une fois par semaine aux réunions du Conseil d'administration pour rendre compte de leur gestion.

Les magasins assurent la remise à domicile des commandes supérieures à 3 francs. Les sociétaires paient une indemnité de 0 fr. 10 pour ces courses. Quand la commande est supérieure à 10 francs, le prix de la course est de 0 fr. 20. Les livraisons à domicile sont faites le lendemain de la commande, sauf les dimanches et fêtes.

Les employés des magasins font 11 heures de présence.

Le service de la comptabilité est placé sous la direction d'un comptable aidé par des employés aux écritures.

Les comptables font 9 heures de service.

Le comptable supplée, à l'occasion, les employés principaux.

L'Alliance des Travailleurs paie ses employés d'une façon très raisonnable :

Les employés principaux et comptables, 175 francs par mois.

Les répartiteurs, garçons, etc., 155 francs par mois.

Les femmes employées, 75 francs par mois.

Ces appointements ne sont qu'un minimum et les employés touchent cette rétribution dès leur entrée à la Société.

Choral. — L'Alliance a organisé parmi ses membres un choral, qui se compose aujourd'hui de 58 exécutants.

Voici maintenant le bilan de cette Société arrêté le 30 juin 1900 :

Actif

Dû sur capital	69.233 12
Immeubles	550.162 41
Matériel et agencement	37.993 78
Espèces en caisse ou à la banque	18.530 21
Caisse de prêts	10.467 61
Dû par sociétés de production	2.100 »
Choral	1.253 96
Dû par divers	2.479 80
Marchandises en magasins	83.513 48
	775.734 07

Passif

Capital	253.148 41
Adhérents	3.326 38
Réserves	34.298 02
Emprunts et obligations	234.354 90
Cautionnements	456 10
Intérêts dus	9.103 65
Dû à divers	141.842 19
Caisse de solidarité	3.807 96
— propagande	1.114 51
— d'assurance	2.590 35
— de secours	1 780 46
Boni	89.911 44
	775.734 07

Les bonis bruts se sont élevés pendant le 2e trimestre 1899 et le 1er semestre 1900 à la somme de.................................. 193.177 73

Sur lesquels il a été déduit pour frais généraux.................... 103.266 29

Reste donc comme boni net... 89.911 44

La répartition des bonis nets a été faite comme suit :

75 parts à la consommation (5.75 °/.)	67.433 58
10 — au fonds de réserve	8.991 14
5 — à l'amortissement du matériel	4.495 57
6 parts au Conseil d'administration	5.394 69
1 — à la Commission de surveillance	899 12
3 parts au personnel	2.697 34
Total	89.911 44

Le Jury de l'Exposition a décerné une médaille d'or à l'Alliance des Travailleurs, et une médaille de bronze à son président.

LA REVENDICATION

Société Coopérative de Consommation

à PUTEAUX (Seine)

Cette Société, qui a été fondée le 23 septembre 1866 par Benoît Malon, compte aujourd'hui 3.978 membres, dont 364 adhérents et 3.614 actionnaires.

Son capital social, qui était de 25.000 francs, en 1874, est aujourd'hui fixé à 400.000 francs. (1)

La *Revendication* est administrée par un Conseil d'administration de 30 membres, répartis en 8 commissions.

Depuis sa fondation, la *Revendication* a dû changer trois fois de local, et le magnifique établissement dans lequel elle se trouve aujourd'hui a été construit par elle et avec ses ressources propres. Elle a, en outre, tant à Puteaux qu'à Suresnes, 3 succursales pour la livraison du pain, du vin et de l'épicerie.

La *Revendication* est une des plus belles et des plus florissantes de France, et dans ses vastes magasins on trouve des rayons et entre-

(1) Le nombre des actions souscrites est de 8.556, dont 6.755 seulement sont libérées.

pôts spéciaux pour une foule de denrées et articles de ménage, tels que : épicerie, vins et liqueurs, fruiterie, comestibles, boucherie, charcuterie, boulangerie, habillements pour hommes et pour dames, chaussures, poterie, faïencerie, cristaux, quincaillerie, ferblanterie, brosserie, mercerie, lingerie, chapellerie, modes, charbons, etc., etc.

En 1899, la boucherie a débité : 306 bœufs, 297 veaux 2.750 moutons ; la charcuterie, 803 porcs ; la boulangerie, 1.200.000 kilos de pain ; le chantier de charbon a livré 2.000.000 de kilos de combustibles.

Depuis sa fondation, la *Revendication* a livré pour 26.934.980 fr. 05 de denrées et marchandises à ses Sociétaires, et distribué à ces derniers, comme boni, 2.512.138 fr. 65.

Le personnel employé de la Société reçoit depuis 1875, une participation aux bénéfices, fixée à 2 0/0, des bonis nets réalisés par la Société.

Ce personnel, qui varie de 80 à 85 employés, a reçu de ce chef, pendant les années 1898 et 1899, une somme totale de 10.820 fr. 95.

De plus, le Conseil d'administration de la *Revendication* a confié à une Commission de 20 membres l'étude d'un projet de retraites pour le personnel salarié.

La *Revendication* possède, depuis 1892, une *Caisse de prêts et de dépôts* alimentée par le produit des versements de 1 fr. 25, provenant des adhérents, d'une part, et par les dépôts volontaires des Sociétaires. Ces dépôts leur permettent d'épargner par fraction les sommes nécessaires à l'acquisition de vêtements, chaussures, etc.

La *Caisse de prêts* accorde aux Sociétaires qui en font la demande, et sur le dépôt de leurs titres, des sommes pouvant aller jusqu'aux 3/5 de leur avoir.

Pendant le 1er semestre 1899, la Caisse de prêts a fait 8.503 fr. 45 d'avances, à 312 Sociétaires, et encaissé 10.088 fr. 95 pour remboursements de 81 prêts.

La situation de la Caisse était, à fin décembre 1899 :

ACTIF		
Espèces en Caisse...............	179	20
Dû par les Sociétaires pour prêts..	17.317	35
	17.496	55

PASSIF		
Capital de la Caisse de prêts.......	9.021	10
Dû à la Société, pour avances......	8.463	45
Dû à divers Sociétaires, sur dépôt..	12	»
	17.496	55

La *Revendication* a fondé, en 1896, une *Caisse de secours en cas de décès*. Cette Caisse est alimentée par un prélèvement de 2 1/2 0/0 sur les bonis de la Société, auxquels viennent s'ajouter le produit des amendes infligées aux Sociétaires, ainsi que les bénéfices des fêtes et tombola.

Elle permet, à la mort d'un Sociétaire, de son conjoint, ou de toute personne en tenant lieu depuis au moins six mois, de verser au survivant une somme égale au douzième du montant total de ses achats pendant les trois dernières années.

Depuis sa fondation, la Caisse de secours en cas de décès a reçu des allocations s'élevant à 41.503 fr. 60, sur lesquels elle a distribué 41.137 fr. 60 de secours, à 277 Sociétaires. Son avoir au 31 décembre 1899 était donc de 366 francs.

La *Revendication* consacre, chaque année, 1 0/0 de ses bonis nets, comme subvention ou don, à certaines institutions. Ce crédit figure au bilan sous la rubrique « Œuvres humanitaires ».

Ce compte avait, au 1er janvier, un solde créditeur de............	993	05
Auquel est venu s'ajouter l'allocation du 1er semestre...........	1.057	10
Soit, au total.............	2.050	15
Sur lesquels ont été prélevés les dons du 1er semestre, soit.......	900	»
Il reste donc comme fonds disponibles......................	1.150	15

Il n'est peut-être pas inutile de faire connaître la répartition de cette somme de 900 francs, qui a été distribuée comme suit :

Société municipale de secours mutuels .... 100 »
Compagnie de sapeurs-pompiers..... 50 »
Bureau de bienfaisance............ 50 »
Association philotechnique .... 50 »
Bibliothèque de la Société.......... 100 »
Caisse de secours (grèves)........... 200 »
Caisse de secours (employés)........ 100 »
Société philharmonique de Puteaux... 25 »
L'Ere nouvelle .... 25 »
Caisse des Ecoles.................. 200 »

Total .... 900 »

Il est intéressant de faire connaître maintenant l'importance des divers services et magasins de la *Revendication*, ainsi que le chiffre des livraisons de chaque nature de marchandises.

Notre étude portera sur les opérations du 1er semestre 1899 :

Le total des livraisons s'est élevé, pendant cette période, à......... 1.269.348 85

La répartition en a été faite, de la manière suivante, par le Siège social et les succursales :

Siège social.,............... 935.478 30
Succursale n° 1. 108.686 30
Succursale n° 2. 175.048 10
Succursale n° 3. 50.136 15   333.870 55
                              1.269.348 85

Les livraisons se répartissent comme suit, sur les diverses natures de marchandises :

Boulangerie 163.001 55
Vins et Liqueurs. 376.910 05
Epicerie...................... 335.918 20
Fruiterie..................... 41.306 80
Charcuterie................... 58.919 65
Boucherie.................... 161.890 10
Quincaillerie................. 22.799 65
Chaussures 27.482 05
Confections 49.272 15
Combustibles divers.......... 31.848 65
                              1.269.348 85

Voici maintenant, pour clôturer l'étude de la *Revendication*, un tableau comparatif donnant les résultats des deux derniers bilans de cette Société : 1er et 2e semestres 1899 :

ACTIF	1er SEMESTRE 1899	2e SEMESTRE 1899
Immeuble..............	325.742.80	324.231.15
Matériel et premier établissement....	73.172.65	71.083.60
Intérêts au Crédit foncier.....	»	7.874. »
Caisse de prêts........	4.269.35	8.463.45
Bibliothèque..........	536.50	536.50
Fête et tombola........	1.237.15	824.60
Débiteurs divers........	4.231.15	6.089.10
En caisse............	11.613.90	47.834.25
En dépôt à la Société générale.......	156.507. »	91.572. »
Marchandises en magasin........	231.138.90	217.619.75
	808.449.40	776.128.40

PASSIF	1er SEMESTRE 1899	2e SEMESTRE 1899
Capital. Actions et adhérents........	382.882.50	380.355.80
— de réserve et parts d'immeuble	106.395.05	115.157.90
— obligataire et emprunt.....	107.284.30	43.700. »
Dû aux sociétaires.....	21.813.75	22.379.45
Dû à divers.....	72.926.75	80.920.10
Fonds de la caisse de décès.....	4.677. »	366. »
— pour œuvres humanitaires...	1.043.05	680.15
— de grèves.....	127.15	205.95
Reliquat de l'allocation à la bibliothèque	27.15	100.80
Boni net............	111.272.70	132.262.25
	808.449.40	776.128.40

La comparaison entre ces deux exercices donne donc les chiffres ci-après, en ce qui concerne les frais généraux et les bonis nets :

	1er SEMESTRE 1899	2e SEMESTRE 1899	DIFFÉRENCE en faveur du 2e semestre
Frais Généraux..............	8 f. 954 %	8 f. 869 %	— 0 f. 083 %
Bonis nets..............	7 f. 121 %	8 f. 057 %	+ 0 f. 936 %

Enfin, en comparant le 2e semestre de l'année 1899 avec la période correspondante de l'année précédente, en ce qui concerne le chiffre des livraisons totales, on a les résultats suivants :

2e semestre 1899............ 1.343.364 fr. 45
2e — 1898............ 1.267.902 20

Soit une différence en plus de...... 75.462 25, en faveur du 2e semestre 1899.

Le Jury de l'Exposition de 1900 a décerné un Grand Prix à la *Revendication de Puteaux*, et deux Médailles de bronze à ses collaborateurs.

La Coopération Anglaise.

C'est en Angleterre que le mouvement coopératif a le plus d'intensité et c'est également dans ce pays où il est le plus fortement organisé et groupé.

Un opuscule distribué à l'Exposition, donne à ce sujet des renseignements très intéressants et très complets, et l'importance de la part que l'Angleterre a prise à notre Exposition nous impose le devoir de lui donner une bonne place dans notre compte rendu.

Depuis quelques années les journaux français nous ont entretenus des Sociétés coopératives anglaises et ont fait connaître au public, leur puissance, leurs résultats et leurs bienfaits. Tout ce qui a été dit, nous excite à connaître davantage nos voisins d'outre-Manche.

Faisons donc connaître le jeu des forces coopératives anglaises comme organisation ouvrière

examinons-en les parties constituantes et comment celles-ci dépendent les unes des autres.

En angleterre, le mouvement coopératif est dirigé par deux puissantes organisations dont l'une s'occupe du côté commercial, et l'autre de l'action effective au point de vue moral et de la propagande : la première, c'est « le Magasin de gros » Wholesale, la deuxième, c'est « l'Union coopérative anglaise », représentée par le Comité central.

Les Sociétés anglaises présentent ce caractère particulier d'être fondées sur les mêmes bases et soumises aux mêmes règles définies par une loi appelée : « Loi sur les Sociétés d'Industrie et de Prévoyance. »

Voici ces règles : minimum de sept adhérents pour la constitution d'une Société ; limitation à 5.000 francs du maximum de l'apport d'un Sociétaire ; élection du Comité par tous les Sociétaires ; réunir les Sociétaires tous les 3 ou 6 mois et leur présenter un bilan dûment revisé et contrôlé.

Sociétés. — *Leur effectif, leurs opérations, leur importance.* Le nombre de Sociétés anglaises ayant rendu des comptes à l'Union coopérative était en 1898, de...

Le nombre de Sociétés anglaises ayant rendu des comptes à l'Union coopérative était en 1898, de...	1.640
Le nombre total de leurs sociétaires s'élevait à	1.646.078
Elles possédaient un capital actions de	493.975.975 00
Et un capital dividende de	31.046.400 00
Le chiffre de leurs ventes annuelles s'élevait à	1.636.321.775 00
Sur lesquels elles avaient réalisé un boni net de	179.143.825 00
Leur budget pour les écoles avait reçu	1.334.275 00
Et leurs œuvres de bienfaisance	825.550 00
A la fin de 1898, les Sociétés anglaises possédaient pour	69.513.900 00
de maisons à l'usage de leurs membres.	

Voici, à titre de renseignement. quelques chiffres statistiques sur une Société de consommation et une Société de production :

SOCIÉTÉ DE CONSOMMATION DE BOLTON (LANCASHIRE). Opérations du second semestre de 1898 :

Nombre total des membres		23.027.00
Nombre des Employés		690.00
Total des bonis		1.046.725 40
		(soit pour une année)
RÉPARTITION DU BONI :		
2 1/2 0/0 pour les œuvres scolaires	26.166 80	52.300 00
2 1/2 0/0 aux Employés	26.166 80	52.300 00
Réparti aux consommateurs	977.330 05	1.954.700 00
Passé au fonds de réserve	12.500 00	25.000 00
Report	4.561 75	9.100 00
	1.046.725 40	2.093.400 00

SOCIÉTÉ DE PRODUCTION DE « HEBDEN BRIDGE » dans le comté de York, pour la fabrication de la futaine.

	ACTIONNAIRES	CAPITAL SOCIAL
Ouvriers..................................	326	218.100 00
Membres non ouvriers......................	198	203.300 00
Sociétés de consommation	331	275.825 00
	855	697.225 00

Cette Société a réalisé dans le dernier exercice 59.550 fr. 40 cent. de bonis qu'elle a repartis comme suit :

Dividende aux actions 5 0/0 par an	17.390 10
Répartition sur les achats faits par les membres.................	23.868 00
— — — non associés.....	1:454 20
Participation des ouvriers au prorata des émoluments.............	9.744 20
Versé au fonds de réserves................................	2.500 00
— d'assurance	3.750 00
— d'éducation.......	750 00
Report	93 90
Total........	59.550 40

Magasins de gros Wholesale. — Chaque Société coopérative peut devenir membre du Magasin de gros, en fournissant une portion de capital proportionnelle au nombre de ses membres. Le Magasin de gros anglais, impose aux Sociétés la souscription de 3 actions de 125 francs pour chaque série de 20 membres, sur lesquelles elle doit verser 1 fr. 25 immédiatement après son admission. Le surplus des actions est comblé avec le montant des bénéfices revenant à la Société en fin d'exercice.

Seules les Sociétés dûment enregistrées, c'est-à-dire légalement constituées, peuvent devenir membres du Magasin de gros et leur responsabilité est limitée à leur apport collectif.

Le Magasin de gros est administré par des Comités élus par les Sociétés. Celles-ci désignent chaque trimestre à raison de 1 par 500 membres des délégués qui se réunissent et discutent les affaires.

Les denrées nécessaires aux Sociétés coopératives de consommation sont produites de la manière suivante :

Par les Sociétés elles mêmes, en ce qui concerne le pain, les souliers, etc. Le nombre des Sociétés qui fabriquent et transforment elles-mêmes a été de 613, en 1898, ayant occupé 12.008 personnes, dont la production a été de 92.088.225 francs.

Par les Magasins de gros, qui ont fondé, à cet effet, des manufactures, bâti des moulins à farine, etc. La valeur des produits provenant des deux Magasins de gros a été de 63.491.375 francs, pour l'année 1897. 11.079 personnes ont été employées pour leur fabrication.

Par les Sociétés de production, qui étaient 147, en 1898, possédant 32.813.000 francs de capitaux. Leur production a été pendant cette même année, de 72.542.225 francs, ayant donné 4.156.700 francs de bonis, sur lesquels 301.350 francs ont été répartis aux ouvriers.

Les Magasins de gros ont : celui d'Angleterre, 4 succursales et 19 dépôts, dans 23 villes différentes d'Angleterre et d'Irlande ; celui d'Ecosse, 4 succursales.

Une flottille de six vapeurs leur appartenant, navigue constamment entre les deux hémisphères pour le transport des produits achetés dans le monde entier.

Les Magasins de gros font un chiffre énorme d'opérations, comme on pourra en juger par la statistique suivante :

MAGASINS DE GROS

	ANGLAIS	ÉCOSSAIS	TOTAL
Nombre de Sociétés adhérentes............	1.063	268	1.351
Capital................................	51.681.175 f.	29.625.225 f.	81.306.400 f.
Ventes annuelles......................	299.274.025	88.911.550	388.185.575
Bonis annuels........................	6.711.125	4.428.325	11.139.450

Il y a en Angleterre 147 Sociétés de production. A la fin de 1898, le nombre de leurs membres était de 31.890, possédant un capital de 31.098.150 francs, produisant un chiffre d'affaires de 72.542.000 francs sur lequel ils réalisent 4.156.700 francs de bonis.

L'Union Coopérative anglaise. —

Aux termes de ses Statuts, « l'*Union Coopérative* » est fondée dans le but de faire avancer la pratique de la justice et de l'économie dans toutes les relations commerciales des Coopérateurs anglais, dans la fabrication et l'échange, par les moyens suivants :

1° En abolissant toute transaction équivoque : (*a*) soit directe, quand on présente au consommateur ce qu'on sait n'être pas ce qu'on déclare, ou être autre chose que ce que l'acheteur demande ; (*b*) soit indirecte, en cachant à l'acheteur tout défaut connu du vendeur, qui doit être connu aussi du client, afin de le mettre à même de juger de la valeur de son achat.

2° En conciliant les intérêts antagonistes du capital, de l'ouvrier et de l'acheteur, en faisant entre eux une division équitable de ce qu'on nomme le profit.

3° En prévenant le gaspillage des forces vives du travail par une concurrence illimitée. »

L'*Union* n'admet dans son sein que les Sociétés qui se conforment aux principes servant de base à la Coopération anglaise, et si l'administration de leurs affaires a le caractère représentatif.

Chaque Société doit prendre une action d'une valeur dénominale de 5 shillings, et payer une cotisation de 20 centimes pour chacun de ses membres, si leur nombre ne dépasse pas 1.000, et au moins la somme de 1.000 francs, si celui-ci est supérieur à 1.000.

Une Société a droit à un délégué pour 500 membres, pour la représenter aux assemblées générales de l'*Union*. (Congrès annuel, aux réunions et conférences des sections et de celles des comtés.) Le Congrès de Liverpool, en 1899, réunissait 1.205 délégués.

L'*Union* est représentée par un Comité central, comprenant 64 membres, nommés par 7 sections, entre lesquelles a été réparti l'ensemble des Sociétés Coopératives. Les sections sont divisées en 59 centres provinciaux, dirigés chacun par un Comité de 8 membres.

Le devoir du Comité central est de fournir des renseignements sur les affaires et en particulier sur les questions litigieuses ; de donner une grande impulsion aux affaires, faire de la propagande en faveur de l'idée coopérative, en publiant des opuscules et en payant des conférenciers qu'il envoie dans les réunions des Sociétés ; aider à la formation de nouvelles Sociétés, et, enfin, de rassembler et de publier les statistiques de tout le mouvement coopératif.

Parmi les moyens de propagande employés par l'*Union Coopérative*, au premier rang figure l'éducation du peuple, à laquelle elle s'efforce de donner toute l'extension possible. Des comités d'éducation sont nommés dans chaque Société. Ainsi qu'on l'a vu plus haut, les Sociétés ont consacré à cet objet, pendant l'année 1898, une somme de 1.334.275 francs.

L'*Union*, elle-même, affecte une partie des fonds qui lui sont envoyés, comme souscription par les Sociétés, à propager l'éducation. Cet argent est mis à la disposition du Sous-Comité, qui dirige l'éducation du mouvement coopératif.

Différentes organisations auxiliaires aident au progrès du mouvement coopératif :

1° La **Ligue Coopérative des femmes** est une auxiliaire du Comité central de l'*Union Coopérative*, qui, du reste, lui accorde une subvention annuelle, pour le développement de l'éducation du mouvement coopératif.

Cette ligue compte 27 comités régionaux, réunissant 262 groupes, avec 12.537 membres. Elle est dirigée par un Conseil d'administration de 20 membres et un Comité central de 7. L'Ecosse compte 3.620 membres de la *Ligue*, répartis en 56 groupes.

2° La **Société Coopérative d'Assurances**, qui assure les maisons des Coopérateurs et des magasins coopératifs, et pratique également l'assurance sur la vie.

3° L'**Association des Employés de la Coopération**, qui a pour but de resserrer les liens fraternels qui unissent les employés.

Cette Association possède un Syndicat ouvrier, un Bureau de placement et une Société de secours mutuels.

Cette Association est prospère. Voici sa situation pour l'exercice 1898-1899 :

Nombre de membres	5.430
Nombre de groupes	168
Cotisations	75.675
Secours aux malades	21.175
Indemnités pour chômage	3.325
Frais funéraires	2.250

A la fin de l'année, il lui restait comme avoir :

A la Caisse centrale	75.425
Aux Caisses des groupes	7.000 82.425

Ainsi qu'on le voit, la Coopération anglaise est fortement groupée et suit une direction unique, qui en fait une force sociale et économique énorme, et lui permet d'exercer une influence prépondérante sur les corps élus, sans s'inféoder à aucun parti. Car, chose digne de remarque, la Coopération anglaise professe une neutralité absolue au point de vue politique, et n'a jamais manifesté de préférence pour un parti quelconque.

Elle a su conserver, de ce côté, une indépendance complète, qui lui a assuré le succès et lui donne une complète sécurité pour l'avenir. En agissant ainsi, elle a montré beaucoup de prudence, unie à beaucoup de sagesse et de raison.

Nous estimons que les Coopérateurs français feront bien d'imiter l'exemple de leurs confrères anglais.

Société de Consommation de l'Est
à Paris (8, Rue Pajol)

Cette Société a été constituée le 26 mars 1893, et a pris en quelque sorte la suite des opérations de la Société alimentaire de l'Est, qui, après 23 ans d'existence, était arrivée à expiration. — Sa durée a été fixée à douze ans, qui finiront le 31 mars 1905.

Son capital est actuellement de 82.775 francs, représenté par 3.311 parts ne donnant droit à aucun intérêt, dont chaque Sociétaire ne peut posséder qu'une.

La Société est administrée par un Conseil composé de 15 membres, renouvelables par moitié chaque année.

Au moment de sa fondation, elle comptait 904 membres; au 31 décembre 1893, 2.038, et au 31 décembre 1899, 3.311.

La Société possède, en outre des vastes magasins du siège social, une succursale à Pantin, et une à Noisy-le-Sec.

Le chiffre des livraisons, qui était de 946.517 fr. 45 en 1894, a été de 1.479.097 fr. 85 en 1899.

Sur ce dernier chiffre, les livraisons de la succursale de Noisy-le-Sec comptent pour 295.333 fr. 25, et celles de Pantin pour 88.303 fr. 05.

Pour assurer le service des Magasins et Bureaux, la Société emploie un personnel de 29 agents.

La Société fait les livraisons à domicile, non seulement dans Paris, mais encore dans 15 communes avoisinant les ateliers, gares et centres de la Compagnie de l'Est.

La Société (1) fait les livraisons, soit au

---

(1) La société tient dans ses magasins les articles d'épicerie les plus usuels, les vins et liqueurs, et pour les articles dont la vente n'est pas courante, elle a passé des traités avec des maisons de Paris sérieuses, honnêtes et situées dans les centres habités par ses sociétaires. Plus de cent maisons sont accréditées à cet effet tant à Paris que dans la banlieue. C'est ce que l'on appelle la fourniture indirecte. Ce système est pratiqué avec succès par une autre société pari-

comptant, soit à terme ; mais bien que ces dernières doivent être payées à 30 jours, le compte des retardataires s'élevait à 240.296 fr. 90 au 31 décembre 1899, ce qui représente 3 fois la mise de fonds de chaque Sociétaire.

La Société est évidemment bien administrée, car ses frais généraux qui, dès le début, étaient assez modérés, diminuent chaque année.

Ainsi, en 1893, ils étaient de.   5 fr. 048 0/0
en 1896.............   5 fr. 019 0/0
en 1899, ils ont été de.   4 fr. 689 0/0
soit ....   69.359 fr. 15

Les bonis distribués indiquent également que la Société est dans la voie de la prospérité.

En 1893, il a été distribué.....   7 fr. 25 0/0
En 1896....................   9 fr. 00 0/0
En 1899..... ....   9 fr. 25 0/0
soit......................   138.263 f. 80

La Société possède un fonds de réserve de 50.000 fr., qui atteint presque les 5/8 du capital social.

Elle a fondé une Caisse d'avances pour venir en aide aux Sociétaires qui, frappés par l'infortune, se trouvent momentanément dans le besoin.

Cette Caisse a reçu comme allocations......................   3.889 65
Les Sociétaires ont remboursé sur leurs avances ....   130 »

Total au 31 décembre 1899.....   4.019 65
A la même date, les avances faites à 49 Sociétaires, s'élevaient à.....   2.098 80
Il restait donc comme disponible une somme de 1.920 85
à laquelle il convient d'ajouter une nouvelle allocation de...........   384 75
sur les bonis de 1899.

Ce qui porte l'avoir de la Caisse à   2.305 60

La Société donne à son personnel salarié une

petite participation aux bénéfices de 3 0/0 environ. Cette participation s'est élevée, pour l'année 1899, à la somme de 4.000 francs.

BILAN AU 31 DÉCEMBRE 1899

Actif

Espèces en Caisse.............   79.040 35
Marchandises en magasin.......   121.136 65
Matériel et mobilier............   5.173 15
Débiteurs divers...............   24.493 70
Dû par Sociétaires sur capital....   2.685 »
Dû par Sociétaires sur livraisons..   240.296 90

Total de l'actif....   472.825 75

Passif

Capital social ....   82.775 »
Fonds de réserve.............   50.000 »
Cautionnement du personnel.....   1.500 »
Bonis dus sur exercices antérieurs   11.036 70
Dû à divers.................   189.250 25
Bonis nets 138.263 80

Total du passif...   472.825 75

Le Jury de l'Exposition de 1900 a attribué une médaille d'argent à cette Société, et a décerné à ses collaborateurs : une médaille d'argent et une médaille de bronze.

Société Civile coopérative de consommation
Du XVIII° arrondissement de Paris (12 et 14, rue Jean-Robert).

Cette Société, dirigée depuis de longues années par un homme de haute valeur et d'un dévouement admirable, est une des plus belles et des mieux organisées. Son fonctionnement excite l'admiration de tous ceux qui la visitent et l'étudient et ses résultats font le plus grand honneur à ses administrateurs.

Elle a été fondée au commencement de l'année 1866 et ses Statuts originels ont été appuyés sur les dispositions des articles 1832 et 1841 du Code civil.

sienne. l'Association des employés de l'Etat, de la ville de Paris et du département de la Seine et, à Grenoble, par la Société des employés P.-L.-M et la Ménagère.

— A ses débuts elle comptait :

34 sociétaires.

Elle en avait.	145	à fin	1866
	700	—	1875
	1.495	—	1885
	2.444	—	1899

La Société fournit à ses membres toutes les denrées qui entrent dans l'alimentation : épicerie, vins et liqueurs. Elle a, en outre, des rayons de vêtements, chapellerie, rouennerie, lingerie, mercerie, bonneterie, articles de ménage, quincaillerie, poterie, faïencerie, verrerie, etc.

— Son capital social est fixé à 200.000 francs, divisé en parts de 50 francs. Chaque sociétaire ne peut posséder qu'une part qui ne rapporte pas d'intérêt. Le versement des parts se fait à raison de 6 francs, en signant les Statuts et 2 francs par mois pour le reste. Le complément de la part peut être aussi réalisé par l'application des bonis au compte du sociétaire.

Au 31 décembre 1899 le capital souscrit était de........ 112.200 »
Sur lequel il restait à verser. 15.310 »

Le capital versé était donc de. 96.890 »

— La Société est administrée, par un Conseil d'administration composé de 20 membres nommés pour un an et renouvelables par moitié tous les six mois.

Le président du Conseil d'administration a la signature sociale.

Des indemnités spéciales sont allouées aux secrétaire, trésorier, comptable et délégué permanents, en rapport avec le travail qu'exigent leurs fonctions, et des jetons de présence, de 0,75 aux autres délégués par présence de service.

Les indemnités allouées pendant l'année 1899 se sont élevées à :

Jetons de présence (Conseil),...	745	50
— — — (Commission de contrôle)...................	365	»
Secrétaire	480	»
Trésorier....................	480	»
Comptabilité	2.718	80
Délégué permanent...........	1.095	»
TOTAL......	5.884	30

La stabilité du Conseil d'administration est certainement l'une des causes principales de la prospérité de l'association. On ne trouve pareille stabilité dans aucune autre société similaire. Il nous suffira, à cet égard, de citer comme exemple le président qui appartient à l'administration depuis 32 ans 1/2 et a été successivement : comptable pendant 8 ans 1/2, vice-président pendant 2 ans 1/2 et président depuis 21 ans 1/2.

— La Société a livré pendant l'année 1899............... 927.182 70 de marchandises, soit une moyenne par jour de........ 3.090 60

Les sociétaires se sont présentés au magasin 105.070 fois, soit 349 fois par jour.

La moyenne de chaque achat a été d'environ................ 8 75 et la consommation annuelle ressort, par sociétaire, à................ 464 75

Les marchandises distribuées pendant la même période se décomposent sommairement comme suit :

Liquides divers...............	516.954	65
Épicerie....................	325.810	40
Quincaillerie, etc.............	16.104	70
Vêtements et divers...........	68.312	95
Total égal au chiffre ci-dessus.	927.182	70

— Depuis sa fondation la Société a effectué les opérations suivantes :

	TOTAL DES ANNÉES			TOTAL
	1866 à 1875 inclus	1876 à 1885 inclus	1886 à 1899 inclus	
Total des marchandises livrées......	652 053 99	3.423.065 45	11.165.390 82	15.240.510 26
Moyennes annuelles...............	65.205 39	342 306 54	811.813 43	448.250 30
Moyenne par sociétaire et par an....	276.30	462 26	473 80	404 12
Frais généraux par cent francs d'achats........................	5 »	4 91	5 99	5 30
Bonis nets répartis chaque année. { distribués aux sociétés...	24.151 82	188.713 38	565.282 89	778.148 09
gardés au fonds de réserve individuel..........	17.021 57	49.600 32	427.850 18	494.472 07
Totaux..........	41 173 39	238.313 70	993.133 07	1.272.620 16
Moyennes annuelles...............	4.117 33	23.831 37	70.930 93	37.430 »
Moyenne par année des bonis nets...	6 31	6 96	8 73	8 35

La Société coopérative du XVIIIe arrondissement de Paris a donc livré depuis sa création des denrées pour une somme de. 15.240.510 26 sur laquelle les sociétaires ont réalisé un boni net de.. 1.272.620 16

Voici maintenant les chiffres du bilan arrêté le 31 décembre 1899.

BILAN DE L'ANNÉE 1899 (31 Décembre)		ACTIF	PASSIF
Espèces en caisse...............................		25.091 90	
Marchandises en magasin.........................		89.527 19	
Livrets, statuts et feuilles timbrées pour adhésions................		268 80	
Immeuble ancien............................ 309.374 09			
— nouveau.................... 79.340 60		388.714 69	
Matériel, agencement, installation.......................		100.597 71	
En dépôt en banque............................		48.428 66	
Parts remboursées.............................		165.000 »	
Valeurs en portefeuille.........................		146.032 15	
Dû par divers...............................		7.255 55	
Dû sur capital social souscrit.....................		15 310 »	
Capital social..................... 122.200 »			
— immeubles..................... 165.000 »			
Bons de caisse des sociétaires..................... 309.270 »			596.470 »
Fonds d'amortissement et de réserve.................			272.060 21
Dû à divers.........................			57.902 20
Dû aux sociétaires.......................			24.314 38
Boni net........................			35.479 86
Totaux................		986 226 65	986.226 65

— La Société possède deux immeubles contigus formant un seul corps de bâtiment qui lui ont coûté (construction et agencement compris) : 666.960 francs.

Ces immeubles comprennent deux caves en sous-sol superposées, ayant toute la surface du terrain, un rez-de-chaussée occupé entièrement par la Société, ainsi que le premier étage, et 6 logements à chaque étage supérieur, que la Société loue et dont le produit vient en déduction des charges. Le montant des loyers est de 7.790 francs par an et les dépenses d'entretien et autres frais ont été de 4.191 fr. 80 en 1899, il est donc resté un boni de 3.598 fr. 20.

— Le service des bureaux et magasins est assuré par 20 employés, dont :

1 chef des magasins, 3 chefs de rayons, 10 employés, 1 livreur.

1 caissier et 4 comptables.

Le personnel reçoit une participation de 3 % dans les bénéfices; pendant l'année 1899 elle s'est élevée à 2.455 fr. 16.

— Une Caisse mutuelle a été établie par la Société pour garantir son personnel contre la maladie, moyennant une cotisation mensuelle de 2 francs : chaque employé pendant sa maladie reçoit une indemnité de 5 francs par jour pendant 3 mois, et 2 fr. 50 par jour pendant les 3 mois suivants; si la Caisse est insuffisante, la Société y verse le complément nécessaire.

— La Société a fondé en 1899 une Caisse d'économie et de prêt à l'usage de ses membres.

Depuis sa création, cette Caisse a acheté 595 titres de valeurs diverses et elle a fait pour 33.298 fr. 60 de prêts sur lesquels il a été remboursé 30.013 fr. 10. Il lui était dû fin décembre 1899, 3.285 fr. 50.

La Société du XVIIIᵉ arrondissement qui avait obtenu une médaille d'or à l'Exposition universelle de Paris en 1889 et une médaille d'argent, cinq médailles d'or et un diplôme d'honneur dans d'autres Expositions, a obtenu à l'Exposition de Paris 1900 : un grand prix. Le jury a décerné également un grand prix à son Président, et une médaille d'argent et une de bronze à d'autres collaborateurs.

Association Coopérative de Consommation
des Employés Civils de l'Etat, du département de la Seine et de la Ville de Paris.

3, rue Christine à Paris.

Cette Société a été fondée pour 99 ans, le 27 février 1887. Au premier appel lancé par les promoteurs, 2.921 actions de 50 fr., représentant un capital nominal de 116.050 francs, furent souscrites et le dixième exigé par la loi, versé.

— Fixé d'abord à 125.000 fr., puis à 200.000 francs, ce dernier chiffre était atteint le 10 février 1888, et le 30 mars 1890 l'assemblée générale élevait le maximum du capital à 400.000 fr. Ouverte le 14 avril 1890, la souscription était couverte le lendemain 15. Le capital social actuel est représenté par 8.000 actions de 50 fr.

— La Société est administrée par un Conseil d'administration de 21 membres élus au scrutin de liste pour trois ans, en assemblée générale, et renouvelables par tiers chaque année. Les administrateurs touchent collectivement une participation de 12 % sur les bonis de l'association. Cette participation s'est élevée pour le 2ᵉ semestre 1899 à la somme de 32.258 fr. ce qui donne une moyenne par an et par administrateur de 3.072 fr. dont la plus large part est abandonnée au profit de la Caisse de Retraites du Personnel de la société.

— La Société est composée d'actionnaires et d'adhérents.

Les actionnaires peuvent seuls prendre part aux assemblées générales et à l'administration de la Société.

Les membres adhérents ne versent qu'une cotisation de 3 % par semestre mais n'ont aucun des droits ci-dessus.

Le 7 janvier 1900 la Société comptait :

6.971 actionnaires
et 9.103 adhérents

soit en tout 16.074 sociétaires représentant 64.300 habitants.

4

— La Société possède 3 établissements distincts :

1° Le Siège social, 3, rue Christine, consacré aux ventes de détail et aux rayons annexes ;

2° Le magasin des ordres, 196, rue du Château-des-Rentiers, Paris, pour les livraisons à domicile ;

3° L'entrepôt de Vitry-sur-Seine, rue latérale à la gare, qui alimente les deux autres magasins et est chargé en outre des livraisons en banlieue et des expéditions en province.

Ces trois immeubles sont la propriété de la société et leur valeur figure au bilan pour 805.606 fr. 75.

La Société livre à domicile non seulement à Paris, deux fois par semaine dans chaque quartier, mais encore dans 150 communes des départements de la Seine et de Seine-et-Oise, une ou deux fois par mois.

Elle fournit à ses sociétaires les denrées suivantes : Epicerie, Vins et Liqueurs, Boucherie, Charcuterie, Primeurs. Volailles et Gibier, Vêtements, Mercerie, Bonneterie, Chaussures, Chapellerie, Articles de ménage, Porcelaine, Verrerie, etc.

Elle leur assure, en outre, au moyen de traites, la livraison des marchandises et objets divers qu'elle ne tient pas dans ses magasins. Ces fournitures sont faites par l'intermédiaire des maisons ayant traité avec elle.

Depuis sa fondation (juin 1887) au 31 décembre 1899 elle a livré à ses sociétaires, directement ou par intermédiaire, pour 68.683.370 francs 43 de marchandises, se répartissant comme suit :

Livraisons directes........ 46.684.711 65
Livraisons par intermédiaire. 21.998.658 78

Total.......... .... 68.683.370 43

Ces livraisons ont permis de réaliser les bonis réels ci-après :

Répartitions semestrielles :

bonis nets.......... 2.859.594 45
Remises sur livraisons par
  intermédiaires........ 1.676.629 09
Passé au fond de réserve ... 623.871 70
Intérêts servis au capital.... 212.184 75
  Total.......... 5.372.279 99

Pour l'année 1899 les livraisons se sont élevées à 6.802.659 13, savoir :
Livraisons faites directement
  par la société........ 5 670.282 95
Livraisons faites par les
  intermédiaires........ 1.132.376 18
  Total des livraisons.. 6.802.659 13

Le détail des bonis totaux s'est élevé pour le 2me semestre 1899 à 310.881 12, savoir :
Répartition semestrielle
  bonis nets.......... 201.612 53
Remise sur livraison
  par intermédiaire.... 85.765 23
Passé au fonds de réserve.. 13 503.36
Intérêts servis aux actions.. 10.000
  310 881 12

La Société a organisé en faveur de son personnel un fonds de retraites alimenté :

1° Par un prélèvement, sur le salaire des employés, d'une somme proportionnée aux appointements de chacun ;

2° Par un versement d'égale importance fait par la Société et prélevé sur le montant des jetons de présence abandonnés par le Conseil d'administration et par la Commission de surveillance ;

3° Par le prélèvement d'un quart sur le montant des gratifications, et le tout versé au crédit de chaque employé à la caisse nationale des retraites pour la vieillesse.

Enfin, l'Association assure elle-même son personnel contre les accidents, en affectant à ce compte une somme de 4.000 fr. par semestre prise sur les jetons de présence du Conseil d'administration et de la Commission de surveillance.

Voici maintenant, pour terminer, le bilan du 2° semestre.

ACTIF			PASSIF	
Espèces. En caisse . 41.072 11			Capital social.................	400.000 »
En dépôt à	335.731 95		— obligations............	497.750 »
la banque 294.659 84			— de réserve..........	623.871 70
Marchandises en magasin..... .	1.011.357 66		Cautionnement du personnel....	18.758 »
Dû par divers.	28.550 11		Actions en dépôt des administra-	
Valeurs en dépôt...............	19.808 »		teurs......................	1.630 »
Immeubles....................	805.606 75		Amortissements divers et frais	
Matériel, Mobilier, 1er Etablisse-			d'entretien..................	39.689 44
ment, Cavalerie	189.482 22		Intérêts dus sur actions et obliga-	
Divers	12.443 60		tions..................	19.385 68
			Dû à divers....................	530.538 47
			Adhérents, cotisations anticipées.	4.701 »
			Fonds de retraite et d'assurance..	28.359 30
			Jetons de présence du Conseil et	
			du Contrôle..............	40.322 50
			Gratifications au personnel.....	26.881 67
			Boni net........	201.612 53
	2.432.980 29			2.432.980 29

Cette société est la plus importante de la France et comme nombre de membres et comme montant des livraisons.

LA RUCHE
Société civile coopérative de consommation
11 et 13, rue de l'Eglise, à Nanterre

La Ruche a été fondée le 9 avril 1893 par 21 ouvriers, employés et cultivateurs, qui versèrent 105 fr. comme première mise de fonds, sur son capital initial qui fut fixé à 1.100 fr.

Le maximum éventuel de son capital est aujourd'hui de 25.000 fr., divisé en 500 parts ou actions de 50 fr. ; au 1er février 1900, 127 parts étaient entièrement libérées. Un sociétaire ne peut en posséder plus de 5.

Il est servi un intérêt de 4 % au capital.

Le nombre des sociétaires est aujourd'hui de 375, dont 260 actionnaires et 115 adhérents.

Est adhérent tout membre qui a versé un franc sur son action.

— La Société est administrée par un Conseil d'administration de 12 membres élus pour trois ans et renouvelables par tiers tous les ans.

Aux termes des Statuts, les citoyens investis d'un mandat politique ne peuvent être élus administrateurs, et, sont considérés comme démissionnaires, les administrateurs qui briguent ou acceptent un mandat politique.

Le Conseil d'administration reçoit une participation de 6 pour cent sur les bonis nets.

— La Société livre directement dans ses magasins à ses sociétaires : l'épicerie, les chaussures, la mercerie, la papeterie, la quincaillerie, la verrerie, la faïence et la porcelaine et la parfumerie.

De plus, elle a conclu des arrangements avec des boulangers, bouchers, charcutiers, charbonniers, magasins de confections, pharmaciens, qui livrent leurs marchandises à ses membres, à des prix inférieurs à ceux de leur clientèle courante.

— La Ruche possède une caisse de prêts alimentée par un prélèvement de 5 % sur les bonis et destinée à venir en aide aux sociétaires momentanément dans le besoin.

— Elle donne à son personnel une participation de 2 % sur les bonis.

— Le succès de la Ruche ne s'est pas démenti un seul instant depuis sa fondation.

Voici, du reste, le montant de ses livraisons depuis cette époque :

1893-1894.........	31.555 00
1894-1895.........	37.674 50
1895-1896.........	38.963 90
1896-1897.........	53.107 15
1897-1898.........	82.724 40
1898-1899.........	112.793 30
	356.818 25

La Ruche a obtenu une médaille d'argent à l'Exposition de 1900 et son Président une médaille de bronze.

La Famille

Société civile coopérative de Consommation, 104, avenue de Paris.

Plaine Saint - Denis.

La Famille a été fondée en décembre 1887, par 80 habitants de la Plaine, pour une durée de 99 ans.

Elle est administrée par un Conseil d'administration composé de 11 membres, nommés pour deux ans, et renouvelables par moitié tous les ans. Les fonctions de membre du Conseil sont gratuites, mais le Conseil peut allouer une indemnité au Secrétaire, au Trésorier et au Comptable.

Le Capital social est divisé en cotisations de cinquante francs.

La Société a fait construire un immeuble qui lui a coûté (terrain compris, 578 mètres), 76.500 francs. Ses magasins et services occupent le rez-de-chaussée, et les cinq étages supérieurs sont divisés en logements (deux par étage) comprenant : une cuisine, avec l'eau sur l'évier, une salle à manger, deux chambres à coucher, cabinets d'aisance et une cave. Le prix des loyers varie de 330 à 350 francs par logement, suivant les étages. Il reste 300 mètres environ de terrain disponible.

La Société amortit ses dépenses d'immeuble au moyen du revenu des loyers; cet amortissement s'élève, à ce jour, à 24.500 francs.

La Famille a livré, depuis sa fondation, pour un million de marchandises, sur lesquelles les Sociétaires ont réalisé un boni de 50.000 francs.

Le Jury de l'Exposition a décerné à cette Société les récompenses suivantes : classes 106 (habitations ouvrières) : une médaille d'argent, et à son Président, une médaille de bronze. — Classe 107 (Sociétés de consommation) : une médaille d'or, et à son Président, une médaille d'argent.

L'Union du XIXᵉ Arrondissement

Société civile de Consommation

25, RUE RIQUET, PARIS

Cette Société a été fondée le 1ᵉʳ septembre 1884, et, aux termes des statuts, le nombre de ses membres comme le chiffre de son capital sont illimités ; chaque sociétaire est tenu de faire un apport de 50 francs. — La Société admet de simples adhérents, moyennant le versement de 1 franc de droit d'entrée. Ceux-ci ne peuvent prendre part ni à la direction, ni à l'administration, ni aux assemblées générales de la Société, auxquels participent seuls les porteurs de parts.

L'Union, qui a pris rapidement une grande importance, livre à ses sociétaires à peu près tous les articles de consommation courante.

Elle possède, outre les magasins du siège social, d'importantes succursales 23 et 25 rue Cavendish et 19 rue de Nantes, et un magasin de confections (1).

L'immeuble de la rue Cavendish lui appartient et sa construction a coûté 180,000 francs, terrain compris.

(1) Ce dernier magasin ne donne pas entièrement satisfaction à la Société. Les résultats de l'année 1899 accusent une vente de 35.966 fr. 80 seulement.

Cette Société est administrée par un Conseil d'administration composé de 19 membres, nommés au scrutin de liste et renouvelables par moitié tous les six mois.

A côté du Conseil d'administration fonctionne, sous le titre de Commission d'études, une sorte de Comité consultatif qui doit étudier toutes les affaires intéressant la Société, et sur lesquelles elle doit donner son avis.

Les assemblées générales sont obligatoires pour tous les porteurs de parts, qui sont passibles d'une amende de 0 fr. 25 quand ils n'y assistent pas et ne se font pas excuser.

Cette Société a fondé un fonds collectif de garantie d'amortissement et de développement qui est alimenté par une retenue de 2 0/0 sur les rentes. Depuis 1895, date de sa fondation, ce fonds a produit 128,254 francs. — Le fonds de développement a permis à la Société d'entreprendre la construction de l'immeuble de la rue Cavendish, la création de la succursale de la rue de Nantes et la réfection totale du siège social, 25, rue Riquet. — La Société compte sur ce fonds pour assurer l'amortissement du matériel et du mobilier et réaliser tous les travaux d'avenir qu'elle sera amenée à entreprendre.

L'Union a réalisé diverses fondations très intéressantes sur lesquelles il est bon de dire quelques mots :

Caisse de prévoyance en cas de décès. — Cette caisse fait don au survivant du ménage sociétaire d'une somme de 200 francs, soit 400 francs par ménage. Pour y avoir droit, il faut réunir les conditions suivantes :

Etre sociétaire depuis un an ;

Avoir son action complètement versée ;

Faire une moyenne mensuelle de 15 francs.

La totalité des dons faits au cours d'une année est payée à égalité par les seuls sociétaires qui réunissent les conditions requises.

Depuis 1895, cette caisse a fait 147 dons pour une somme de 29,400 francs.

Caisse d'appui fraternel. — Cette caisse, qui est alimentée par la moitié du bénéfice produit par les fêtes données annuellement par la Société et par le montant des amendes infligées aux absents des assemblées générales, permet de venir en aide aux sociétaires frappés par les revers et l'adversité.

Caisse de crédit. — Cette institution est le corollaire de la Caisse d'appui. Le sociétaire peut s'y faire ouvrir un crédit correspondant à son action ou à la partie versée sur son action, déduction faite du 1/10 représentant sa contribution au fonds de réserve.

Ce crédit épuisé, si la gêne le poursuit, il peut demander à la Caisse d'appui fraternel un secours qui ne lui est jamais refusé.

Sur les fonds de la Caisse de crédit, il a été fait des crédits ou porté en crédit des sommes variables, à plus de 200 sociétaires pour un total de 6,383 fr. 05 sur lequel il a été remboursé 2,058 fr. 10. Il reste donc dû par les sociétaires emprunteurs la somme de 4,324 fr. 95.

L'Union, se recrutant dans un milieu à tendances socialistes, a fondé une *Caisse de propagande*, sur laquelle sont prélevés non seulement les fonds nécessaires à la propagande sociale, mais encore les dons qu'elle fait aux œuvres ouvrières, syndicats, sociétés de secours mutuels, œuvres philanthropiques, grèves, etc.

Cette caisse est alimentée par la seconde moitié du bénéfice produit par les fêtes annuelles données par la Société.

Nous donnons dans les tableaux ci-après des renseignements statistiques indiquant l'importance actuelle de l'Union.

Bilan de la Société pendant les 2 derniers semestres.

ACTIF :

	BILANS ARRÊTÉS AUX	
	9 juillet 1899	11 janvier 1900
Espèces en caisse........	7.083 92	11.012 76
Marchandises en magasin.	144 756 88	123,076 06
Matériel............	12.283 40	38,135 50
Mobilier	16,731 50	15 072 .
A reporter.	180,855 70	187,326 32

Report.....	180.855 70	187.326 32
Dû par diverses Sociétés..	3.437 25	3.323 70
Sociétaires débiteurs (capital, caisse de décès, etc)	69.195 76	83.020 56
Immeubles de la Société..	177.199 33	179.581 72
Espèces en banque.......	12.797 92	20.187 31
Caisse de crédit.........	4.384 95	5.792 67
En dépôt à la Cie du gaz..	679 »	679 »
Loyer d'avance.........	2.211 50	2.211 50
Totaux.....	450.761 41	482.122 78

PASSIF :

Capital social.........	156.900 »	159.250 »
Fonds de réserve........	15.690 »	15.925 »
Fonds de garantie et amortissement...........	9.484 35	1.085 57
Caisse d'appui fraternel...	4.962 87	6.173 97
Caisse de propagande....	302 56	204 26
Dû aux sociétaires......	4.751 79	4.781 78
Dû à divers...........	217.765 90	214.020 95
Versements des membres honoraires.........	490 »	490 »
Boni net du 1er semestre.	40.413 94	40.413 94
du 2e semestre.	»	39.777 31
Totaux....	450.761 41	482.122 78

L'Union du XIXe arrondissement a progressé constamment et se trouve aujourd'hui dans une très bonne situation.

Voici quelques chiffres qui indiqueront l'accroissement de ses opérations :

	RÉSULTATS DE L'ANNÉE	
	1885	1899
Nombre de sociétaires..	88 »	3.185 »
Montant des livraisons.	10.257 10	1.298.858 75
Boni net réalisé........	»	{ 80.194 25 / 6 10 0/0

Le Jury de l'Exposition a décerné à cette Société une médaille d'or, et aux principaux collaborateurs une médaille d'argent et une médaille de bronze.

LA LORRAINE

Société anonyme de consommation des ouvriers et employés des usines SOLVAY et Cie

à Dombasle-sur-Meurthe

Cette Société a été fondée le 7 décembre 1890.

Le nombre des sociétaires qui était au début de 850, soit 181 actionnaires et 669 adhérents, est aujourd'hui de 1.262 dont 687 actionnaires. Ce qui donne une éloquence particulière au nombre des membres de la Société, c'est qu'il représente à peu près toute la population de Dombasle-sur-Meurthe, qui ne comprend que 5.500 habitants environ. En effet, si on admet que chaque famille sociétaire comprend en moyenne 4 personnes, on trouve que la Société alimente $1.262 \times 4 = 5.048$ têtes d'habitants sur 5.500.

La Société possède un capital de 100.000 fr.

Elle est administrée par un Conseil d'administration de 10 membres formant 9 commissions diverses. Les administrateurs reçoivent une participation de 2 0/0 sur les bonis nets.

Elle est propriétaire de plusieurs immeubles dans lesquels sont installés : 1° le siège social et le magasin principal ; 2° la boulangerie ; 3° la boucherie et la charcuterie.

Elle livre à ses sociétaires tous les articles d'épicerie, le pain, les vins et liqueurs, la viande de boucherie, la charcuterie, la mercerie, la bonneterie, la chaussure, les tissus et confections pour hommes, femmes et enfants, la chapellerie, la faïence, la quincaillerie, la parfumerie, la vannerie, etc.

Le service des magasins autres que la boulangerie et la boucherie, est assuré par un personnel de 20 employés placés sous la direction d'un employé principal. Ces magasins ont fait pendant l'année 1899 pour 719.157 fr. 10 de livraison.

La boulangerie possède trois fours au bois, système Pavard.

Le service de ce magasin est assuré par un chef boulanger, 3 garçons, un apprenti, 5 porteuses. Le magasin principal assure la vente du pain au magasin.

La fabrication journalière a été, en 1899, de 1.740 kilos en moyenne, soit au total : 624.514 kilos pour une somme de 191.198 fr. 70, ce qui donne une production de 500 kilos environ pour chaque ouvrier boulanger, soit la panification de 3 balles de farine de 125, ce qui est énorme. *La Lorraine* a réalisé et réalise ainsi un véritable tour de force qui paraîtra inexplicable à beaucoup de coopérateurs administrant des sociétés, où la panification se fait à bras d'hommes.

La boucherie-charcuterie a livré pour 190,501 francs 70 pendant l'année 1899. Les documents exposés par la *Lorraine* ne donnent aucun détail sur le nombre de têtes de bétail abattues et les conditions d'achat des bestiaux.

Le service de la boucherie-charcuterie est assuré par un chef boucher aidé de 4 ouvriers bouchers ou charcutiers.

La *Lorraine* fait participer son personnel salarié aux bénéfices de l'association dans la proportion de 3 0/0 des bonis nets.

Depuis sa fondation elle a réparti ainsi 22.282 francs 14 à ses employés.

Dans le but de faciliter l'épargne de son personnel, elle a autorisé celui-ci à déposer ses fonds jusqu'à concurrence de 2.000 fr. par employé dans la caisse de la Société.

Ces dépôts rapportent un intérêt de 5 0/0. Les sommes déposées s'élevaient au 1er juillet 1899 à 4.235 fr.

La *Lorraine* assure son personnel contre les accidents. Elle a déjà payé de ce chef une somme de 2.283 fr. 50.

Enfin, elle assure gratuitement, depuis février 1900, les soins médicaux à ses employés.

La *Lorraine* a fondé également une caisse appelée « Fonds de secours » destinée à venir en aide aux familles sociétaires nécessiteuses.

Ce fonds est alimenté par un prélèvement de 500 francs par semestre sur les bonis. Il reçoit, en outre, le produit des fêtes, tombola, etc.

Depuis la fondation de la Société, ce fonds a distribué 3.377 fr. 35 de secours. Son avoir au 1er juillet 1899 était de 990 fr. 10.

Il est juste de signaler ici la généreuse conduite de MM. Solvay et Cie, qui n'hésitèrent pas au début de la Société, de lui faire une avance de 100.000 francs pour lui permettre de donner à ses opérations l'extension qu'elle ne pouvait réaliser avec ses ressources propres. Ces patrons philanthropes ont continué à donner leur aide financière à la *Lorraine*, qui faisait figurer à son bilan du 30 juin 1899 une somme de 97.588 fr. 50 au crédit de MM. Solvay et Cie.

Ces exemples sont bons à signaler, car ils témoignent hautement de la bienveillante sollicitude du patron pour son personnel et de l'heureuse harmonie qui règne dans les usines de cette grande industrie entre le capital et le travail.

Le Jury de l'Exposition de 1900 a décerné à MM. Solvay une médaille d'argent pour les services rendus par eux à la Société coopérative *La Lorraine*.

Nous applaudissons de tout cœur à cette décision.

Voici maintenant quelques renseignements statistiques sur la Société *la Lorraine*, qui brille au premier rang parmi les Associations qui ont pris part à l'Exposition de 1900 :

BILAN AU 30 JUIN 1899

	ACTIF	PASSIF	
Espèces en caisse	1.994 40	»	»
Dû sur actions	1.660 80	»	»
Immeubles	133.355 73	»	»
Matériel	8.586 65	»	»
Débiteurs divers	36.868 40	»	»
Marchandises en magasin	184.909 55	»	»
A reporter	367.375 53	»	»

	ACTIF	PASSIF
Report..............	367 375 53	» »
Capital — Actions .... 100.000 » }	» »	130.000 »
Capital — Obligations .... 30.000 » }	» »	130.000 »
Somme déposée à la Caisse d'épargne par le personnel	» »	4.235 »
Caisse de réserve des divers services..............	» »	302 65
Fonds de secours..........................	» »	990 10
Réserve légale .... 10.000 » }	» »	20.532 78
Réserve extraordinaire .... 10.532 78 }	» »	20.532 78
Compte de prévision.............................	» »	6.142 27
Retenue de 30 0/0 sur répartition à valoir sur actions	» »	7.446 60
Créanciers — Divers.............. 48.706 92 }	» »	146.295 42
MM. Solvay et Cie..... 97.588 50 }	» »	146.295 42
Bonis nets......	» »	51.430 71
TOTAUX..............	367.375 53	367.375 53

Le boni net a été distribué comme suit :

A la consommation....... 70 0/0.....	36.001 50	
Aux actionnaires.......... 10 0/0.....	5.143 07	
Au personnel salarié...... 3 0/0.....	1.542 92	
Au Conseil d'administration 2 0/0.....	1.028 62	
A la réserve extraordinaire. 15 0/0.....	7.714 60	
		51.430 71

Soit 7 fr. 50 0/0 à la consommation.
Les frais généraux se sont élevés pour cet exercice à 3 fr. 46 0/0.
Les livraisons totales à la Boucherie....... 190.501 70.
Boulangerie..... 191.198 70
Magasin principal 719.157 10
TOTAL........ 1.100.857 50

Depuis sa fondation, la *Lorraine* a livré à ses membres pour 8.805.650 fr. 90 de marchandises, sur lesquels elle a distribué en fin d'exercice un boni total de 498.852 fr. 17, le tantième des frais généraux a varié de 2 fr. 85 à 3 fr. 72 0/0.

Le Jury de l'Exposition a décerné un grand prix à la *Lorraine* et une médaille d'or à son président, une médaille d'argent et une de bronze aux autres collaborateurs.

LA PRÉVOYANTE
Des Ouvriers Rentreurs
A CROIX (NORD)

Cette Société est ouverte à toutes les classes de citoyens, même aux étrangers, et a pour but de fournir le pain à ses membres. Aux termes des statuts elle doit fonder successivement à l'usage de ses adhérents, des établissements d'instruction, de convalescence, ou d'agrément, une société de secours mutuels, etc., et améliorer ainsi le sort matériel et moral de ceux-ci.

Le tableau exposé par cette Société n'indique pas dans quelle mesure ces améliorations ont pu être réalisées.

La Société a été fondée le 20 octobre 1898, pour une durée de 50 ans.

Son capital social est fixé au maximun éventuel de 125.000 fr. et constitué au moyen d'actions de 25 francs.

Elle est administrée par un conseil de 15 membres élus au suffrage universel et choisis parmi les associés français, âgés de 25 ans révolus. — Les administrateurs touchent des jetons de présence de 1 fr. 50 pour chaque réunion hebdomadaire, et lorsqu'ils sont envoyés en mission spéciale, ils touchent une indemnité de 0 fr. 50 par heure. — Par contre, ils encourent une amende de 0 fr. 50, lorsque sans motif valable ils manquent une réunion.

La Société possède un fonds de développement auquel elle a donné le nom de « Caisse du Comité ». Ce fonds est alimenté par une allocation de 1 fr. 60 pour cent des bénéfices nets réalisés par la Société et est destiné à assurer les fondations indiquées plus haut.

Cette Société possède aussi une caisse de Secours qui est alimentée par un prélèvement de 0 fr. 40 pour cent des bénéfices nets et elle a pour but, ainsi que son titre l'indique, de venir en aide aux sociétaires nécessiteux.

La *Caisse du Comité* ainsi que la *Caisse de Secours* sont administrées par un comité unique, appelé Comité de secours et fêtes, et composé de neuf membres.

Les documents exposés par la Société n'indiquent ni la situation actuelle de ces caisses, ni les services rendus par elle.

Les chiffres statistiques publiés par la Prévoyante démontrent que cette Société est très prospère. Il est intéressant de les connaître :

Elle a livré pendant l'année 1899 : 488.633 pains pour une somme de 264.077 fr. 50 ayant produit un boni total de 83.799 fr. 15, soit 29 fr. 50 °/₀.

Le Jury de l'Exposition a décerné une médaille d'argent à cette Société, et deux mentions honorables à ses collaborateurs,

---

L'Abeille Suresnoise

7, RUE DU MONT-VALÉRIEN, A SURESNES (SEINE)

Cette association a été fondée, le 31 mars 1868, par M. Clavel, alors adjoint au maire de Suresnes. Elle comptait à sa fondation 48 sociétaires, ayant réuni un capital de 300 francs.

Elle possède aujourd'hui un capital de 30,000 francs divisé en actions de 50 francs, ne rapportant pas d'intérêt.

La Société est administrée par un Conseil d'administration composé de 11 membres, nommés pour 3 ans et renouvelables chaque année par tiers.

Elle donne à ses employés une participation de 1 fr. 50 0/0 sur les bénéfices. La somme ainsi répartie à son personnel s'élève à 830 francs pour l'année 1899. Ce n'est pas énorme.

Elle livre à ses sociétaires l'épicerie, le pain, le vin, la charcuterie, la lingerie, la mercerie.

Depuis sa fondation, l'Abeille suresnoise a livré à ses sociétaires pour 6,570,618 fr. 10 de marchandises et restitué 522,606 fr. 66 de boni.

Dans le courant de l'année 1899, elle a fait 516,740 fr. 85 de livraisons et réalisé un boni net de 54,516 fr. 15 (10 fr. 55 0/0).

Ses frais généraux ont été pendant cette période de 39,246 fr. 45, soit 7 fr. 59 0/0.

Voici le bilan de cette Société pour l'année 1899 :

	ACTIF	PASSIF	
Espèces en caisse................ 3.912 75			
— au Crédit industriel.......... 428 25	1.341 »	»	»
Titres divers......................	24.809 75	»	»
Participation à diverses sociétés..............	2.871 50	»	»
Immeubles........................	115.000 »	»	»
Matériel..........................	29.462 85	»	»
Frais de 1er établissement................	12.787 44	»	»
Dû par divers.....................	1.907 »	»	»
Marchandises en magasin.............	64.538 85	»	»
A reporter	255.718 39	»	»

		ACTIF		PASSIF	
Report......................	255.718.39		»	»	
Capital de garantie....................	30.000 »	»	»	»	»
— actions....................,...	54.450 »	»	»	»	»
— obligations...............,.....	21.200 »	»	»	105.650	»
Réserve................................		»	»	58.498	77
Fonds non convertis...................		»	»	6.349	70
Dû à divers...........................		»	»	27.123	05
Bonis.................................		»	»	58.396	87
		255.718	39	255.718	39

La Société possède un immeuble qu'elle a fait édifier et a payé avec ses ressources propres.

Le Jury de l'Exposition de 1900 a décerné une médaille d'or à l'Abeille suresnoise et récompensé ses collaborateurs d'un grand prix et d'une médaille de bronze.

L'Egalitaire

13 et 17, RUE DE SAMBRE-ET-MEUSE, A PARIS

Cette Société a été fondée en 1876. Elle comprend des sociétaires et des adhérents. Le sociétaire souscrit une part de 100 francs dont il doit verser le dixième. L'adhérent n'est tenu qu'à un versement de 1 franc, mais il doit renouveler ce versement pendant chaque mois jusqu'à ce que les versements successifs atteignent 10 francs. Il est alors déclaré sociétaire. Le complément de la part est réalisé par la retenue des bonis annuels.

Le capital souscrit est aujourd'hui de 641,100 fr.

L'Egalitaire est administrée par un Conseil d'administration de 21 membres, nommés pour 18 mois, et renouvelables par tiers chaque semestre. Les administrateurs touchent en fin d'année une indemnité équivalente à 3 0/0 des bonis nets. Pour le deuxième semestre 1899, l'indemnité ainsi allouée s'est élevée à 2,848 fr. 50. La Commission de contrôle a touché 3.889 fr. 15 pendant la même période. Les administrateurs ont donc reçu personnellement, pour ce semestre, une somme de 135 francs en moyenne, et les contrôleurs 260 francs.

L'Egalitaire possède plusieurs immeubles pour la construction desquels elle a dépensé 640,000 fr.

Elle livre à ses membres, dans des magasins distincts : l'épicerie, les vins, la lingerie, la chaussure, les articles de ménage, la fruiterie, la boucherie, la charcuterie et les charbons. Elle possède une buvette à l'usage de ses membres exclusivement. (1)

L'Egalitaire possède une *Caisse de prévoyance* sur les fonds de laquelle la Société prélève les fonds qu'elle distribue soit comme secours, soit comme prêts, ou qu'elle affecte aux frais du service médical ou à l'achat de couronnes mortuaires.

Pendant le 2e semestre 1899, cette Caisse a distribué les sommes suivantes :

Secours accordés à 48 sociétaires .	2.639 90
Couronnes mortuaires............	357 »
Service médical...............	971 50
Prêts aux sociétaires...........	20.136 09

La Caisse a actuellement un avoir de 57.183 fr. 95, sur lesquels il est dû par les sociétaires emprunteurs 26,558 fr. 25.

Elle est administrée par une Commission spéciale nommée par l'Assemblée générale, et les sociétaires dans le besoin lui sont indiqués par la Commission d'enquête.

Voici divers renseignements sur les résultats du 2e semestre 1899.

Les livraisons effectuées par la Société se sont élevées pendant cette période au chiffre de 2,046,676 fr. 89 se décomposant comme suit :

(1) Nous serions heureux de voir les *Sociétés Coopératives* abandonner ce genre d'opérations. Nous estimons, en effet, que le nombre des débits de boissons est déjà trop élevé et que les sociétés coopératives qui ont un rôle à remplir au point de vue moral, dans l'éducation de leurs membres, ne devraient pas donner un exemple semblable.

Epicerie et vins..............................	1.376.840 49	
Lingerie	125.852 80	
Chaussures..................................	89.106 35	
Articles de ménage...	46.605 47	
Fruiterie....................................	14.073 97	
Boucherie........................	247.237 69	
Charcuterie	80.967 45	
Succursale d'Aubervilliers	33.088 42	
Buvette....................................	32.904 25	2.046.676 89
sur lesquels la Société a réalisé un boni brut de..........		258.400 65
Les frais généraux ayant été de.....................		162.904 40
il reste un boni net de		95.496 25

à répartir sur le pied de 5 0/0 sur le montant des livraisons.
Le tantième des frais généraux a donc été de 8 fr. 53 0/0.

Le bilan des opérations s'établit comme suit :

	ACTIF	PASSIF
Espèces en caisse............................. ..	36.727 11	» »
En dépôt à la Société générale.....	263.553 03	» »
Marchandises en magasins................	206.172 87	» »
Immeubles...............	639.909 73	» »
Matériel	165.494 33	» »
Dépôt au Gaz.................................	3.143 40	» »
Imprimés divers........	4.165 82	» »
Dû par diverses sociétés.......................	7.259 90	» »
Dû sur capital par les sociétaires...............	184.232 90	» »
Capitaux divers..............................	» »	740 940 45
Dû à divers	» »	623.360 29
Réserves....................................	» »	34.644 10
Fonds d'amortissement...., ...	» »	9.544 »
Oppositions.................................	» »	475 »
Cautionnements	» »	500 »
Boni à répartir, ancien............. 5.699 »	» »	
— du semestre 95.496 25	» »	101.195 25
	1.510.659 09	1.510 659 09

Le nombre des sociétaires, qui s'élevait à 7,171 à la fin de l'exercice précédent, était de 7,296 à la fin du 2ᵉ semestre 1899, soit une augmentation de 125.

L'Egalitaire a marché à pas de géant dans la voie du progrès, et quelques chiffres indiqueront l'énorme augmentation qui s'est produite tant dans le nombre de ses sociétaires que dans le chiffre de ses opérations.

	SITUATION DE LA SOCIÉTÉ à la fin de l'année :	
	1876 année de sa fondation	1899
Nombre de sociétaires.............................	40	7.296
Total des livraisons pendant l'année.............	17 863 »	3.983.060 »
Chiffre des frais généraux............................ ...	956 »	289.000 »
Caisse Avoir à la fin de l'année 1885.......	385 »	57.183 »
de Prêts effectués pendant l'année 1888..	719 »	39.291 »
Prévoyance Secours accordés pendant l'année 1888	285 »	5.690 75

Le Jury de l'Exposition a accordé un grand prix à l'Egalitaire et décerné une médaille d'argent et une de bronze à deux de ses collaborateurs.

La Fraternelle

A CHERBOURG (Manche)

Les renseignements par trop restreints que donnent les documents exposés par cette Société ne permettent pas une étude approfondie de son fonctionnement. C'est vraiment regrettable, car les quelques chiffres statistiques qu'on peut y recueillir font supposer une organisation remarquable.

Voici les chiffres généraux des 20 années de 1880 à 1899 :

Livraisons totales	11.248.157 85
Frais généraux.	590.759 45
Bonis distribués.	880.930 85

Soit 7 fr. 831 0/0.

Résultats de l'année 1899 :

Livraisons totales	1.234.430 25
Frais généraux	62.897 83
Bonis distribués	122.763 93

Soit 13 fr. 032 0/0.

Nombre de Sociétaires : 2,761.

Le Jury de l'Exposition a accordé une médaille d'argent à cette Société, et une mention honorable à l'un de ses collaborateurs.

La Moissonneuse

32, Rue des Boulets, à PARIS

Cette Société, une des plus importantes de France, a été fondée en 1874 par 32 ouvriers, qui souscrirent chacun une action de 50 francs (1,600 francs), sur laquelle ils versèrent 1 franc (32 francs). Le nombre de ces sociétaires est aujourd'hui de 13,909, représentant 56,000 têtes d'habitants environ.

La durée de « La Moissonneuse » est fixée à 99 ans.

La Société comprend des actionnaires et des adhérents. Les actionnaires doivent posséder au moins une action. Les adhérents versent à leur admission 1 fr. 40 pour prix des livrets et documents divers et 10 francs pour participation au compte d'amortissement du matériel et de l'outillage. Ces 11 fr. 40 sont acquis à la Société et ne sont jamais remboursés. L'adhérent devient actionnaire et en possède les droits lorsqu'il a versé les 6/10 de son action.

Le capital social de La Moissonneuse est aujourd'hui de 1,214,800 francs et se compose de 12,148 actions libérées ou non libérées. Le taux de l'action est actuellement de 100 francs.

Les Sociétaires ne peuvent posséder plus d'une action.

« La Moissonneuse » tient quatre assemblées générales par an : les premiers dimanches de mars, juin, septembre et décembre. Les actionnaires ayant leur action libérée de 60 francs peuvent seuls y assister et ils sont passibles d'une amende de 1 franc s'ils manquent à ces réunions.

La Société est administrée par un Conseil composé de 18 membres, dont 12 sont nommés au scrutin de liste et 6 désignés par le sort. L'élection, ou la désignation des administrateurs, est faite en assemblée générale; 3 d'entre eux peuvent être de nationalité étrangère.

Les administrateurs ne peuvent être choisis que parmi les actionnaires. La durée de leur mandat est de 2 ans pour ceux qui sont élus, et d'un an pour ceux qui sont désignés par le sort.

Le Conseil désigne dans son sein deux sociétaires qui ont la signature sociale, un trésorier et un trésorier-adjoint

La Société n'a pas de président ni de vice-président.

Les séances du Conseil sont présidées par un administrateur nommé président de séance assisté d'un secrétaire nommé pour cette séance.

Il est alloué un jeton de présence de 2 fr. 50 à chaque administrateur pour les séances du conseil ou des Commissions. Les secrétaires de séances touchent 1 franc de plus.

Les missions confiées aux délégués de « La Moissonneuse » comportent une indemnité de 0 fr. 90 l'heure.

La rétribution mensuelle allouée à chacun des trésoriers et secrétaires est de 65 francs par semaine au minimum.

Les candidats aux fonctions d'administrateur doivent produire leur casier judiciaire ou leur dernière carte électorale, et justifier qu'ils savent lire et écrire et connaissent les quatre règles et ne font partie d'aucune autre société. Les candidats de nationalité étrangère devront produire des pièces équivalentes dûment légalisées.

Les mêmes prescriptions régissent l'élection, le fonctionnement et la rétribution des autres commissions (contrôle, enquête, etc.).

La « Moissonneuse » possède divers immeubles représentant une somme importante, que le tableau exposé néglige de faire connaître.

Elle livre à ses nombreux sociétaires l'épicerie, le pain, la viande, les vins, les liqueurs, la charcuterie, la mercerie, la bonneterie, la chaussure, les habillements, la quincaillerie, etc.

Pour satisfaire sa très nombreuse clientèle, elle a dû créer successivement :

10 magasins d'épicerie ;
6 boucheries ;
3 boulangeries ;
1 magasin d'habillements ;
1 magasin de divers articles ;
1 vaste entrepôt de vins à Bercy ;
1 chantier de charbon ;

soit 23 magasins, qui forment autant de succursales de la Société.

En résumé, « La Moissonneuse » comprend aujourd'hui : 13,909 membres ;

Ayant souscrit un capital de 1,168,600 francs ;

Sur lequel il a été versé 524,550 fr. 05 ;

Elle possède des réserves pour 363,067 fr. 35 ;

Elle a livré, depuis sa fondation, 83 millions 633,794 fr. 85 de marchandises, ayant produit un boni de 5,410,586 fr. 75, soit en moyenne 6 fr. 469 0/0.

Boulangerie ménagère Coopérative

20, RUE PERROD, A LYON (Croix-Rousse)

Cette Société a été fondée le 20 octobre 1872 ; sa durée est illimitée.

Elle est administrée par un Conseil d'administration composé de 10 membres, élus pour 2 ans et renouvelables par moitié tous les ans. Le Conseil comprend 3 commissions. Les administrateurs touchent 1 franc par réunion et on leur alloue une indemnité de 1 fr. 25 pour chaque quart de journée qu'ils doivent consacrer à l'accomplissement de leur mandat.

Son capital social est aujourd'hui de 12,000 fr., représentés par 600 parts de 20 francs, possédées par 600 sociétaires.

La Société admet aussi les simples adhérents. Ces derniers ne versent qu'une somme de 2 francs et deviennent sociétaires au fur et à mesure qu'ils ont une part de 20 francs complétée par l'attribution de leurs bonis de consommation. Les adhérents sont aujourd'hui au nombre de 150.

La Boulangerie ménagère possède un fonds de réserve de 8,000 francs.

Elle a fondé en 1881 une Caisse de retraites pour ses membres. Le capital de cette caisse a été constitué au moyen des bonis annuels et s'élève aujourd'hui à 56,000 francs. Les revenus de ce capital, plus les 25 0/0 des bonis de consommation, sont répartis chaque semestre aux sociétaires âgés de 60 ans au moins et comptant 12 années de présence à la Société.

La moyenne des sommes ainsi distribuées atteint 2,000 francs par an.

La Société possède un immeuble de rapport rue Duviard, 7, à Lyon.

Elle donne à son personnel salarié une participation de 5 0/0 sur les bénéfices.

Le Jury de l'Exposition a décerné à cette association une médaille d'argent.

La Fraternelle

A HARAUCOURT (Ardennes)

Cette Société a été fondée en 1889, et, au début, elle comptait 39 sociétaires.

Sa durée a été fixée à 15 ans.

Son capital social est constitué au moyen des parts de chaque membre. Il s'élève aujourd'hui à 5,994 fr. 18, et comprend 216 parts libérées ou non.

La Société constitue un fonds de réserve collectif limité à 20 francs par sociétaire. Il est aujourd'hui de 1,948 fr. 05.

Ces capital social et fonds de réserve sont réalisés progressivement au moyen des bonis nets constatés en fin d'exercice.

En outre, les sociétaires doivent verser à leur admission une somme de 5 francs, qui est destinée à former un fonds spécial sur lequel l'Association prélève les dépenses du matériel. L'avoir de ce fonds est en ce moment de 139 fr. 85.

La Société est administrée par un Conseil d'administration de 22 membres, élus au scrutin secret par l'Assemblée générale pour une pé-riode de 18 mois. Les administrateurs sont renouvelables par tiers tous les six mois.

La Société se réunit en assemblée générale 2 fois par an. Les absents sont passibles d'une amende de 50 centimes.

Les opérations de la Société, se font au comptant, aussi bien les achats de denrées que les livraisons aux sociétaires.

Le service des magasins est fait gratuitement par les membres du Conseil d'administration; le Président et le Trésorier ne sont pas dispensés de ce service.

Les distributions ont lieu 3 fois par semaine, de 7 h. 1/2 à 11 heures du soir.

Les administrateurs y viennent à tour de rôle y remplir le service de caissier (1), comptables (2), peseur (1), cavistes (2), employé à la mercerie (1).

La comptabilité est tenue par le Secrétaire du conseil.

Le montant des distributions qui était de 12,242 francs en 1889 s'est élevé à 32,655 fr. 30 pour l'année 1899.

Avec une semblable organisation, qui ne peut être pratiquée que dans une très petite société, la Fraternelle a très peu de frais généraux. Ceux ci ne se sont élevés qu'à 381 fr. 55 (1 fr. 1684 0/0) pendant l'année 1899.

	Actif		Passif	
Espèces en caisse...	2.957	35	»	»
Espèces en banque.....................	4.744	85	»	»
Fonds à la Caisse d'épargne	1.929	90	»	»
Marchandises en magasin..............	5.493	46	»	»
Avance sur le loyer...	111	»	»	»
Capital social........................	»	»	5.994	18
Fonds de réserve collectif..............	»	»	1.948	05
Fonds pour achats de matériel..........	»	»	139.85	
Dû à divers fournisseurs...............	»	»	2.909	30
Boni (13 0/0)...	»	»	4.245	18
Totaux.....	15.236	56	15.236	56

La Société a fondé sous le nom de « La Sécurité des Coopérateurs » une caisse de secours, alimentée par une cotisation mensuelle de 0 fr. 40 versée par chaque sociétaire, qui, en retour, reçoit une indemnité de 1 franc par jour en cas de maladie.

Cette caisse, qui a reçu depuis sa fondation (15 février 1898 au 31 décembre 1899),

1,217 fr. 95, et payé pendant la période des secours pour une somme de 957 fr. 80, possède aujourd'hui un avoir de 260 fr. 15.

La Fraternelle de Haraucourt fournit de petites allocations de 10 et 20 francs à la Société de secours mutuels ainsi qu'à la Société musicale de Haraucourt.

Le Jury de l'Exposition de 1900 a décerné une médaille de bronze à La Fraternelle, dont l'un des collaborateurs a reçu une mention honorable.

Société Philanthropique Coopérative

A SAINT-RÉMY-SUR-AVRE (Eure-et-Loir).

La fondation de la Société Philanthropique Coopérative de Saint-Rémy-sur-Avre, remonte au 16 juin 1872.

Elle a débuté avec 160 sociétaires, ayant versé un capital de 5,441 francs.

La Société est administrée par un Conseil d'administration composé de 12 membres. La notice exposée par la Philanthropique fait ressortir que « la caractéristique de Saint-Rémy-sur-Avre, c'est la grande stabilité de son personnel et de son Conseil d'administration. »

En effet, l'ancienneté des administrateurs dans leurs fonctions est de :

15 ans pour 1 administrateur.
13 — 1 —
12 — 1 —
10 — 1 —
8 — 2 —
6 — 1 —
5 — 2 —
4 — 2 —
3 — 1 —

Les principaux employés de la Société ont 28, 24, 23, 18, 17 et 13 ans de service.

Le nombre des sociétaires s'élève à ce jour à 3,040, qui sont répartis dans les communes suivantes dont ils comprennent la plus grande partie des habitants :

Saint-Rémy-sur-Avre......	97 °/₀	de la population.
Saint-Lubin-des-Joncherets.	84 °/₀	—
La Madeleine-de-Nonancourt	83 °/₀	—
Saint-Germain-sur-Avre	75 °/₀	—
Vert-en-Drouais (distant de 4 kilomètres)....	75 °/₀	—
Le Mesnil-sur-l'Estrée (distant de 5 kilomètres)..	72 °/₀	—
Droisy (distant de 6 kilomètres...............	65 °/₀	—
Nonancourt............	53 °/₀	—

L'action de la Société s'étend sur toute la région dans un rayon de 15 à 20 kilomètres. Elle livre à domicile.

La Société livre à ses membres l'épicerie, la mercerie, la bonneterie, la chaussure, la coiffure, les tissus, la confection, la poterie, la verrerie, la faïence et la porcelaine, les ustensiles de ménage, les charbons et le bois, les vins et le cidre.

Elle a fait construire divers immeubles dont le montant s'élevait, au 31 décembre 1899, à 294,292 fr. 05.

En 1893, elle a édifié une vaste construction de 2,300 mètres carrés, dans laquelle se trouve son entrepôt général et une cidrerie. Le matériel de l'entrepôt a coûté 60,000 francs, et il contenait, fin 1899, pour 150,894 fr. 70 de liquides, dont 5,000 hectolitres de cidre et 2,000 hectolitres de vins.

La cidrerie possède un outillage modèle, dont une machine à vapeur de 10 chevaux, avec lequel elle peut fabriquer jusqu'à 10,000 hectolitres de cidre en deux mois.

Aujourd'hui, avec l'entrepôt et ses dépendances, la superficie des magasins, composés de 30 salles, est de 4,700 mètres carrés et la surface murale, couverte par des casiers, est de 1,300 mètres carrés.

Dans ses immeubles, la Société loge 7 familles de ses employés.

Aucun emprunt n'a été contracté pour payer ces immeubles et ces travaux. Le fonds de roulement y a toujours suffi.

En 1899, le chiffre des livraisons s'est élevé à 1,090,303 fr. 95, sur lesquels les sociétaires ont reçu un boni de 153,565 fr. 65.

En résumé, au 31 décembre 1899, la Société possédait :

Un capital de.................... 464.195 »
Un stock de marchandises de...... 471.726 55
Un mobilier de................... 104.639 15
Des immeubles pour............... 294.292 05
Des réserves..................... 352.343 95
Son actif total était de. 1.066.117 95

Depuis sa création, en 1872, jusqu'au 31 décembre 1899 :

Les livraisons totales se sont élevées à..................... 15.915.001 80
Elle a distribué comme boni....... 1.720.177.60
Et servi au capital un intérêt..... 264.625 75

La Société Philanthropique Coopérative de Saint-Rémy-sur-Avre, qui est une des plus belles et des mieux administrées de France, s'est vue récompenser d'une médaille d'or par le Jury de l'Exposition de 1900, qui a décerné en outre, un grand prix à son Directeur-Gérant et quatre médailles d'argent à d'autres collaborateurs.

La Prévoyante

Société civile coopérative de consommation du personnel des Etablissements J. Thiriez père et fils

A LILLE-LOOS

Cette Société, fondée en 1887, à Loos. comprend aujourd'hui 912 sociétaires, auxquels elle livre les articles ci-après : Epicerie, mercerie, tissus, lingerie, confections, chaussures, toiles, rouennerie, bonneterie, lainages et articles de ménage.

Pendant la période de 1887 à 1899 inclus, elle a livré à ses membres pour 2,031,741 fr. 20 de marchandises, sur lesquels a été réalisé 199,934 fr. 45 de boni, soit une moyenne de 9 fr. 95 %.

Elle possède une caisse de prêts, alimentée par le versement de 1/20e des bonis.

Voici le bilan arrêté par cette Société le 31 mars 1899 :

	PASSIF	ACTIF
Marchandises en magasin.	54.903 10	» »
Espèces en caisse........	22.327 »	» »
Avances à la Caisse de prêts	3.656 52	» »
Capital...................	» »	11.000 »
Emprunt.................	» »	10.000 »
Dû aux fournisseurs......	» »	15.606 »
Réserve statutaire........	» »	10.826 65
Réserve alimentant la caisse de prêts	» »	7 414 75
Bonis...................	» »	26.039 22
Totaux. ...	80.886 62	80.886 62

Le Jury de l'Exposition de 1900 a décerné une médaille de bronze à cette Société et deux mentions honorables aux collaborateurs.

FÉDÉRATION

des Sociétés coopératives de consommation des Employés de la Cie des Chemins de fer P.-L.-M. à Grenoble

La Fédération des Sociétés coopératives P.-L.-M. a été fondée le 28 avril 1889 dans une réunion tenue à Lyon par les délégués de 15 sociétés.

Les Sociétés P.-L.-M. seules peuvent être adhérentes, c'est-à-dire avoir voix délibérative. Toutefois, à titre de solidarité coopérative, la Fédération admet dans son sein d'autres sociétés ; mais celles-ci ne sont admises qu'à titre de sociétés correspondantes et ne peuvent s'immiscer en rien dans l'administration de la Fédération.

Le nombre des sociétés fédérées est actuellement de 49, et celui des sociétés correspondantes de 45 ; en tout : 94.

La Fédération a pour but :

De centraliser les commandes des Sociétés et de procéder par d'importants achats pour obtenir de meilleures conditions de qualité et de prix ;

De réaliser dans la mesure du possible la suppression des intermédiaires en mettant le consommateur en rapport direct avec le producteur ;

De vulgariser le principe coopératif (1) ;

De développer, parmi les agents de la Compagnie P.-L.-M. les idées généreuses de solidarité et de fraternité, et de resserrer davantage les liens d'amitié et de camaraderie qui les unissent entre eux.

La Fédération est administrée par un Conseil de 5 membres au moins et de 10 au plus, élu par le Congrès annuel qui a le titre de Bureau-Directeur. Les pouvoirs du Bureau-Directeur durent trois ans ; ses membres sont rééligibles.

Le Bureau-Directeur joue vis-à-vis des Sociétés le rôle de Chambre économique et de Chambre consultative.

L'un des caractères particuliers et non l'un des moins remarquables qui distingue la Fédération des groupements similaires, c'est de fonctionner sans capital social ni magasin.

Les Sociétés fédérées paient une cotisation de 5 centimes par membre et par an, et les Sociétés correspondantes 15 francs par an.

Les chiffres suivants indiquent l'importance des Sociétés comprises dans la Fédération :

Effectif des Sociétaires : 35,262.

Livraisons annuelles......	15.673.625 13
Economies totales annuelles.	1.525.579 35
Boni net annuel	1.306.366 49

Au printemps de chaque année, les délégués des Sociétés se réunissent en Congrès dans un centre coopératif du réseau P.L.M. Ce Congrès dure 1 ou 2 jours, suivant les besoins.

Les Sociétés P.-L.-M. ont déjà tenu 12 Congrès. 15 Sociétés participèrent au 1er ; 45 ont envoyé des délégués au dernier. Le Congrès de 1899 a été tenu à Alger-Mustapha.

La Fédération publie un « Bulletin officiel » bi-mensuel, comprenant une partie littéraire et une partie commerciale. Il paraît à 20 pages.

(1) A cet effet, le Bureau-Directeur publie un « Bulletin officiel », il fait imprimer et distribuer le compte-rendu des Congrès et opérations de la Fédération. Il organise des conférences. Il prend part à toutes les Expositions au cours desquelles il fait répandre parmi les visiteurs de nombreux imprimés coopératifs. En un mot, il fait de la propagande parlée et écrite.

Le « Bulletin » est distribué gratuitement aux Sociétés fédérées et correspondantes, ainsi qu'à un certain nombre de personnes connues pour leur dévouement à la coopération.

Depuis sa fondation, la Fédération a provoqué la création de plus de 40 Sociétés coopératives, à l'organisation desquelles elle a activement collaboré.

La Fédération des Sociétés coopératives P.-L.-M., qui avait déjà obtenu les récompenses suivantes dans les précédentes expositions :

Hors concours à Chicago,
1 diplôme d'honneur,
5 médailles d'or,
1 médaille de vermeil,
2 médailles d'argent,

ainsi que 2 médailles d'argent à son président, a obtenu une médaille d'or à l'Exposition universelle de 1900, dont le Jury a décerné un grand prix à son président, et une médaille d'or et une d'argent à deux collaborateurs.

LA MENAGÈRE
A Grenoble

Cette Société a été fondée par 18 ouvriers, le 23 août 1888, sous le nom de Société générale de consommation. Elle reçut plus tard le nom de « La Ménagère. »

A ses débuts, la Société qui ne possédait pas de capitaux assurait l'approvisionnement de ses membres au moyen d'adjudications passées avec des boulangers, bouchers, épiciers, etc., chez lesquels les sociétaires devaient se fournir moyennant certaines conditions de faveur.

Au 31 décembre 1888, après 4 mois d'existence, l'inventaire social faisait ressortir un capital de 564 fr. 20 et 284 fr. 65 de boni sur 3.138 fr. 85 de livraison. — La Société se composait alors de 50 sociétaires dont 35 seulement s'étaient servis chez les fournisseurs désignés.

5

Au 1er juillet 1889, le capital était de 1.959 francs 70 et les 74 membres composant la Société à cette date, avaient consommé, pendant le semestre écoulé, 13.501 fr. de denrées ayant donné un boni de 1.131 fr.

Le 13 novembre 1899, la Société effectuait sa première opération commerciale réelle en achetant un vagon de vin. A ce sujet, la notice exposée par la Société raconte un incident très cocasse qu'il nous paraît intéressant de faire connaître : La Société, livrant elle-même le vin à ses membres, supprima sur la liste de ses adjudicataires le fournisseur de cette denrée. « Ce dernier, dit l'auteur de la notice, mécontent — cela se conçoit — de voir échapper un bon client, intenta un procès à la Société pour lui réclamer la restitution des remises qu'il avait consenties, le produit de ces remises n'ayant servi, à son avis, qu'à lui faire concurrence. Les prétentions de ce fournisseur ne furent pas admises par le juge devant qui l'affaire fut portée et qui autorisa la

Société à garder cet argent en lui conseillant, toutefois, d'en faire bon usage. Ce conseil, qui était excellent fut suivi et, quelques jours après, la somme, objet du litige, servait à payer la commande d'un nouveau vagon de vins. »

La Société, satisfaite de l'essai de vente directe effectué sur les vins, ouvrit un petit magasin d'épicerie. A la fin de 1889, l'inventaire donnait un chiffre de ventes de 30.148 fr. ; mais, par suite de la transformation opérée et des nombreuses dépenses qu'elle avait contractées, le bilan accusait un déficit de 259 fr. 75. Le capital était à ce moment de 3.478 fr. 50.

Loin de se décourager par ce résultat, les membres de la *Ménagère* furent encore plus ardents à défendre leur œuvre et le premier semestre de l'année 1890 se solda par un boni de 59 fr. 75.

Depuis lors, la Société a marché de succès en succès que les chiffres ci-après indiquent suffisamment :

ANNÉES	LIVRAISONS DE L'ANNÉE	BONIS ET REMISES	NOMBRE DE SOCIÉTAIRES
1890	31.460 »	3.084 »	60
1891	100.000 »	14.116 »	430
1892	184.485 »	31.230 »	1.000
1893	577.263 40	79.006 »	1.275
1894	779.906 10	83.430 »	1.704
1895	837.060 30	104.561 »	1.774
1896	869.282 60	109.687 »	1.907
1897	1.024.275 89	123.727 »	2.108
1898	1.207.362 »	130.168 »	2.397
1899	1.226.340 »	140.448 »	2.550

A l'heure actuelle, *la Ménagère* constitue un puissant groupement coopératif, qui tend à devenir l'un des plus importants de la province.

Elle livre à ses membres : L'épicerie, les comestibles, la viande de boucherie, la charcuterie, la boulangerie, les vins, les draps et vêtements, dans des locaux parfaitement agencés et dont la propreté et l'organisation lui ont attiré des éloges de tous les coopérateurs qui ont eu l'occasion de la visiter. Les livraisons se font au complant.

La livraison des denrées et la répartition du boni se font à la *Ménagère* d'une manière toute particulière.

Le sociétaire reçoit mensuellement une remise fixe de 9 0/0 sur le montant des livraisons qui lui ont été faites pendant le mois écoulé. Ces livraisons sont constatées par les bulletins de vente faits au décalque, que le Sociétaire doit représenter.

Les Magasins et services de la *Ménagère* sont desservis par un personnel de 50 employés (hommes et femmes.)

Son capital fixé à 150.000 fr. est divisé en actions de 50 francs, productives d'un intérêt de 5 0/0 l'an.

Les Sociétaires peuvent quitter la Société en tout temps, en donnant leur démission par écrit.

Ils sont remboursés de leur avoir dans les trois mois.

La Société est administrée par un Conseil de 21 membres élus pour 3 ans par l'Assemblée générale, et renouvelables par tiers tous les ans. Le système de l'inéligibilité est en vigueur à la *Ménagère*, dont les administrateurs ne peuvent être réélus à ces fonctions ou nommés contrôleurs, que 6 mois après avoir cessé ces fonctions. Il serait intéressant de savoir si la *Ménagère* est complètement satisfaite de cette disposition qui, jusqu'à cette heure, nous paraît n'avoir eu d'autre résultat que de priver son administration de quelques personnes aussi compétentes que dévouées ? Nous opterions pour la négative.

Le Conseil d'administration se subdivise en 5 commissions.

Une Commission de contrôle, composée de 9 membres élus dans les mêmes conditions et pour la même durée que le Conseil d'administration, est chargée de la surveillance des opérations de la Société.

Les mandats d'administrateur et de contrôleur sont gratuits. Toutefois, il est alloué à ces fonctions une somme de 3.000 francs par an à distribuer comme jetons de présence.

Un *Comité*, dit de *contentieux*, composé de trois membres, est choisi par le Conseil parmi les Sociétaires qui, par leurs aptitudes, peuvent s'occuper des questions litigieuses.

Ce Comité, dont les fonctions sont gratuites, est appelé à donner son avis sur tous les différends qui peuvent surgir entre Sociétaires dans le sein de la Société et à les trancher par voie d'arbitrage.

Les membres de ce Comité ont droit de présence à toutes les séances du Conseil et des Commissions avec voix délibérative.

Dans les cas graves que déterminent, du reste, les Statuts, le Conseil d'administration et la Commission de contrôle se réunissent en *Congrès* sur la convocation du Président de la Société.

Dans les cas de conflit entre ces deux pouvoirs, une *Commission plénière*, composée du Comité du contentieux, du Conseil d'administration et de la Commission de contrôle, se réunit sous la présidence d'un membre du contentieux. Les décisions de cette Assemblée sont prises à la majorité des membres présents, qui votent à droit égal.

La répartition du boni net, de fin d'exercice, se fait sur les bases suivantes :

15 0/0 au *personnel salarié de la Société* ;
25 0/0 pour le fonds de réserve ;
60 0/0 aux Sociétaires, au *prorata de leur compte de remises.*

Ainsi qu'on le voit, la *Ménagère* assure à ses employés une participation dans les bénéfices.

Caisse de prêts. — La *Ménagère* a créé une caisse de prêts destinée à faire des avances à ceux de ses membres qui sont momentanément dans le besoin.

Les emprunteurs peuvent obtenir des avances jusqu'à concurrence de 40 fr. sur chaque action libérée.

Les prêts sont faits pour 6 mois et supportent un intérêt de 2 0/0 l'an, payable au moment du prêt.

Les prêts ne peuvent, en aucun cas, dépasser un total de 4.000 francs.

Le remboursement des prêts consentis s'effectue au moyen des remises et bonis qui reviennent aux emprunteurs.

Boule de Neige. — Sous ce titre, la *Ménagère* a créé une caisse tontinière destinée à recevoir les économies de ses membres pour les transformer en valeurs à lots.

La *Ménagère* a participé à l'Exposition de 1900, où elle a tenu une place brillante qui lui méritait, à notre avis, une récompense supérieure à celle que le Jury lui a décernée : une médaille de bronze.

Les Pharmacies Coopératives
EN BELGIQUE

La Belgique est certainement le pays où l'œuvre des Pharmacies Coopératives a jeté les plus profondes racines, et il nous a paru intéressant de condenser en une courte étude les résultats obtenus par quelques-unes d'entre elles.

Pharmacies fédérales du bassin de Charleroi. — Société Coopérative. — Cette société, fondée le 1er avril 1894, comprend actuellement deux pharmacies : une à Charleroi, et l'autre à Jumet.

Voici comment elle définit sa raison d'être et son but :

« Les médicaments et les articles pharma-
« ceutiques, par la cherté de leur prix, ont tou-
« jours été, pour l'humanité en général, un
« obstacle réel à l'exercice bienfaisant de l'art
« de guérir. Pour les mutualités en particulier,
« la fourniture des médicaments aux malades
« est trop souvent une cause de ruine ; de
« même, si les œuvres mutualistes ne produi-
« sent pas tous les effets qu'on attend d'elles,
« c'est parce que les dépenses en médicaments
« absorbent une grande partie des indemnités
« allouées aux malades. La création de notre
« Société coopérative, en permettant la livrai-
« son de ces articles, à des prix très réduits
« (de 50 %), a donc répondu à une véritable
« nécessité. Aussi, toutes les institutions qui
« ont pour principe la fraternité et la charité,
« comme aussi les institutions de bienfaisance,
« et en général la classe ouvrière, si nombreuse
« dans notre région, profitent-elles large-
« ment de notre œuvre populaire, et trouvent
« dans nos officines, à des conditions excep-
« tionnelles de bon marché, tout ce que la
« médecine peut prescrire pour la guérison de
« leurs malades. C'est donc une œuvre humani-
« taire et démocratique au premier chef. Elle a,
« de plus, un autre but des plus nobles: consti-
« tuer, à l'aide des bénéfices, une caisse de pen-
« sion pour les vieux membres des mutualités y
« affiliées, en même temps que subventionner
« et soutenir les mutualités elles-mêmes ! Notre
« institution répond donc à une pensée des
« plus généreuses, et poursuit un but des plus
« louables.

« La Société des Pharmacies fédérales est
« une émanation de la Fédération mutualiste
« du bassin de Charleroi. Ce sont les mêmes
« administrateurs — des mutualistes — des
« ouvriers, des artisans et des employés.
« Constituée en dehors de tout esprit politique,
« acceptant toutes les mutualités, — sans dis-
« tinction d'opinion, — comme celles-ci admet-
« tent tous les hommes de bonne volonté, la
« politique est rigoureusement bannie de toutes
« discussions et les convictions de chacun sont
« scrupuleusement respectées ».

Le capital de la société est fixé à 20.000 fr. divisé en 800 parts de 25 fr.

Les fonctions d'administrateurs et de commissaires sont exercées gratuitement.

Les officines de la société livrent tous les médicaments et tous les articles d'orthopédie et de pansement en usage dans la médecine. Ses produits, qui sont de toute première qualité, sont livrés aux sociétés mutuelles, aux mutualistes isolés et à leurs familles, avec un rabais de 50 % ; aux hospices, hôpitaux, bureaux de bienfaisance, au corps enseignant, à la police, à la gendarmerie, à l'armée, avec un rabais de 40 % ; au public en général, avec un rabais de 30 %, plus une remise annuelle de 2 % sur les tickets délivrés.

Les officines sont desservies par deux gérants diplômés et un aide et contrôlées par un comité exécutif composé de 5 membres délégués par le Conseil d'administration.

Les livraisons se sont élevées à :

En 1894 à	5.336 fr.	27
— 1895 à	11.655	28
— 1896 à	16.390	87
— 1897 à	23.421	83
— 1898 à	30.604	07
— 1899 à	37.226	31

sur lesquelles il a été constaté en fin d'année en pertes ou en bénéfices :

	Pertes	Bénéfices
En 1894..... fr.	397 71	
— 1895........	1 405 98	
— 1896........	2.826 06	
— 1897........	....	2.989 57 fr.
— 1898........	....	4.542 25
— 1899........	....	3.857 88
	4.629 75	11.389 70

Voici maintenant le bilan de l'année 1899, arrêté au 31 décembre :

ACTIF

Premier établissement........ . fr.	4.824 74
Marchandises en magasin..........	14.910 79
Débiteurs divers..............	1.166 36
En caisse.....................	636 06
Total.....	21 537 95

PASSIF

Capital actions .... fr.	10.000 »
Créanciers divers.................	7 479 10
Boni (dont 200 f. 95 de reliquat)....	4 058 85
Total....	21.537 95

FRAIS GÉNÉRAUX

Appointements et primes....... fr.	7.447 43
Loyer des immeubles............	2.250 »
Taxes diverses.................	292 35
Chauffage et éclairage.	495 65
Frais d'entretien et de restauration.	686 67
Bureaux, comptabilité, imprimés....	1.479 72
Publicité.....................	604 50
Remises aux clients..............	491 79
Total.......	13 748 11

COMPTE DE PROFITS ET PERTES

Jetons de présence.......... fr.	418 »
Amortissement.................	600 »
Intérêts à 6 0/0 du capital.........	600 »
Fonds de réserve..............	447 98
Amortissement des actions........	1.400 »
Aux parts de fondateurs........ .	550 »
Subvention à la Fédération mutualité	111 92
Solde à recouvrer..............	230 95
Total......	4.058 85

Boni brut...,................. fr.	17.605 99
Frais généraux à déduire.,........	13.748 11
Reste bénéfices nets........	3.857 88
Reliquat de l'exercice précédent	200 97
Total.......	4.058 85

Société Coopérative des Pharmacies populaires Liégeoises.

— La Coopérative des Pharmacies populaires, fondée à Liège le 1er juillet 1886, pour le terme de 30 ans, en l'étude du notaire Keppenne, n'a pas d'opinion politique ou religieuse. Son but est de procurer aux mutualistes, à la population peu fortunée, des produits de tout premier choix, à des prix modérés.

La première officine a été ouverte le 1er septembre 1886, rue Souverain-Pont, 16.

A peine installée, les administrateurs, à l'effet de satisfaire la clientèle, durent augmenter le personnel. Quelques mois après l'ouverture de cette officine, le Conseil d'administration, déférant à la demande des mutualités affiliées et de certains établissements industriels, décida l'érection de deux officines, l'une rue St-Léonard, 294, à Liège, la seconde, rue Vinâve (en face de l'Eglise), à Grivegnée, commune industrielle de plus de 10.000 habitants.

Ces trois officines sont dans une situation prospère; leur chiffre d'affaires augmente annuellement.

Une part des bénéfices réalisés par la Coopérative est destinée à la clientèle non affiliée. Des tickets pour le montant des achats sont remis aux clients ; sur la reproduction desdits tickets, une ristourne de 5 % est faite à la fin de l'exercice. De ce chef, la clientèle non affiliée, c'est-à-dire la population liégeoise, a touché, depuis l'ouverture des officines populaires 33.130 fr. 44.

La clientèle affiliée a touché en ristourne de 24.044 fr. 42, plus un intérêt de 5 % sur le capital versé.

La ristourne aux sociétés permet d'accorder *gratuitement*, les médicaments pendant un trimestre à leurs adhérents.

Voici maintenant le bilan comparatif des années 1887 et 1899.

BILAN DE 1887

Capital.................. 15.414 »
Bénéfice.............. 14.328 77

Ce bénéfice a été réparti comme suit :

Intérêts du capital 4 0/0... ..... fr.   375 75
Amortissement 10 0/0..............   1.487 77
Ristournes aux sociétés et au public.   6.232 62
Au fonds de réserve................   6.232 63
                                       ──────────
                            fr.   14.328 77

BILAN DE 1899

ACTIF

Marchandises en magasin ..... fr.   26.138 18
Mobilier et matériel.............   16.827 46
Immeuble......................   45.000 »
Portefeuille....................:.... 25.473 50
Banque populaire (fonds déposés)...   26.922 95
Débiteurs par compte. 9.883 89
Espèces en caisse. 619 25
                                       ──────────
                            fr.   144.565 23

PASSIF

Aux sociétaires pour leurs versem. fr.   37.745 »
Aux mêmes pour intérêts et ris-
    tourne 1898-99........ ....   8.376 63
A fonds de réserve................   67.003 65
A fonds de prévision..............   17.861 16
A créditeurs par compte..........   2.627 74
A profits et pertes (solde en bénéfices)   10.951 05
                                       ──────────
                            fr.   144.565 23

Société Coopérative des Pharmacies populaires de Verviers et environs.
Cette Société a été fondée en 1886.
Voici, à titre de comparaison, les bilans des années 1888, 1894 et 1899 :

ACTIF

	Année 1888	Année 1894	Année 1899
Capital à verser..................... .. fr.	2.400 »	2.400 »	2.400 »
Marchandises en magasin.......	9.888 »	19.640 10	16.020 26
Mobilier et matériel......................	4.874 »	6.400 »	4.965 »
Débiteurs divers........	606 35	2.667 75	4.468 35
Espèces en banque......................	3.758 20	5.683 »	9.034 65
Espèces en caisse......, ...	298 28	2.270 83	5.137 12
Divers.............	33 32	»	105 »
Totaux......	21.858 15	39.061 68	42.150 38

PASSIF

	Année 1888	Année 1894	Année 1899
Capital souscrit.......................	11.037 98	11.075 »	12.298 95
Réserves.	4.731 87	11.533 82	11.533 82
Cautionnement..	1.000 »	1.730 »	1.092 »
Intérêts du capital.................... ..	370 »	868 15	393 »
Loyers............................	300 »	200 »	400 »
Créditeurs divers.................. ...	761 74	8.518 05	3.561 93
Bonis..	3.656 56	5.136 66	12.870 68
Totaux......	21.858 15	39.061 68	42.150 38

Société coopérative des pharmacies populaires de Bruxelles. — Cette société a été fondée le 24 septembre 1881. Elle groupe aujourd'hui 98 sociétés mutuelles, affiliées, comprenant un effectif de plus de 13.000 membres, comportant, avec les familles, un minimum de 40.000 personnes.

La société est une œuvre essentiellement

onvrière, fondée et administrée par des ouvriers, en dehors de tout esprit de parti ; la politique y est interdite d'une façon absolue.

La fondation de la société coopérative des Pharmacies populaires a empêché la suppression du service pharmaceutique au sein des sociétés mutualistes, les médicaments fournis par les Pharmacies agréées ruinant celles ci.

La Coopérative fournit les médicaments et tous produits quelconques. Ces produits sont de toute pureté, et analysés par les pharmaciens avant de s'en servir, elle fournit aussi les bas pour varices, bandages, appareils orthopédiques et tous les accessoir. .

Grâce aux bienfaits de la coopération, et à la ristourne de 7 %, en 1899, les médicaments fournis ne coûtent presque rien. Exemples :

1 flacon de sirop de Vannier, coûte, flacon compris.................	60 centimes
1 flacon, 1/2 kilo huile de foie de morue , flacon compris.........	30 —
1 litre de vin de quinquina au malaga.	75 —
1 limonade au citrate de magnésie....	27 —
1 flacon peptone..................	90 —
1 potion coûte en moyenne..........	27 —
1 kilo farine de lin pure............	15 —
1 bas pour varice (anglais)..........	1.20 —
1 bandage herniaire.........	1.20 —

Depuis 1892, les familles des Sociétaires jouissent des mêmes avantages que ceux ci.

La société possède 9 officines desservies par 9 gérants-pharmaciens, et 12 aides, dont la plupart sont diplômés, chaque pharmacie a un gérant. — Les appointements payés en 1899, au personnel des officines et des magasins se sont élevées à la somme 66.889 fr. 96 ; plus le logement, l'éclairage, le chauffage pour les gérants.

La fortune actuelle de la société s'élève à 300.000 fr. sur lesquels les affiliés n'ont versé chacun que 1 fr. 50, soit 14.371 fr. 50.

Voici le total des livraisons faites annuellement par la société, ainsi que le montant des bénéfices nets, réalisés depuis :

Années	Total des livraisons	Bonis nets
1882	32.926 74	5 196 41
1883	52.402 31	8.038 43
1884	67.635 57	14.976 51
1885	73.933 88	19.191 67
1886	116.991 43	27.807 64
1887	151.294 16	48.281 65
1888	170.700 05	54.340 65
1889	168.066 09	50.112 52
1890	174.952 31	45.885 02
1891	177.348 33	42 082 41
1892	234.366 28	73.414 75
1893	288.741 02	121.116 28
1884	293.939 »	103.521 81
1895	332.813 60	125.644 87
1896	359.949 49	135.397 36
1897	352 642 09	125.974 92
1898	394.943 92	161.691 38
1899	436.473 83	190.660 01
Totaux....	3.880.120 10	1.354.234 29

Voici maintenant, à titre de comparaison, les comptes des bilans des années 1882 et 1899.

ACTIF

	Année 1882	Année 1899
Capital à verser.......	5.915 »	14.371 50
En caisse.............	717 87	3.304 09
En banque...........	....	50.883 80
Matériel et mobilier...	5.745 63	30.321 22
Débiteurs divers.......	3.099 23	185.411 19
Marchandises à l'invent.	4.168 09	73.337 47
Immeubles...........	....	26.249 78
Totaux......	19.645 82	383.879 05

PASSIF

Capital souscrit........	11.830 »	28.743 »
Réserves	2.222 22	130 585 74
Cautionnements.......	1.600 »	6.900 »
Créditeurs divers.....	4.019 41	26.990 30
Boni......	2.974 19	190.660 01
Totaux......	19.645 82	383.879 05

L'Exposition collective des sociétés des Pharmacies populaires a obtenu une médaille d'or à l'Exposition universelle de 1900.

Société coopérative des Employés P.-L.-M.
DE GRENOBLE

Cette Société, fondée le 9 mars 1888, ouvrait ses magasins aux sociétaires le 18 juin suivant.

Le succès de l'entreprise obligea bientôt la Société à transférer ses magasins et services dans les vastes locaux où elle se trouve actuellement installée.

Elle possède, dans les bâtiments du siège social, un vaste magasin divisé en trois grandes parties : A, épicerie, droguerie, liqueurs et spiritueux ; B, chaussures, bonneterie, mercerie, parfumerie, toilerie, etc.; C, charcuterie, comestibles, vaisselle, poterie. Elle a organisé une boulangerie, un grand entrepôt de vins, un atelier de fabrication de la charcuterie, un entrepôt pour les pommes de terre. Elle a construit dans la gare même un vaste chantier pour les charbons et le bois de chauffage.

La fourniture de la viande de boucherie est assurée par adjudication.

Au début de la Société le nombre de ses *membres* était de 400. Il a été successivement de 584 à la fin du premier exercice, de 709 à la fin de l'exercice 1893-94 et de 894 à la fin de celui de 1898-99.

. Seuls les employés de la Cie des chemins de fer P.-L.-M., en service ou en retraite, peuvent faire partie de la Société ainsi que leurs veuves.

Le maximum éventuel du *Capital social*, qui avait été fixé primitivement au chiffre de 30,000 francs, a été élevé successivement à 40,000, 60,000, 80,000 et enfin à 120,000 francs. Il est divisé en actions de 50 fr. dont chaque sociétaire ne peut posséder que huit au maximum. A la fin de l'exercice 1898-99 le chiffre du capital versé était de 91,000.

Le capital social reçoit un intérêt de 5 0/0 l'an.

A un certain moment (1894), la Société a accepté des sommes en dépôt dont le total s'est élevé à 14,850 fr. 00. A la fin de l'exercice 1898-99 il ne restait plus que 1,100 francs en dépôt.

L'administration de la Société est confiée à un conseil composé de 26 membres nommés par l'assemblée générale annuelle, au scrutin de liste, pour une durée de deux ans. Ils sont renouvelables par moitié tous les ans et les membres sortants sont rééligibles.

Le conseil d'administration comprend 5 commissions : 1° Finances et comptabilité, 11 membres ; 2° Achats, ventes et adjudications, 10 membres ; 3° Travaux, mobilier et matériel, 3 membres ; 4° Bibliothèque, 3 membres ; 5° Service médical, 3 membres.

Les deux vice-présidents du conseil président les deux premières commissions. Le conseil nomme le président de la troisième et les deux dernières nomment leur président.

Une *Commission de contrôle*, composée de 9 membres nommés de la même manière et pour la même durée que le conseil d'administration est chargée de surveiller la gestion de la Société.

Les fonctions d'administrateur et de contrôleur sont gratuites.

Les *livraisons annuelles* de la société ont atteint depuis sa fondation les chiffres ci-après :

Année	
1888-89......	375 824 84
1889-90......	508.404.85
1890-91......	499.962.10
1891-92......	510.394.43
1892-93......	504.020.62
1893-94	479.519.10
1894-95......	478 519.78
1895-96......	486.494.65
1896-97......	488.016.52
1897-98......	517.706.15
1898-99......	549.382.92
Total	5 398.242.96

Soit une moyenne annuelle de 490,749 fr.

Ces livraisons comprennent toutes les opérations faites directement par la Société ou par son intermédiaire, soit :

Epicerie,	Charcuterie,
Droguerie	Comestible,
Vins et liqueurs,	Vaisselle,
Chaussures,	Poterie,
Mercerie,	Verrerie,
Bonneterie,	Boulangerie,
Parfumerie,	Charbons,
Lingerie,	Boucherie,

et tous les articles livrés par les fournisseurs, agréés par la Société.

Les livraisons faites directement par la Société ne se font pas au comptant. Les denrées livrées dans le courant d'un mois sont payées du 18 au 20 du mois suivant.

La Société assure la livraison à domicile des denrées d'épicerie moyennant une indemnité de 0 fr. 10 par course.

Les vins, le pain et les charbons sont livrés à domicile, et les sociétaires habitant au dehors de Grenoble peuvent recevoir, franco de port, les commandes de toute nature réunissant les conditions de poids ou de quantités fixés par le conseil d'administration.

Les opérations de l'exercice 1898-99 se répartissent comme suit :

Epicerie, charcuterie, comestibles.......	249.466.65
Chaussures..........................	28.043.90
Mercerie, bonneterie, parfumerie et articles similaires...................	15.331.95
Charbons (1).......................	36.530.47
Vins (2)...........................	81.870.35
Boulangerie (3)....................	66.231.71
Boucherie	35.630.14
Achats chez les fournisseurs agréés....	36.277.75
Total...............	549.382.92

Voici le *Bilan* arrêté à la fin de l'exercice 1898-99 (31 mars 1899).

ACTIF

Espèces en caisse.............	2.254.95
Espèces en banque............	13.459.61
Titres en portefeuille..........	21.966.69
Compte de 1er établissement.....	34.624.14
Débiteurs divers..............	24.193.00
Dû par sociétaires............	40.931.46
Service médical..............	839.15
Marchandises en magasins.....	61.374.05
Total.............	199.643.05

(1) Pour 1.125.620 kilos de combustibles.
(2) Pour 182.229 litres de vins.
(3) Pour 186.029 kilos le pain.

PASSIF

Capital social.............	91.000.00
Capital de réserve............	25.751.67
Dépôts et cautionnements.......	4.700.00
Intérêts sur actions...........	4.555.20
Créanciers divers............	52.974.45
Boni net à répartir...........	20.661.73
Total...........	199.643.05

Le boni brut de cet exercice donne les résultats suivants :

Escomptes et rabais faits aux sociétaires à la fin de chaque mois..................	20.095.60
Intérêts payés aux actions.......	4.555.20
Amortissement du mobilier.....	1.000.00
Passé au fonds de réserve.....	876.00
Boni net distribué en fin d'année.	20.661.73
Frais généraux..............	32.516.67
Total...........	79.705.20

Ces chiffres font ressortir un boni brut de..................	18.078 %
Dont il a été réparti aux sociétaires...................	10.697 %
Passé à divers comptes........	1.458 %
Au compte des frais généraux....	5.922 %
Total...........	18.077 %

Les *bonis nets* réalisés par la Société sont représentés comme suit depuis le commencement de son fonctionnement :

Remises mensuelles faites aux sociétaires.................	231.652.97
Bonis distribués en fin d'année..	201.568.50
Passé au fonds de réserve.....	25.751.67
Intérêts payés aux actions.....	34.916.65
Total..........	493.889.79

Soit une moyenne de 44.899 francs par an.

La Société paie des impôts considérables sur lesquels il est bon de dire un mot. Ainsi pendant l'année 1898-99 elle a payé 29,924 fr. 15 d'impôts de toute nature, savoir :

Impôt sur le revenu............ 181.90
Licences.................... 175.00
Poids et mesures, contributions
mobilières, etc............. 752.50
Impôts indirects (régie et octroi). 27.671.15
Droit de timbre (actions, etc)... 1.143.60

　　　　Total........... 29.924.15

Dont pour impôts directs 2.253.00
Impôts indirects...... 27.671.15

　　　　Total........... 29.924.15

Ce qui représente un joli chiffre de charges pour une association accusée, comme les sociétés similaires, de ne contribuer en rien aux revenus de l'Etat.

Le *personnel* du service des magasins et bureaux se compose de :

EPICERIE, CHAUSSURES, MERCERIE

1 gérant, 1 comptable, 5 employés, 1 ouvrier charcutier.................... 8

BOULANGERIE

1 brigadier, 2 ouvriers, 1 porteur et une employée à la vente au détail......... 5

VINS

2 cavistes......................... 2

CHARBONS

1 garde-magasin................... 1

COMPTABILITÉ

2 comptables.. 2

　　　　Total.. 18

Le personnel est payé très raisonnablement et au-dessus du taux des salaires des employés et ouvriers du commerce.

De plus il reçoit une participation d'environ 8 0/0 sur le chiffre des bonis nets.

Il jouit de congés avec solde et, en cas de maladie, reçoit presque toujours solde entière.

Il est assuré contre les accidents par les soins de la Société qui acquitte intégralement le coût de la police d'assurance.

La Société a fondé une *bibliothèque de prêt gratuit*, le 17 décembre 1889. Cette bibliothèque, qui se compose de plusieurs centaines de volumes offert, par M. le directeur de la Cie P.L.M., MM. les Ministres de l'Instruction publique et des Travaux Publics, et la librairie Hachette, est très fréquentée.

Le 3 octobre 1898, elle a mis à la disposition de ses membres un *service médical de consultations gratuites*, qui rend les plus grands services aux familles des sociétaires.

Elle a participé à toutes œuvres de vulgarisation et de propagande coopératives (Fédération des sociétés coopératives P.-L.-M., — Union coopérative des sociétés françaises de consommation, — Alliance coopérative internationale, — Congrès, — Réunions diverses) et, à chacune d'elles, elle a donné son adhésion complète et son appui moral et financier.

Le Jury de l'Exposition universelle de 1900 lui a décerné une médaille d'argent et a récompensé ses collaborateurs d'une médaille d'argent et d'une de bronze.

CHAPITRE IV

INSTITUTIONS DE PRÉVOYANCE

Les Institutions de Mutualité et de Retraite

dans la province de Hainaut (Belgique)

Le Hainaut est une province du royaume de Belgique dont l'activité est en très grande partie consacrée au développement de l'industrie. Au 1er janvier 1899, elle comptait 1.112.440 habitants.

Sa population industrielle très dense est agglomérée sur trois régions principales que l'on a dénommées : le bassin de Mons ou du Borinage, le bassin du Centre et le bassin de Charleroi.

Tous les genres d'industrie y sont installés. Les plus importantes sont l'extraction de la houille, l'exploitation des carrières de pierres, la glacerie, la verrerie, la métallurgie, sans oublier l'industrie agricole très importante de la sucrerie.

Habitué, en général, à gagner des salaires assez élevés, cette masse ouvrière a été, jusqu'en ces dernières années, peu disposée à pratiquer l'épargne, ces deux vertus qui font la force des individus et des peuples.

Aussi longtemps qu'une certaine harmonie régna entre le capital et le travail, harmonie cependant troublée à intervalles éloignés par des grèves dont le souvenir s'effaçait rapidement, les autorités provinciales eurent peu à s'occuper des qualités morales qui faisaient défaut à cette population. Mais peu à peu, sous l'empire d'idées nouvelles qui allaient altérer partout les rapports de maîtres à ouvriers, ce qui n'était que passager et laissait peu de traces, devint, pour ainsi dire, endémique.

L'étude consciencieuse et approfondie des sources de ce malaise social démontra qu'il existait bien réellement au sein de la classe ouvrière des causes profondes de misère. Celles-ci expliquaient, sans toutefois les justifier, les secousses violentes qui avaient, à juste titre, effrayé ceux à qui incombait la responsabilité du Pouvoir.

L'une des principales était précisément cette imprévoyance dont on s'était jusqu'alors trop contenté de signaler l'existence, sans chercher à la combattre.

Les déplorables effets de cette insouciance des besoins du lendemain se manifestaient surtout dans deux périodes de la vie ouvrière : au cours des chômages involontaires causés par les blessures et les maladies, et au moment où l'âge rend le bras impuissant à manier l'outil.

Sur ces deux points devaient porter les efforts de ceux qui avaient à cœur de diminuer l'acuité de la crise sociale que traversait la province.

Le remède à ce mal était connu depuis longtemps : c'était l'association.

Les Sociétés de secours mutuels et de retraite apparaissaient comme la meilleure sauvegarde contre la misère à laquelle les imprévoyants sont totalement voués.

L'honorable gouverneur actuel de la province de Hainaut, M. le baron du Sart de Boulaud, pensa que le problème qui se posait devant les pouvoirs publics, pouvait être résolu par l'initiative privée activement secondée par l'action gouvernementale, et le 6 novembre 1894, après avoir, à l'aide de statistiques, démontré, devant le Conseil provincial, l'insuffisance absolue du nombre des associations mutualistes, le chef de la province concluait à une intervention sage et modérée des autorités provinciales, à titre d'auxiliaire de l'initiative privée, et proposait à leur sollicitude le programme suivant (1) :

« Intervention par voie de *secours pécuniai-* « *res, modérés et toujours* temporaires ; notam- « ment inscription au budget de la Province « d'un crédit destiné à favoriser l'affiliation des « mutualistes à la caisse de retraite et à res- « taurer la mutualité scolaire.

« Intervention par voie d'*influence*, en favori- « sant la multiplication des Comités et des Sous- « Comités de propagande, qui, par leurs actes, « leurs initiatives et leurs paroles, mettraient « en relief toute l'importance qu'ils attachent à « cette question de mutualité.

« Intervention par voie de *récompenses*, en « organisant de fréquents concours, et en dé- « corant les membres les plus dévoués de ces « institutions.

« Intervention par voie de *réformes législati-* « *ves*, en tenant la législation au courant du « progrès de ces institutions.

« Intervention des *autorités communales* et « des *bureaux de bienfaisance* locaux, par la « mise à la disposition gratuite d'un lieu de « réunion, par des faveurs pécuniaires accor- « dées aux mutualistes, etc.

« Intervention des diverses autorités compé- « tentes, pour développer la *mutualité sco-* « *laire.* »

L'examen du budget provincial montre que ce programme a reçu son exécution et que les encouragements accordés par la Province ont visé quatre branches de la prévoyance :

1° Les Sociétés de secours mutuels ;
2° Les Caisses de réassurance mutualiste ;

3° Les Mutualités scolaires ;
4° Le développement de l'affiliation à la Caisse de retraites, et la création de Sociétés de retraite.

Il est bon d'ajouter qu'aucune voix discordante ne s'éleva au sein du Conseil provincial lorsque quelques conseillers proposèrent d'inscrire au budget de l'exercice 1895, un crédit de 7.000 fr. pour aider au développement de la Mutualité dans ses diverses manifestations, ainsi que pour favoriser l'affiliation des mutualités à la Caisse des retraites.

L'année suivante, la mesure fut étendue et le Conseil provincial approuva sans réserve l'inscription des allocations ci-après au budget de 1896 :

Crédit destiné à organiser la mutualité scolaire et à aider au développement ainsi qu'au perfectionnement des Sociétés de secours mutuels. 10.000 fr.
Subsides aux Sociétés reconnues et à certaines catégories de Sociétés non reconnues pour les aider à assister ceux de leurs membres qui ont épuisé leurs droits aux secours statutaires............. 15.000
Intervention de la Province en faveur de ses employés pour leur affiliation à la Caisse de retraite sous la garantie de l'Etat 3.000
Intervention de la Province dans les versements opérés, du 1er août 1895 au 31 décembre 1896, à la Caisse générale de retraite garantie par l'Etat, pour les ouvriers domiciliés dans le Hainaut..... 50.000
                                                                        ———————
                                                                        78.000 fr.
Au budget de 1897, ces crédits sont augmentés de 9.000, soit............... 87.000
La situation est la même au budget de 1898........................ 87.000
                                                                        1899.   87.000
                                                                        1900.   87.000

Telles sont, dans leur grandes lignes, les diverses dispositions budgétaires consacrées au développement de la prévoyance mutualiste, dans la Province du Hainaut, pendant la période de 1895-1900.

Il convient, pour être complet, d'ajouter aux libéralités mentionnées plus haut une somme de 6.000 francs que la Province inscrit à son bud-

(1) Les détails de la présente notice sont extraits des documents très complets publiés par l'Administration provinciale du Hainaut en plusieurs volumes et tableaux.

get, depuis de longues années, à titre de subsides aux trois caisses de prévoyance instituées dans le Hainaut, en faveur des ouvriers mineurs, ainsi qu'une somme de 35.000 francs inscrits au budget depuis 1896, à titre d'intervention de la Province dans la pension de certaines catégories de vieux houilleurs affiliés aux dites Caisses de prévoyance.

Examinons maintenant les résultats obtenus par les encouragements des autorités de la Province.

Sociétés de secours mutuels. — Le 1ᵉʳ janvier 1895, il existait, dans le Hainaut, 133 Sociétés reconnues, avec 19.525 membres. Le 1ᵉʳ janvier 1900, nous en trouvons 412, avec 45.000 membres.

Caisse de réassurances. — En 1895, trois Caisses de réassurances groupaient 65 Sociétés comptant 7.172 membres. En 1899, il existe quatre Caisses comprenant 174 Sociétés avec 17.834 membres.

Mutualités scolaires. — La première Caisse est fondée le 6 septembre 1891. Au 1ᵉʳ janvier 1900 il en existe 184, avec 13.500 membres.

Affiliation à la Caisse de retraites sous la garantie de l'Etat. — En 1896 (du 1ᵉʳ août 1895 au 31 décembre 1896) des primes ont été accordées à 1.944 affiliés ayant versé 51.000 francs

Pour 1897, nous relevons 4.127 bénéficiaires ayant 67.000 francs.

Pour 1898, nous relevons 9.874 bénéficiaires ayant versé 126.822 francs.

D'autre part, si nous relevons le nombre des Sociétés mutualistes qui ont facilité à leurs membres l'affiliation à la Caisse de retraites, nous trouvons :

En 1894, 12 Sociétés dont les membres ont versé 6.741 fr.

En 1899, 400 Sociétés dont les membres ont versé 256.491 fr.

L'heureuse initiative de M. le gouverneur de la Province, activement secondée par de vaillants propagandistes, a porté les plus heureux fruits, et le Jury de l'Exposition de 1900 les a consacrés en décernant un grand prix à M. le baron Sart de Boulaud, gouverneur, et un autre grand prix ainsi qu'une médaille d'or à la Députation permanente de la Province.

SOCIÉTÉ DE PROTECTION MUTUELLE
DES
VOYAGEURS DE COMMERCE
A PARIS
(13, boulevard de Strasbourg)

La *Société de Protection mutuelle des Voyageurs de Commerce*, fondée en 1879, autorisée par arrêté de M. le Préfet de police, le 21 octobre 1879, approuvée par arrêté ministériel le 25 juillet 1879, a été reconnue d'utilité publique par décret présidentiel en date du 8 mai 1895.

La Société de protection mutuelle des Voyageurs de commerce est professionnelle, corporative, philanthropique et prévoyante.

Elle est professionnelle, puisque tous ses membres participants se recrutent parmi les voyageurs de commerce. — Elle est corporative, par l'étude constante des intérêts de la corporation et par la poursuite incessante de leur réalisation. Elle est philanthropique, par le généreux concours de ses bienfaiteurs, de ses donateurs et de ses membres honoraires à qui elle doit toute sa prospérité. — Elle est prévoyante, par la création d'une caisse de retraites pour les vieillards et par l'allocation de secours temporaires, ou pensions provisoires aux Sociétaires devenus incurables.

Par l'importance des indemnités qu'elle accorde aux malades, puis aux veuves et aux orphelins des Sociétaires défunts, elle occupe une place marquante dans les premiers rangs de la mutualité française.

Les conditions d'admission des membres participants sont les suivantes :

Limite d'âge à l'admission : 45 ans.

Droit d'admission : 10 fr. augmenté d'un franc par année, de 25 à 35 ans et de 2 fr., de 36 à 45 ans. Il résulte donc de ce taux que le Sociétaire entrant dans la Société à 45 ans paie un droit de 50 francs.

Les membres participants ne sont admis que sur la production d'un certificat délivré par un médecin de la Société, attestant que le postulant n'est atteint d'aucune maladie chronique ou constitutionnelle.

La cotisation des membres participants est de 36 fr. 50 par an, payable par semestre et d'avance.

Les membres honoraires paient un droit d'entrée de 5 fr. et une cotisation de 24 fr. par an, payable également par semestre et d'avance.

La Société est administrée par un conseil d'administration, composé de 31 membres, dont 24 au moins doivent toujours être membres participants.

Les avantages que la Société offre à ses membres sont les suivants :

1° Renseignements commerciaux ;

2° Placement gratuit des Sociétaires sans emploi. — A cet effet, un office est organisé au siège de la Société, où deux registres sont continuellement ouverts l'un, portant toutes les demandes d'emploi formulées par les Sociétaires en disponibilité, et l'autre, contenant toutes les demandes de voyageurs adressées par les chefs de maisons, sociétaires ou non;

3° Indemnité en cas de maladie à partir du 6e jour. — 4 fr. par jour pour les 10 premiers jours ; 8 fr. par jour pour les 10 jours suivants ; 5 fr. par jour pour les 40 jours suivants ; 3 fr. par jour pendant toute la durée de la maladie.

4° Inhumation des membres décédés aux frais de la Société ;

5° Indemnité de 100 à 700 fr. à la veuve, aux enfants, aux père, mère, âgés ou infirmes du Sociétaire décédé ;

6° Rapatriement du Sociétaire laissé sans ressources dans une ville quelconque. Frais faits à titre d'avance ;

7° Indemnités aux Sociétaires ou à leurs familles, lorsqu'ils sont atteints par un accident, résultant d'une cause extérieure ;

8° Pension de retraite. — La subvention de l'Etat et un versement voté par l'Assemblée générale sont annuellement capitalisés à cet effet;

9° Service du contentieux : défense des affaires litigieuses devant les tribunaux.

Caisse de retraite. — Pour être présenté à l'Assemblée générale pour être candidat à la pension, le membre participant doit avoir au moins 55 ans d'âge et faire partie de la Société depuis 20 ans au moins sans interruption, sauf celles nécessitées par des convocations militaires.

Au 31 décembre 1899, le fonds de retraite déposé à la Caisse des dépôts et consignations s'élevait à la somme de........ 473.718 93
les fonds disponibles étaient de . 384.936 24
les dépôts divers et espèces en caisse de.................. 22.391 15

Soit au total.... 881.046 32

Service du Contentieux. — Depuis 1883, une commission dite du « Contentieux » est instituée au sein du Conseil d'administration, dans le but d'examiner, de concert avec le bureau, les affaires litigieuses des Sociétaires, à l'occasion de l'exercice de leur profession, et de prendre les mesures nécessaires pour obtenir la solution la plus favorable.

Lorsque le procès est favorable au Sociétaire, les frais de toute nature sont remboursés à la Société et prélevés sur l'indemnité obtenue ou sur les recouvrements effectués ; si le procès est perdu, ces frais restent en totalité à la charge de la Société.

Depuis que le service du Contentieux fonctionne :

1787 différends ont été soumis à son appréciation;
1335 — arrangés à l'amiable ;
266 — portés devant les tribunaux;
21 — étaient encore en instance au 31 décembre 1899, époque à laquelle les sommes récupérées pour le compte des Sociétaires s'élevaient à. 156.000 »

Office de placement gratuit. — Emplois offerts aux Sociétaires par les soins de l'Office :

En titre :

2.086 en moyenne à 2.400 fr. = 5.006.400 f.

À la commission :

8.048 d'un produit de 1.000 fr. = 8.048.000

10.134 en moyenne. Total. 13.034.400
de salaires pour la première année seulement.

Opérations de la Société depuis sa fondation :

Recettes.................... fr.	4.009.343 40
Dépenses.....................	3.128.297 08
Capital acquis au 31 décembre 1899	881.043 32
Payé pour indemnités de maladie..	1.817.060 40
— frais funéraires........	205.612 90
— secours, veuves et orphel.	163.223 »
— — incur. nécessiteux	80.892 75
Total....	2.266.789 05

Effectif des membres au 31 décembre 1899 :

Honoraires.....................	2.204
Participants................	5.773
Total.......	7.977

Le Jury de l'Exposition universelle de 1900 a décerné un grand prix à la *Société de protection mutuelle des Voyageurs de Commerce*, dont les collaborateurs ont obtenu une médaille d'or et une médaille d'argent.

La Société Mutuelle française
A LYON
2, Rue du Bât-d'Argent

La Société Mutuelle française, constituée le 26 décembre 1889, pour une durée de 99 ans, est une Société civile en participation pour favoriser le développement de l'épargne et la reconstitution des capitaux.

La Société délivre des polices sur cinq tarifs différents dénommés Tarifs 1, 2, A, B et C.

Au tarif nᵒˢ 1, 2 et C les polices sont remboursables à 100 francs, aux tarifs A et B elles le sont à 500 francs.

Le remboursement anticipé des polices émises

par la Société dans les conditions et proportions déterminées par chaque tarif et sauf prohibition légale est effectué chaque année par voie de tirage au sort.

L'engagement social d'un sociétaire vis-à-vis de la Société et des tiers résulte de la possession ou de la souscription d'une police emportant adhésion aux Statuts et aux décisions de l'Assemblée générale ; mais chaque sociétaire n'est responsable vis-à-vis de la Société et des tiers, que de l'engagement personnel contracté par la ou les polices dont il est titulaire ; il ne peut jamais être appelé à verser un supplément de cotisation sur lesdites polices.

La Société est administrée par un conseil composé de 4 membres au moins, et de 8 au plus, nommés par l'Assemblée générale, pour 6 ans et renouvelables la sixième année. Les administrateurs sont rééligibles.

Les administrateurs doivent posséder des polices libérées pour un capital à reconstituer de 50.000 francs, et le directeur doit en posséder pour 100.000 francs.

L'Assemblée générale représente l'universalité des sociétaires mais elle ne se compose que des membres titulaires de polices pour un capital de 10.000 fr. lequel donne droit à une voix. Un sociétaire ne peut avoir plus de dix voix, tant pour son capital personnel que pour celui des autres sociétaires qu'il serait appelé à représenter à l'Assemblée générale.

L'assemblée générale désigne chaque année un ou plusieurs censeurs chargés de faire un rapport sur la situation de la Société. Les censeurs sont rééligibles.

Le Bilan de la Société donnait, au 31 décembre 1899, la situation suivante :

ACTIF

Espèces en caisse, en banque et valeurs.	53.034 30
Avances sur titres................	65.209 25
Immeubles	485.000 »
Créances hypothécaires.	100.000 »
Primes dues par les souscripteurs..	2.383.608 30
Total.... ..	2.786.851 85

PASSIF

Fonds de capitalisation.........	291.351	»
Réserves	87.514	15
Créditeurs divers............ ...	748	80
Boni............	23.629	60
Primes dues par les souscripteurs..	2.383.608	30
Total......	2.786.851	85

Le nombre des sociétaires au 31 décembre 1899 s'élevait à 48.381

— des polices souscrites 649.080

Depuis la fondation de la Société il a été mis aux réserves................ fr. 378.862 15 et il a été réparti aux sociétaires... 496.700 »

LA CAISSE DE RETRAITES
des Officiers de Réserve et de l'Armée Territoriale
à **Paris**, 40, rue Laffite,

Cette caisse, de laquelle ne peuvent faire partie, ainsi que son titre l'indique, que les officiers de réserve et de l'armée territoriale et les assimilés de toutes armes des services de terre et de mer, a pour but :

1° De constituer conformément au décret du 26 avril 1856, une caisse de pensions viagères de retraite au moyen des excédents de recettes sur les dépenses, au profit des sociétaires après 55 ans révolus, et ayant payé régulièrement leurs cotisations pendant 15 ans au moins.

2° D'accorder aux Sociétaires des secours dans certains cas déterminés et approuvés par le Conseil d'administration.

3° D'accorder aux veuves des officiers ayant acquis les droits à la pension de retraite, et, à défaut de leurs veuves, aux orphelins jusqu'à leur majorité, une pension qui sera de la moitié de la pension de retraite du mari ou du père ; — cette pension ne peut être accordée que sur les fonds spéciaux pris en dehors des cotisations mensuelles et dans la limite des ressources de la société.

4° D'assurer la dignité des obsèques des officiers décédés.

Le société se compose de membres participants, honoraires et d'honneur.

Les membres participants paient un droit d'entrée de 5 fr., et une cotisation mensuelle de 5 fr.

La quotité des pensions est fixée par le Conseil d'administration, et soumise à l'approbation de l'assemblée générale.

La pension ne peut être inférieure à la somme fixée par le tarif de la Caisse des retraites de la vieillesse, ni excéder dans aucun cas le décuple de la pension annuelle.

Pour avoir droit à la pension, la veuve doit avoir deux ans de mariage au moins avant le décès de son mari.

En cas de décès d'un membre de la société, une délégation de douze membres, désignés d'office sur un tour de rôle régulièrement établi, est convoquée par lettres personnelles, et assiste aux obsèques en uniforme militaire, sous la conduite de l'officier le plus élevé en grade.

Le jury de l'Exposition de 1900 a décerné une médaille d'or à la Caisse des retraites des officiers de réserve et de l'armée territoriale et à ses collaborateurs deux médailles d'argent et une médaille de bronze.

La Société Mutuelle de Prévoyance
DES
EMPLOYÉS DE COMMERCE
DU HAVRE
(8, rue de Coligny, 8)

Fondée en 1868, dans le but de fournir à ses membres des secours ordinaires auxquels elle a adjoint l'assurance en cas de décès ou d'infirmités, des prêts d'honneur, des cours commerciaux et gratuits, un bureau de placement pour procurer du travail à ses Sociétaires, un cercle de réunion, une bibliothèque de circulation.

En un mot, améliorer la situation économique et commerciale des employés de commerce, instruire les apprentis, procurer du travail, secourir les malades, soutenir la famille des décédés, s'entraider dans l'adversité, organiser et développer la solidarité professionnelle.

Froidement accueillie à son début (l'autorité lui refusa, en 1868, l'approbation de ses Statuts) elle eut vite fait de gagner toutes les sympathies en se gardant de toucher aux questions politiques et religieuses, et depuis elle a reçu l'adhésion et le concours financier de ses membres honoraires, c'est-à-dire, de presque tous les négociants du Hàvre, appartenant à tous les partis politiques, à toutes les religions.

Elle a fondé un cercle d'études, dont les terrains et les constructions lui ont coûté 70,000 francs. Ce cercle comprend : 3 salles de classes, une salle de lecture, une salle de fêtes, une bibliothèque (3.115 volumes), un musée commercial.

La Chambre de commerce du Hàvre, la ville du Hàvre, le Conseil général de la Seine-Inférieure, le Ministre du commerce donnent leur concours financier à son œuvre d'instruction professionnelle.

Tous les soirs, de 8 heures 1/2 à 10 heures 1/2, du 1er octobre au 31 mai, ont lieu au cercle des cours de langues allemande, anglaise, espagnole, italienne, française, de comptabilité, mathématiques, calligraphie, sténographie, dactylographie, droit commercial, étude des marchandises, etc.

Tous les Sociétaires peuvent assister gratuitement aux cours, ainsi que les officiers et sous-officiers de l'armée active et des douanes. Les soldats peuvent y être admis.

Tous les professeurs sont rétribués au cachet. Ils appartiennent, les uns, au commerce, les autres, à l'Université.

Le Comité de placement organisé pour procurer gratuitement des emplois aux Sociétaires au Hàvre, en France et à l'étranger, est constamment en rapport avec tous les négociants; il dispose en moyenne de 200 places chaque année.

Secours mutuels. — Les employés de commerce du Hàvre, touchant généralement leurs appointements pendant la durée de leur maladie, la Société n'alloue pas d'indemnité journalière. Elle paie ou rembourse 2 francs par visite de médecin, le coût des médicaments, 100 fr. pour frais d'inhumation, 1.000 francs d'assurance en cas de décès (après 5 ans de sociétariat) et contribue dans le coût des opérations chirurgicales.

La cotisation mensuelle des Sociétaires est de 1 fr. 50 de 13 à 21 ans ; 2 fr. de 21 à 25 ; 3 fr. au-dessus de 25 ans. Elle encaisse à domicile, tous les mois ; de ce fait les radiations pour défaut de paiement sont très rares.

Les membres honoraires ne sont astreints à aucune cotisation. La plupart versent 25 francs par an, quelques-uns 50 francs.

La Société est administrée par un Conseil composé de 31 Sociétaires, âgés de plus de 21 ans. Le président est élu pour 3 ans et les administrateurs pour 6 ans, renouvelables tous les ans par sixième.

L'Assemblée générale a lieu une fois l'an.

Au 31 décembre 1899 la Société comptait 1.231 membres, savoir :

244 honoraires.
529 Sociétaires âgés de plus de 21 ans (1re catég.) ayant un emploi.
64 — — (2e catég.) sans emploi.
403 — âgés de 13 à 21 ans (3e catégorie).
11 — non participants.

Les Sociétaires de la 1re catégorie ont seuls droit de vote et sont seuls éligibles aux diverses fonctions de la Société.

COMPTES DE L'EXERCICE 1899

RECETTES

Cotisations des sociétaires ...... fr.	28.281 50
— des membres honoraires.	3.718 85
Subventions....................	10.871 »
Intérêts des fonds placés.........	3.107 75
Recettes diverses	1.480 »
Total......	47.459 10

DÉPENSES

Secours divers...................... fr.	11.540 45
Assurances et inhumations..........	8.400 »
Instruction, bibliothèque...........	14.097 80
Amortissement.....................	3.411 75
Frais généraux et dépenses diverses.	4.288 50
Total......	41.738 50

Du 1er août 1868 au 31 décembre 1899 (31 ans et 5 mois) :

Les recettes se sont élevées à......	1.044.980 »
Les dépenses à.................	942.464 »
Il reste donc au capital de réserves auquel il convient d'ajouter pour la valeur de l'immeuble, du mobilier, etc.............................	102.516 »
	48.000 »
ce qui donne pour l'actif à ce jour	150.516 »

Le Jury de l'Exposition de 1900 a décerné une médaille d'or à cette Société.

L'ASSOCIATION AMICALE

DES

POSTES ET DES TÉLÉGRAPHES

84, rue Grenelle, 84

A PARIS

Cette Société, qui a été fondée en 1879, comprenait au 30 avril 1900 :

Membres honoraires	196
— participants	5.003
— pensionnés	161
Total......	5.360

En 1899 la Société a inscrit 1069 nouveaux membres et en a radié 155, ce qui laisse un gain de 914 unités.

Elle accorde, dans des conditions déterminées, des secours pécuniaires en cas de maladie, elle participe aux frais funéraires des membres décédés et alloue des indemnités à leurs veuves et ascendants. Enfin, elle sert des retraites à ses membres.

Pendant l'année 1899 elle a fait les dépenses suivantes :

Indemnités de maladie .... fr.	32.804 50
Frais funéraires	7.482 20
Indemnités aux veuves............	9.900 »
Divers	216 50
Frais généraux	11.088 28
Total......	61.488 48

La somme de 32.801 fr. 50 pour indemnités de maladie, se décompose ainsi :

16.401 »	attribués à 252 Sociétaires (hommes) sur 3.323 participants.
16.400 50	attribués à 289 Sociétaires (femmes) sur 1.246 participants.

Les frais généraux se décomposent comme suit :

Personnel .... fr.	4.373 27
Loyer, assurance, chauffage, éclairage, etc.	1.456 25
Frais de bureau	2.918 28
Frais de poste et divers	2.340 43
Total......	11.088 23

Depuis sa fondation, la Société a accordé les secours suivants :

Indemnités de maladie..........	253.382 »
Frais funéraires.................	72.861 35
Indemnités aux veuves et orphelins.	81.000 »
Total......	407.243 35

Décomposition de l'avoir social réalisé et réel, au 31 décembre 1899 :

Sommes versées à la Caisse des retr.	682.202 36
Subvent. accordées par le Ministre de l'intérieur.....................	128.716 85
Intérêts capitalisés des sommes versées à la Caisse des retraites.....	235.637 33
Total général....	1.046.556 54

Les fonds de la Société sont déposés, savoir :

A la Caisse des dépôts et consignations : fonds libres............. 165.464 77
        fonds de retraites....... 1.046.556 54
A la Caisse nationale d'épargne.... 1.500 »
Chez le trésorier................ 2.706 27

Total égal au chiffre du fonds social 1.215.927 58
  somme à laquelle il convient d'ajouter pour intérêts de 1899.... 28.488 43

ce qui porte l'avoir réel au 31 décembre 1899 à................. 1.244.416 01
  Le capital social était au 31 décembre 1898 de................ 1.105.494 59

d'où une augmentation en faveur de 1899 de.................... 138.921 42
  L'accroissement n'avait été en 1898 que de................... 106.939 39

soit en faveur de 1899 une différence de...................... 31.982 03

L'Association amicale des Postes et Télégraphes possède en outre une Caisse spéciale de réserve qui a pour but d'allouer des indemnités aux agrégés des Sociétaires décédés et aux participants qui ont épuisé leurs droits prévus par les Statuts de l'Amicale.

Au 30 avril dernier, cette Caisse avait les adhérents ci-après :

Membres participants.......... 2.013
   —   agrégés............. 3.249
   —   honoraires et donateurs 47

            Total..... 5.309

Dans les 3 derniers mois cette Caisse s'est augmentée de 368 Sociétaires.

La situation de cette Caisse, au 31 décembre 1899, était la suivante :

RECETTES

Cotisations.................... 13.580 05
Intérêts sur les sommes versées à la Caisse des dépôts et consignations 1.641 55
Dons et recettes diverses........ 327 90

        Total..... 15.549 50

DÉPENSES

Indemnités payées 5.127 50
Frais généraux................ 1.108 76

       Total..... 6.236 26

L'excédent des recettes sur les dépenses est donc de............ 9.313 24
En ajoutant l'avoir au 31 décembre 1898.................... 39.378 85

on constate qu'au 31 décembre 1899 l'avoir de la Caisse était de....... 48.692 09
auquel il convient d'ajouter les intérêts pour 1899, soit............ 1.906 09

ce qui donne un avoir total de.... 50.598 18

Le Jury de l'Exposition a décerné un Grand Prix à l'Association des Postes et Télégraphes, dont les collaborateurs ont reçu : 3 médailles d'argent et 2 médailles de bronze.

La Caisse Générale d'Épargne et de Retraite
DE BELGIQUE

La Caisse Générale d'Epargne et de Retraite de Belgique a été formée par la réunion de la Caisse d'épargne créée par la loi du 16 mars 1865 à la Caisse Générale de Retraite établie par la la du 8 mai 1850.

Elle fonctionne sous la garantie de l'Etat;

C'est à la suite des crises subies par les Caisses d'épargne fondées par la Société Générale et par la Banque de Belgique que le Gouvernement belge fut amené à seconder le mouvement qui s'observait dans ce pays en faveur des idées d'épargne. Une Commission fut instituée, en 1845, en vue d'étudier les moyens de développer et d'encourager la pratique de la prévoyance sous ses diverses formes, et ses travaux furent l'origine de la loi du 8 mai 1850, qui institua, sous la garantie de l'Etat, une Caisse Générale de Retraite.

Bien que jouissant de la garantie de l'Etat et fonctionnant sous sa surveillance, la Caisse Générale est une institution autonome, gérée par un Conseil Général, un Conseil d'administration et un Directeur Général nommés par le Roi.

La Caisse Générale fait en faveur de la prévoyance des opérations multiples, que l'on peut cataloguer comme suit :

Caisse d'Epargne,
Caisse de Retraites,
Caisse d'assurances,
Habitations ouvrières,
Crédit agricole,
et sur lesquelles nous allons donner des renseignements de nature à intéresser le lecteur.

Caisse d'Epargne. — Le Conseil Général fixe le taux de l'intérêt à bonifier sous l'approbation du Gouvernement. Les versements ne sont soumis à aucune limite. Ils sont productifs d'intérêts à partir du 1er ou du 16 du mois qui suit immédiatement les dépôts, et les sommes retirées cessent d'être productives d'intérêts du 1er au 16 du mois qui précède la date du remboursement.

Les retraits, de fonds dépassant 100 francs sont soumis à des délais de 15 jours à 6 mois, *suivant leur importance.* Le Conseil d'administration a le pouvoir d'abréger ces délais.

Les sommes versées sont converties, à la *demande des déposants, en fonds publics belges.*

Les placements de la Caisse sont divisés en deux grandes catégories : les placements définitifs et les placements provisoires.

Les placements définitifs sont constitués par des fonds publics belges, valeurs garanties par l'État, obligations sur les provinces, etc.

Les placements provisoires sont faits sur escomptes de lettres de change, effets de commerce, etc.

Les placements définitifs sont faits par l'intermédiaire de la Caisse des dépôts et consignations.

La Banque nationale fait fonctions de Caissier de la Caisse et effectue les placements provisoires.

Le total des bénéfices forme le fonds de réserve et tous les cinq ans, le Gouvernement peut, le Conseil Général entendu, décider qu'une portion du fonds de réserve sera répartie entre les livrets existants depuis un an au moins, au marc le franc des intérêts bonifiés à chacun pendant les cinq dernières années.

Les Dépôts à la Caisse d'Epargne peuvent être divisés en 3 grandes catégories :

Les dépôts sur livrets (3 et 2 °/₀) et en compte courant (3 et 2 1/2 °/₀);
Les dépôts en compte courant (1.50 °/₀);
Les dépôts sur carnets de rentes belges.

Le montant des dépôts faits à la Caisse depuis sa création jusqu'à fin 1899 est, en chiffres ronds :

(1.643.000 déposants).

Dépôts sur livrets et comptes courants	612.000.000
Comptes courants momentanés	11.000.000
Dépôts sur carnets de rentes belges	172.000.000
Total	795.000.000

Caisse de Retraites. — La Caisse de Retraites est accessible à tous et permet d'acquérir jusqu'à la limite de 1.200 francs, des rentes différées dont l'entrée en jouissance peut être fixée entre 50 et 65 ans. Les versements peuvent être faits *à capital abandonné ou à capital réservé.*

En outre, si un affilié, dont l'existence dépend de son travail, est victime d'un accident professionnel entraînant l'incapacité permanente, il peut jouir immédiatement des rentes qu'il a acquises depuis cinq ans au moins, sans que ces rentes puissent dépasser 360 francs; les frais des funérailles des assurés indigents, décédés postérieurement à l'entrée en jouissance de leur rente, sont payés par la Caisse jusqu'à concurrence de 25 francs.

Le mouvement des affiliations à la Caisse des Retraites, et le nombre des *versements annuels* qui ne progressait que lentement, a pris, depuis quelques années un essor considérable grâce aux sacrifices que l'État belge consent en faveur des sociétés mutualistes qui affilient leurs membres à la Caisse de Retraites (1), aux efforts des patrons qui y font inscrire leurs ouvriers et enfin aux très nombreuses sociétés de retraites sco-

---

(1) Le nombre des sociétés mutualistes qui affilient leurs membres à la Caisse des Retraites croit sans cesse.
Il était de 410 au 31 décembre 1897.
985 — — 1898.
4.386 — — 1899.

laires fondées en vue de l'affiliation à la Caisse de Retraites (1).

Les résultats obtenus méritent d'être signalés : avant 1888 le nombre de versements annuels et le nombre d'affiliations nouvelles par an avaient rarement dépassé les chiffres respectifs de 3.000 et de 500. Depuis cette année ils ont atteint successivement les nombres inscrits dans le tableau suivant :

ANNÉES	NOMBRE de versements	NOMBRE d'affiliations nouvelles
1888	4.487	368
1889	6.832	917
1890	18.567	1.780
1891	30.970	3 642
1892	45.336	3 874
1893	58.882	3.525
1894	69.242	4.438
1895	85.477	5.790
1896	111.020	10.549
1897	171.506	17.159
1898	332.029	43.873
1899	627.100	66.712

En ce qui concerne la profession des affiliés à la Caisse des Retraites, le tableau suivant donne des renseignements pour les dix dernières années.

Classement des livrets créés de 1890 à 1899.

Ouvriers mineurs	3.017
Ouvriers d'industrie, exerçant un métier quelconque	45.411
Journaliers et ouvriers agricoles	12.723
Domestiques	3.477
Militaires	144
Commerçants et détaillants	2.088
Professeurs et instituteurs	1.696
Fonctionnaires et employés	5.469
Professions libérales	1.245
Chefs d'établissements agricoles, industriels, commerciaux	502
Propriétaires rentiers et présumés sans professions	11.320
Enfants mineurs	74.521
Total.......	161.343

(1) Le nombre des sociétés scolaires était de :
31 au 31 décembre 1897.
136 — — 1898.
255 — — 1899.

Par l'examen de ce tableau on peut conclure que les affiliés de la Caisse de Retraites se recrutent en très grande majorité dans la classe des Travailleurs.

Caisse d'assurances. — La Caisse d'assurances sur la vie a été créée en exécution de la loi du 9 août 1889 sur les habitations ouvrières, en vue de garantir le remboursement à une échéance déterminée ou à la mort de l'assuré, si elle survient avant cette échéance, de prêts consentis pour la construction ou l'achat d'une habitation.

Les assurances consenties sont mixtes et pour des termes de 10, 15, 20 ou 25 ans. Les primes, annuelles et constantes, sont indivisibles et payables par anticipation ; le reçu des versements de primes effectués est donné dans un livret-police.

L'admission à l'assurance ne peut avoir lieu qu'à la suite d'un examen médical favorable à l'assuré, passé par un médecin agréé par la Caisse d'assurances.

Les polices de cette catégorie sont résiliables sur demande du bénéficiaire et de l'assuré ; les règles de calcul de la valeur de rachat sont les suivantes : le capital assuré est réduit dans la proportion du nombre de primes payées au nombre de primes stipulé au contrat et la valeur de rachat se détermine en escomptant au taux de 3 %, ce capital, pour la période qui sépare la dernière échéance de prime, de l'époque fixée pour toucher le capital assuré en cas de vie.

Les cas prévus pour la déchéance de la police sont peu nombreux ; on doit cependant signaler, en passant, que les opérations sont annulées en cas de décès à la suite d'excès habituels de boisson, ou de suicide.

Le capital assuré est payé à la Société d'habitations ouvrières, bénéficiaire du contrat qui liquide le compte de l'année.

Aux termes d'une loi du 21 juin 1891, un un type nouveau d'assurances a été admis : l'assurance vie-entière à primes annuelles constantes, les paiements de primes cessant à une époque fixée : 55, 60 ou 65 ans le capital étant payable à ce moment ou au décès de l'assuré. Le capital maximum à assurer a été fixé à 5.000 fr.

L'arrêté royal du 16 juin 1896, qui fixe les conditions de l'assurance nouvelle prévoit également le versement de primes uniques destinées à augmenter le capital assuré ; cette disposition particulière a, en outre, pour objet de permettre de conserver la police dans le cas où l'assuré ne pourrait faire face à l'échéance d'une prime. Les versements de capitaux pour primes uniques n'étant convertis en assurance que deux ans après l'époque du versement servent, en somme, de provision pour le cas d'insuffisance, au moment de l'échéance, de la prime constante.

En vue de s'opposer autant que possible à la déchéance des contrats, l'arrêté royal ne prévoit point la remise de la valeur du rachat, si ce n'est dans des cas très particuliers.

Les tableaux qui suivent montrent les résultats obtenus :

CAISSE D'ASSURANCES *(Loi du 9 août 1889)*

ANNÉES	NOMBRE d'assurés	NOMBRE de Contrats	CAPITAUX assurés
1893	1.486	1.520	3.823.033 02
1894	2.477	2.538	6.280.469 97
1895	3.651	3.719	9.024.405 47
1896	5.047	5.171	12.134.722 06
1897	6.639	6.873	16.031.631 06
1898	8.649	8.936	20.891.118 06
1899	10.762	11.198	26.279.791 48

Loi du 21 juin 1894

1896	11	11	50.931 50
1897	64	64	247.994 33
1898	402	403	1.580.452 30
1899	568	574	2.157.344 »

Habitations ouvrières. — Par la loi du 9 août 1889, la Caisse d'épargne a été autorisée à employer une partie de ses fonds disponibles en prêts faits en faveur de la construction ou de l'achat d'immeubles destinées à des habitations ouvrières.

Les avances sont faites exclusivement à des sociétés anonymes ou coopératives de crédit, ou de constructions, dans les limites suivantes :

Aux sociétés anonymes de crédit :

1° La moitié du capital souscrit, et non versée par les actionnaires ;

2° les 3/5 de toute garantie fournie à la Société sur des immeubles, dont la valeur devra excéder d'un neuvième au moins le chiffre du prêt correspondant ;

Aux sociétés coopératives de crédit :

A concurrence de cette dernière quotité.

Au 1er janvier 1900, les avances faites par la Caisse d'Epargne s'élevaient, savoir :

	Nombre de sociétés	Sommes avancées
Aux Sociétés anonymes de crédit	94	27.654.156 13
— coopératives —	8	1.930.918 35
— anonymes de constructions............	26	1.178.427 30
A la société coopérative de constructions..................	1	24.500 »
Totaux.....	129	30.788.001 98

Pour couvrir les avances de la Caisse d'Epargne, les Sociétés de Crédit possèdent les garanties ci-après :

Total des capitaux souscrits et non versés	9.757.150 »
— des prêts hypothécaires..	30.732.260 37
— des dépôts en comptes cour"	1.408.789 93
— — sur livrets d'éparg..	113.487 »
— des soldes en caisse	160.430 51
— des valeurs acquises sur les polices d'assurances	3.082.360 02
Total....	45.254.177 83
A déduire, le passif des sociétés envers des tiers...................	951.413 51
Total.....	44.302.764 32

représentant la valeur totale des garanties hypothécaires fournies aux sociétés.

Le Crédit agricole. — Deux lois ont été votées : l'une, celle du 15 avril 1884, instituant le Crédit agricole sur une base réelle ; l'autre, celle du 21 juin 1894 faisant appel aux sociétés coopératives de crédit agricole et toutes deux autorisant le concours de la Caisse générale d'épargne et de retraite en faveur de cette institution.

La Caisse d'Epargne prête aux Caisses rurales par l'intermédiaire de la Caisse centrale auxquelles elles sont rattachées.

Les prêts de la Caisse d'Epargne sont consentis aux Caisses rurales au taux de 3.25. Celles-ci prêtent généralement à leurs membres au taux de 4 %.

Au 31 décembre 1898, le nombre des sociétés coopératives de crédit agricoles belges s'élevait à 204. — Cinq caisses centrales et 145 caisses locales avaient effectué des dépôts à la Caisse d'épargne, soit en compte courants, soit sur livrets d'épargne pour une somme globale de 1.839.575 fr. 86. — 58 sociétés avaient obtenu des ouvertures de crédit pour une somme de 215.082 francs, mais ne s'en étaient servi que jusqu'à concurrence de 71.544 francs.

La Caisse générale d'épargne et de retraite de Belgique a obtenu deux grands prix à l'Exposition de 1900, dont le jury a décerné en outre à ses collaborateurs : un grand prix, 32 médailles d'or, 45 médailles en argent et 26 médailles de bronze.

LA SOCIÉTÉ DE SECOURS MUTUELS
DU
Personnel de la Maison Periguon
VINET & Cⁱᵉ, à PARIS

Cette Société a été fondée le 1ᵉʳ mai 1896, et compte aujourd'hui 130 membres participants et 49 membres honoraires.

Elle a pour but d'allouer à ses membres participants des secours pécuniaires pendant la maladie, de leur donner en outre des soins médicaux et pharmaceutiques nécessaires lorsqu'ils sont malades ou blessés, de pourvoir à leurs funérailles et de verser à la veuve, aux orphelins, ou ascendants à la charge du défunt, une somme de 100 francs.

Les postulants sont admis entre 16 et 40 ans, et le droit d'admission varie de 5 à 30 francs, suivant l'âge du Sociétaire.

Les membres participants paient une cotisation de 2 fr. par mois et un supplément de 0,50 au décès de chaque Sociétaire.

Les membres honoraires paient une cotisation de 25 fr. par an au moins. Ceux qui versent 100 francs en une fois sont honoraires perpétuels.

La Société est administrée par un conseil d'administration de 16 membres, assisté d'un conseil de famille de 7 membres, et d'une commission de contrôle de 4 membres.

13 docteurs sont attachés à la Société, ainsi que 19 pharmaciens et un bandagiste. 6 établissements de bains sont agréés par la Société.

Depuis sa fondation la Société a payé, savoir:

Indemnités aux malades	6.769 50
Frais médicaux	1.684 45
Frais pharmaceutiques	1.941 75
Secours extraordin. et frais divers..	298 65
Frais de funérailles	486 »
Secours aux veuves et orphelins.....	500 »
Total......	11.677 35

Situation financière de la Société au 31 décembre 1899 :

Dons faits à la Société..........	310 »	Indemnités pour maladie....	2.233 »
Cotisations	3.837 50	Frais pour décès.................	679 15
Divers.........................	720 70	Service médical.................	449 10
Restait en caisse le 31 décemb. 1898	986 10	Service pharmaceutique...........	487 35
		Frais divers..............., ...	255 95
		Versements à la c. des dépôts et con.	1.000 »
		En caisse au 31 décembre 1899.....	749 75
Total......	5 854 30	Total....	5.854 30

Le bilan de cette Société s'établissait comme suit au 31 décembre 1899 :

Secours mutuels :	
En dépôt à la caisse des dépôts et consignations..................	19.028 27
Versement en 1899..............	1.000 »
Capitalisation des intérêts en 1899..	1.148 60
Cotisations dues au 31 décemb. 1899	110 »
En caisse au 31 décembre 1899 ...	749 75
Total......	22.036 62
Dû à divers.......	248 50
Reste	21.788 12

Caisse de retraites :	
Situation au 31 décembre 1898.....	6.370 87
Versement fait en 1899	6.200 »
Bonification accordée par l'Etat....	1.730 »
Capitalisation des intérêts en 1899..	318 91
Total.....	14.619 78
Report de la Caisse de secours	21.788 12
Capital social au 31 décembre 1899...	36.407 90
Situation au 31 décembre 1898	32.594 99
Augmentation en faveur de 1899..	3.812 91

L'ASSOCIATION FRATERNELLE
des EMPLOYÉS et OUVRIERS
des Chemins de fer Français à Paris

L'Association Fraternelle qui fonctionne comme Caisse de retraites et de secours, a été fondée, en 1880, par Burger, son premier président; autorisée par arrêté de M. le Ministre de l'Intérieur en date du 10 novembre 1880, elle a été reconnue d'utilité publique, le 12 janvier 1889.

L'Association a pour but d'assurer à ses membres titulaires des deux sexes : 1° une pension de retraite réversible, en cas de décès, sur la tête de l'époux survivant, des orphelins de père et de mère, des enfants naturels reconnus ou des mères veuves, et 2° des secours éventuels, prélevés sur des fonds spéciaux.

Pour être admis dans l'Association comme membre titulaire, il faut être employé ou ouvrier de chemins de fer depuis 6 mois au moins, être âgé de 18 ans au moins et de 45 au plus, n'être atteint d'aucune maladie chronique ou incurable et verser une cotisation de 1 à 10 fr par mois pour la retraite et pour le fonds de réserve, 0.30, plus 0.10 pour les frais généraux. Ils sont admis par l'Assemblée générale. Le droit d'admission est de trois francs.

Les membres honoraires paient une cotisation de 25 fr. par an au moins, et sont admis par le Conseil d'administration.

L'Association est administrée par un Conseil de 31 membres élus au scrutin de liste par l'Assemblée générale : Chacun des sept grands réseaux : Est, Etat, Midi, Nord, Orléans, Ouest, P.-L.-M., y compris les lignes secondaires de la région qu'il englobe dans son périmètre, est représenté au Conseil d'administration par trois administrateurs au moins : le chemin de fer de Petite Ceinture par un administrateur. Les autres membres du Conseil sont répartis entre tous les réseaux, proportionnellement à leur nombre de sociétaires titulaires.

Les administrateurs sont nommés pour trois ans et renouvelables par tiers chaque année, les membres sortants étant rééligibles.

L'Assemblée générale nomme également 15 administrateurs suppléants pour combler les vacances qui viendraient à se produire dans le Conseil d'administration. Ces suppléants sont nommés pour un an et rééligibles.

La Commission de contrôle se compose de vingt-et-un membres élus dans les mêmes conditions que les membres du Conseil d'administration, à raison de deux membres au moins par grand réseau, 15 contrôleurs suppléants sont également nommés par l'Assemblée générale pour pourvoir aux vacances.

Les fonds encaissés d'une manière quelconque par l'Association doivent être employés à l'achat de rentes nominatives sur l'Etat Français, en obligations nominatives des chemins de fer français garanties par l'Etat, en obligations nominatives de la Ville de Paris et du Crédit Foncier. L'Association peut souscrire aux emprunts des Départements, des Villes et des Communes autorisés par une loi d'Etat. Elle peut également acquérir des immeubles et faire construire des maisons d'habitation pour être loués ou vendus à ses membres titulaires. Elle *peut également consentir des prêts hypothécaires, pourvu que* le montant de ces prêts réunis aux autres inscriptions ou privilèges qui grèvent l'immeuble, ne dépassent pas les 2/3 de sa valeur estimative. Les placements *en constructions, acquisitions d'immeubles et prêts hypothécaires, ne peuvent excéder les* 3/5 des ressources sociales.

Organisation des sections. — Une Société aussi vaste que l'Association Fraternelle réclamait évidemment une organisation particulière pour permettre à tous ses membres qui se trouvent sur toute l'étendue du territoire national soit de participer *directement ou indirectement à* son administration, soit d'aider à son développement et à sa prospérité.

Elle a pu donner satisfaction à tous ses membres, en les répartissant en un certain nombre de sections (111), ayant une administration particulière et des ressources propres, mais *n'agissant que sous le contrôle et la direction* du Conseil d'administration central, qui siège à Paris et qui est l'âme de ce vaste organisme social.

Les sections, qui doivent comprendre au moins 100 sociétaires, sont formées par le Conseil d'administration, qui détermine le périmètre de *leur cercle d'action.*

Les sections sont divisées en 6 classes, proportionnellement au nombre de leurs membres.

DÉSIGNATION des classes	EFFECTIF minimum et maximum des Sociétaires par section	NOMBRE de délégués par lesquels chaque Section peut être représentée à l'Assemblée générale	NOMBRE DE VOIX auquel chaque Section a droit à l'Assemblée générale	NOMBRE de Membres des Comités de Sections
1re	1501 et au-dessus	2	5	19
2e	1001 à 1500	2	5	17
3e	501 à 1000	2	4	15
4e	201 à 500	1	3	13
5e	101 à 200	1	2	11
6e	50 à 100	1	1	9

Les délégués des sections *se réunissent en* Assemblée générale une fois par an à Paris, les troisième jeudi, vendredi et samedi du mois de mai.

L'Assemblée générale nomme le Conseil d'administration et la Commission de *contrôle, et* délibère sur tous les rapports et propositions inscrits à l'ordre du jour. Elle peut exclure un membre de l'Association.

L'Assemblée générale est présidée par le Président du *Conseil d'administration.*

Tous les votes sont publics.

Retraites. — Les pensions de retraites qui peuvent être servies aux ayants droit se divisent en deux catégories :

1° La retraite normale, rente d'une quotité déterminée, servie à tout sociétaire remplissant *les conditions d'âge et de stage fixés* par les Statuts ;

2° La pension supplémentaire, accordée aux retraités et provenant des ressources sociales disponibles.

Les membres titulaires ont droit, à partir de 50 ans d'âge, et s'ils comptent au moins 5 ans de versements effectifs, à la liquidation de leur retraite.

La retraite peut être liquidée avant 50 ans d'âge, mais après 5 ans de présence dans l'Association au profit des membres qui justifient de blessures ou d'infirmités entraînant une incapacité absolue de travail. Ces derniers peuvent augmenter le taux de leur retraite en versant à leur compte les sommes provenant des indemnités qui ont pu leur être allouées.

La pension de retraite est réversible sur la tête de l'époux survivant ou des enfants du décédé mais par moitié seulement. Les héritiers, d'un sociétaire décédé peuvent opter entre la 1/2 retraite et le remboursement de la moitié des cotisations. Les époux survivants n'ont droit à la pension proportionnelle ou au remboursement que si leur mariage a eu lien trois ans au moins avant le décès du sociétaire.

Toutes les décisions relatives aux pensions de retraites sont soumises à l'Assemblée générale.

Les pensions sont payées, par semestres échus, par les trésoriers des sections, au moyen de mandats délivrés par le Conseil d'administration.

Il a été liquidé au cours de l'exercice 1899 :

	NOMBRE de Bénéficiants	PENSIONS normales	45 % en ples	TOTAL
Pensions ordinaires	1.032	54.733 »	24.714 25	79.447 25
Pensions anticipées	57	1.774 25	799 45	2.573 70
Demi pensions aux veuves	139	2.219 65	998 75	3.218 40
	1.228	58.726 90	26.512 45	85.239 35
Demi remboursements aux veuves et orphelins	132	»	»	18.634 50
Totaux	1.360	58.726 90	26.512 45	103.873 85

Le nombre des sociétaires en retraite, de veuves jouissant de la demi-retraite, d'orphelins et de veuves ayant obtenu le 1/2 remboursement et de sociétaires décédés, est actuellement de 12.075 auxquels il a été payé 2.595.937 francs 78.

Fonds de secours. — Ce fonds est constitué au moyen du versement mensuel de 0 fr. 30, que doit faire chaque Sociétaire.

Pour avoir droit aux secours en cas de maladie il faut :

1° Avoir 18 mois de présence dans l'association ;

2° Être à jour de ses cotisations ;

3° Se trouver en état de maladie régulièrement constaté par la section, depuis 20 jours.

Les secours sont servis à partir du 21e jour de maladie et pendant une période de 90 jours.
— Sur avis conforme de la section, à laquelle appartient les ociétaire malade, le Conseil d'Administration peut décider la continuation du service de la moitié de l'allocation pendant une nouvelle période de 90 jours.

Après ces deux périodes, si la maladie continue, le sociétaire peut être admis d'office à la retraite s'il réunit les conditions requises.

Le compte du Fonds de secours donnait la situation suivante au 31 décembre 1899 :

Recettes.... 187.033 fr. 58
Dépenses... 168.071   60

Reste au crédit.... 18.961 fr. 98

Les sommes payées aux sociétaires malades s'élèvent à 146.503 fr. 50 représentant 112.695 journées à 1 fr. 30.

Le nombre des sociétaires malades ayant été de 3.441, il a été payé en moyenne à chacun :

$$\frac{146.503 \text{ fr. } 50}{3441} = 42 \text{ fr. } 57$$

pour une durée de maladie de :

$$\frac{112.695}{3.441} = 83 \text{ jours.}$$

Le fonds de secours extraordinaire s'est balancé comme suit, au 31 décembre 1899 :

Avoir au 1er janvier 1891..	28.132 fr.	04
Prélevé sur Bal et Tombola..	17.471	98
	45.604 fr.	02

Secours payées pendant l'année 10.551 10

Reste disponible au 31 décembre.. .... 35.052 fr. 92

Construction de maisons. — L'association fraternelle, qui en avait fait la demande, a été autorisée par décret de M. le Président de la République, en date du 17 août 1896 à construire et acquérir des maisons dans le but de les louer à des conditions avantageuses ou de les vendre à ses sociétaires.

L'Association fraternelle a adopté une double solution dans la mise en pratique de cette très importante question.

D'une part, elle fait construire ou elle achète de grands immeubles construits, qu'elle exploite comme immeubles de rapport, dans le but de faire produire à ses capitaux un intérêt plus rémunérateur que celui des fonds d'Etat, des départements, des villes ou des grandes compagnies de chemins fer ; et, d'autre part, elle facilite l'acquisition pour ses sociétaires de maisons à bon marché comprenant un seul logement qu'elle loue avec promesse de vente.

Ce programme est en voie de réalisation. Au 31 décembre 1899, l'Association possédait huit immeubles de rapport représentant une somme de 5.361.520 fr. et elle avait dépensé 108.532 fr. 93 pour la construction de maisons à bon marché.

Sociétaires. — Le nombre des sociétaires inscrits était, au 31 décembre 1898, de. 91.474

Adhésions parvenues pendant l'année 1899 .... 4.288

Total.......... 95.762

A déduire les démissionnaires radiés et retraités, soit.................... 43.440

Il restait donc au 31 décembre 1899.. 52.322

Le nombre des sociétaires admis en 1898 ayant été de..................	4.112
et en 1899 de............	4.228

Le chiffre des admission a dépassé pendant cette dernière année de...... 116 celui de l'année précédente, ce qui est d'un excellent augure pour l'avenir de l'Association.

Les 52.322 membres de l'Association sont répartis dans les 111 sections qui ont été organisées dans les 7 grands réseaux et le chemin de fer de ceinture, et le service des encaissements des cotisations est assuré par les 1.063 receveurs que comprennent les sections.

La situation financière de l'association est excellente et ses ressources accumulées ou à réaliser sont considérables. Quelques chiffres statistiques fixent notre opinion sur ce point. Ils sont d'une éloquente simplicité.

L'avoir des Sociétaires s'établit comme suit :

Solde au 1er janvier 1899........	20.107.539	32
Cotisations de 1899.............	1.621.670	»
Solde du compte (Intérêts du Capital).....................	742.786	32
Soit un total......	22.471.995	64

sur lequel il convient de déduire :

Pensions servies aux Sociét. retrait.	499.098	15
Rembour. de 1/2 cotisat. aux veufs	17.460	50
Versem. des Sociét. radiés et parts des rembour. de 1/2 cotisations aux veufs....................	152.435	50
Total.	668.994	15

Il reste donc aux Sociétaires un avoir net de 21.803.001 49.

Si l'on se reporte à la situation au 31 décembre 1898, les augmentations en faveur de 1899, sont les suivantes :

Cotisations des retraites........	62.225	30
Paiement de pensions..........	81.797	65
Ressources extrasociales	1.832	»
Diminution sur les remboursements de 1/2 cotisations........	1.434	75

Enfin, le total de l'actif accusé par le bilan au 31 décembre 1899 s'élève à la somme de 22.961.604 fr. 47, représentés par divers comptes, dont voici les principaux :

En caisse ou en banque.........	33.652 01
Titres et valeurs................	17.103 131 07
Immeubles divers..............	5.505.318 22
Prêts hypothécaires.	46.494 42
Dû par les Sections............,	211.552 59

Au passif nous relevons les comptes suivants.

Avoir des Sociétaires............	21.803.001 49
Ressources extrasociales	932.633 02
Fonds de réserves..............	15.669 80
Fonds de secours...............	18.961 98
Secours extraordinaires..........	35.052 92

Pour l'année 1900 il a été prévu un budget de........	82.900 » en recettes
et de...	82.431 85 en dépenses

laissant un excédent de 468 15 sur les recettes pour parer aux imprévus.

La dépense la plus forte prévue au budget s'applique naturellement aux appointements du personnel (29.500 f.) Une autre dépense également élevée (21.610 f.), est destinée à subventionner les 111 sections.

D'après ce qui précède, l'Association fraternelle des Employés et ouvriers des chemins de fer français nous apparaît donc non seulement comme l'une des plus importantes caisses de retraites émanant de l'initiative privée, se manifestant dans le sens le plus démocratique, mais encore comme l'une des mieux établies et des plus solides.

Si l'on considère, en outre, que cette association est administrée gratuitement et que ses administrateurs se recrutent sans exception parmi les travailleurs des chemins de fer, on ne sera pas surpris de la voir figurer sur le palmarès de l'Exposition pour un nombre considérable de récompenses, tant pour elle-même que pour ses collaborateurs.

En effet, il lui a été attribué, dans les classes 106 et 108, un grand prix, 5 médailles d'or, 8 médailles d'argent.

L'Emulation chrétienne de Rouen

SOCIÉTÉ DE SECOURS MUTUELS ET DE RETRAITES
reconnue d'utilité publique

Société merveilleusement organisée, supérieurement dirigée, ayant obtenu une réussite complète et des résultats qui font le plus grand honneur à l'homme éminent qui en est l'âme. On peut dire que c'est une des sociétés les plus belles qui se puissent voir, je dirais que c'est la première de toutes, si je ne craignais d'offenser l'amour-propre de quelques-unes.

Ah ! c'est qu'elle a l'heureuse chance d'avoir à sa tête depuis 30 ans, un homme du plus grand mérite, qui joint à une science profonde de la mutualité, un dévouement que rien ne peut lasser, et pourquoi ne pas le nommer, puisque aussi bien aujourd'hui son nom est sur les lèvres de tous les mutualistes, puisque tous proclament à l'envi ses mérites et son grand cœur, puisque enfin M. Vermont est devenu, par l'action prépondérante qu'il a exercée sur les Sociétés mutuelles d'abord, et sur les pouvoirs publics ensuite, le mutualiste le plus populaire, et le plus justement réputé, le membre le plus écouté du Conseil supérieur de la mutualité.

Si l'Emulation chrétienne de Rouen a atteint le degré de prospérité que révèlent les chiffres statistiques qui vont suivre, c'est à son président à M. Vermont, qu'elle le doit.

Voici du reste, résumés en quelques mots, l'histoire, le fonctionnement et les succès de l'Emulation chrétienne. Tous ceux qui s'intéressent aux œuvres sociales de notre pays pourront les lire avec fruit :

Cette société a été fondée le 2 décembre 1849, par 7 ouvriers de Rouen, qui se réunirent à cet effet chez l'un d'eux, le sieur Houdeville. Elle suivait une marche régulière, et fonctionnait à la satisfaction de tous ses associés, lorsque éclata la guerre de 1870, qui fit subir à Rouen l'occupation prussienne pendant huit mois.

Pendant cette période douloureuse, l'Emulation chrétienne dut suspendre ses réunions générales, la misère était extrême, le terrible froid de 1870-71 fit beaucoup de malades, et l'on pouvait craindre que le ralentissement dans les versements des cotisations, les difficultés du service des malades et les lourdes charges imposées à la Société pendant cette période exceptionnelle, n'amenassent sa ruine totale.

Grâce au dévouement du président, et au bon esprit de tous, il n'en fut rien et l'Emulation chrétienne sortit victorieuse de cette crise redoutable qui devait l'anéantir.

Depuis, elle a marché de succès en succès, et elle possède aujourd'hui des capitaux considérables qui lui permettent d'envisager l'avenir avec confiance et le nombre de ses sociétaires s'accroît chaque jour.

Aux termes de ses statuts, l'Emulation chrétienne a pour but :

1º De donner à tous ses associés, *malades, blessés ou indisposés*, les soins gratuits du médecin et les médicaments *sans limite de temps ;*

2º De donner, pendant une période d'une année au plus, une indemnité pécuniaire aux malades et aux blessés et un secours pour leurs jeunes enfants.

3º D'accorder un secours aux hommes incurables ou incapables de travailler, en attendant qu'ils remplissent les conditions exigées pour avoir droit à la retraite ;

4º De faire participer les sociétaires, âgés des 55 ans au moins, et comptant 20 années de présence dans la Société, aux avantages de la Caisse des retraites, et de donner un secours de vieillesse aux femmes âgées qui n'auraient pas droit à la retraite, à cause de l'insuffisance de leur cotisation ;

5º De donner aux femmes en couches un secours en argent, à la naissance de leurs enfants ;

6º D'aider les sociétaires sans emploi à trouver du travail ;

7º De recevoir, pour les verser, soit à la Caisse d'Epargne, soit à la Caisse des retraites, les économies particulières des sociétaires ;

8º De moraliser l'esprit et le cœur de ses associés par des conférences, et, s'il est possible, par des cours scientifiques, par la lecture de livres choisis et par des exercices de musique ;

9º De décerner des récompenses aux actions les plus méritoires accomplies par les sociétaires ;

10º D'assurer à tous une inhumation convenable aux frais de laquelle il est pourvu par ses soins ;

11º De fonder, s'il est possible, au moyen de ressources spéciales, un fonds de secours extraordinaires, exclusivement destiné à améliorer la position des malades ;

12º De secourir, également au moyen de ressources spéciales, les orphelins, enfants de sociétaires décédés.

La Société admet des membres participants (hommes, femmes et enfants) et des membres honoraires.

Les membres participants sont admis provisoirement par le Conseil administratif. Leur admission définitive est soumise à l'Assemblée générale des associés.

L'âge d'admission est fixé de :

6 à 15 ans, pour les enfants ;
15 à 35 ans, pour les femmes ;
15 à 40 ans, pour les hommes.

Le droit d'admission varie de 0.50 à 10 fr. et les cotisations de 4 à 40 fr. par an.

La Société n'admet que des personnes vivant de leur travail jouissant d'une bonne santé et d'une excellente moralité. Le sociétaire nouveau n'a droit aux secours qu'après trois mois de bonne santé continue.

L'Emulation chrétienne est administrée par un Conseil de 50 membres comprenant : 1 président, 10 vice-présidents, 1 secrétaire et 2 adjoints, 1 trésorier et 2 adjoints et 33 conseillers. Parmi ces derniers, un certain nombre de membres fondateurs, nommés à vie, sont encore en fonctions. Le Président est nommé pour 5 ans, les autres membres pour 3 ans.

Les femmes sont électrices, mais non éligibles.

Le Président dirige la Société, préside les

Assemblées, nomme les membres des Commissions et peut les révoquer s'ils s'écartent des Statuts.

Les vice présidents, sauf les 2 vice-présidents administratifs, qui sont chargés de seconder et le cas échéant, de remplacer le président, sont placés comme chefs à la tête ces divers services de la Société, savoir :

1 vice président, chef des receveurs de cotisations ;

1 vice-président des malades ;
1 — — des finances ;
1 — — d'enquêtes ;
1 — — des archives ;
1 — — d'ordre ;
1 — — des cérémonies, du travail et des récompenses ;

1 vice-président de la section de Bon-Secours.

Le Conseil administratif fait l'application des peines disciplinaires (qui varient de 0.50 à 10 francs), mais l'exclusion est prononcée par l'Assemblée générale, à la majorité de 2/3 des membres présents.

Toutes les fonctions sont gratuites.

Un Conseil honoraire de 25 membres, nommé à vie, est consulté sur toutes les questions intéressant la Société.

L'Assemblée générale de la Société se réunit au moins une fois par an. Le Bureau de l'Assemblée générale est celui du Conseil.

Les sociétaires, dûment convoqués à cet effet, sont tenus, sous peine d'amende, d'assister aux inhumations.

La dissolution de la Société ne peut être prononcée que par une Assemblée générale spécialement convoquée à cet effet et à la majorité des 3/4 des membres présents.

Les subventions en argent, en cas de maladie, sont déterminées suivant les cotisations payées et fixées comme suit, pour les hommes sociétaires :

Les Sociétaires payant la cotisation annuelle de	ONT DROIT AUX SUBVENTIONS				SUBVENTIONS supplémentaires pour chaque enfant mineur de 14 ans
	Pendant 3 mois	Pendant les 3 mois suivants	Pendant les 3 mois suivants	Pendant les 3 mois suivants	
13 francs	4 f. par semaine.	4 fr. par semaine id.	4 fr. par semaine id.	4 fr. par semaine id.	0 f. 50 par semaine id.
15 —	5 —				
18 — 60	7 —	id.	id.	id.	1 fr. par semaine
21 — 60	10 f. 50 —	id.	id.	id.	id.
30 —	14 —	7 fr. par semaine	6 fr. par semaine	5 fr. par semaine	id.
36 —	17 f. 50 —	id.	id.	id.	id.

Après une année continue de maladie, et lorsque l'incapacité de travailler dure encore, l'homme malade reçoit, pendant tout le temps qu'il reste en cet état, un secours de 0 fr. 50 par semaine ; la Société acquitte ses cotisations en son nom, selon la catégorie, et il a, en outre, droit aux soins gratuits du médecin et aux médicaments, puis à l'inhumation en cas de décès.

Ce secours ne lui est accordé que pendant qu'il continue à être dans l'incapacité de travailler, et en attendant qu'il remplisse les conditions d'âge et de durée d'association pour avoir droit à la retraite.

N'est considéré comme malade que celui qui ne peut ni sortir ni travailler. Toutefois, ses sorties peuvent être autorisées par le médecin, qui en indique l'heure et la durée.

La maladie ne dispense pas de payer les cotisations dans les délais prescrits.

Les sociétaires ayant plus d'une année de maladie et réunissant les deux conditions d'âge et de présence à la Société sont inscrits d'office à la retraite.

Toute femme faisant, ainsi que son mari, partie de la Société depuis 3 ans et devenant veuve, a droit, en cas de maladie, à une indemnité de travail de 0 fr. 50 par semaine pour chacun de ses enfants mineurs de 14 ans. La durée de cette indemnité ne peut excéder un an de la même maladie.

Toute femme mariée, ayant plus d'un an de Société, reçoit, pour chaque enfant nouveau-né, un droit de naissance qui est de 30 francs et de 50 francs si le père de l'enfant est, ou était sociétaire avant son décès depuis plus d'un an. Il en est de même si le père de l'enfant est décédé pendant la grossesse, alors que sans ce décès, il aurait eu un an de Société lors de l'accouchement. Si l'enfant est mort-né, ou qu'une fausse couche se produise pendant la seconde moitié de la grossesse, la mère aura droit à un secours de 15 francs.

Les soins médicaux sont dus pour la grossesse et pour les suites, comme pour la maladie.

Les soins médicaux sont représentés à partir de la seconde moitié de la grossesse par le secours de fausse couche et le droit de naissance, néanmoins ils sont dus après le 10ᵉ jours qui suit l'accouchement, ou la fausse couche survenant dans la seconde moitié de la grossesse.

Les sociétaires hommes sont tenus d'assister aux inhumations auxquelles ils sont convoqués et de visiter les associés malades lorsqu'ils en reçoivent l'*invitation du Président*. En fait, les inspecteurs de malades ont toujours suffi pour ce bon office de visite.

Pour être admis à faire valoir leurs droits à la *retraite les sociétaires doivent avoir au moins 20 ans de sociétariat*.

Le chiffre total de la pension ne peut dépasser annuellement le décuple de la cotisation moyenne de ses 20 dernières années avant la retraite, et qui ne peut être inférieur à 32 fr.; il est fixé sur la proposition du Conseil d'administration à chaque Assemblée générale, de même que la désignation des ayants droit.

Le sociétaire qui avant son admission à la retraite a plus de 20 ans de Société, reçoit un supplément de pension calculé comme suit :

Pour les années de 21 à 30, 1 fr. par année ;
» » 31 à 40, 2 fr. »
» » 41 et au-dessus, 3 fr. par année.

Tout retraité peut par une simple déclaration, en prenant sa retraite, s'assurer, en payant 0 fr. 50 de cotisation par mois. le droit aux soins gratuits du médecin et aux médicaments.

Les octogénaires sont dispensés de cette cotisation ainsi que des amendes d'inhumation.

Le droit à l'inhumation reste acquis à tous les retraités.

Les femmes de 57 ans, ayant 20 ans de Société et ayant payé 13, 20, 15, 18. 24 ou 30 fr. de cotisation, ont droit à la retraite. Toutes les conditions de la retraite des hommes leur sont applicables, y compris l'augmentation de pension proportionnelle quand elles ont plus de 20 ans de Société.

Les femmes qui n'ont pas droit à la retraite et qui ont 20 ans de Société, et 65 ans d'âge reçoivent chaque année un secours de vieillesse qui est de 12 fr. à 65 ans, 16 à 70 ans, 20 à 75 ans. Les octogénaires reçoivent 100 fr. nets.

L'inhumation est la même pour les sociétaires des deux sexes ; une députation d'associés, dont le nombre est déterminé par le Conseil, y est convoquée, de même qu'à celle des membres honoraires lorsque la famille en adresse la demande.

Hors la ville de Rouen la Société peut remplacer l'inhumation en donnant une somme de 40 fr. à la famille du sociétaire décédé.

La Société remet en outre une somme de 15 francs à la veuve du sociétaire décédé ou à ses enfants mineurs de 12 ans. Ce secours est doublé, lorsque le décédé laisse une veuve et un enfant, ou lorsqu'il laisse plusieurs orphelins mineurs de 12 ans.

Le secours de 15 francs est remis au sociétaire perdant sa femme, si celle-ci, lors de son décès, faisait partie de la Société.

La Société possède encore une Caisse des orphelins et une Caisse de prêts d'Honneur.

Le but de cette dernière est suffisamment indiqué par son nom. La Caisse des orphelins est destinée à payer complètement, jusqu'à ce qu'ils aient atteint l'âge de 18 ans, les cotisations des sociétaires qui, depuis leur admission sont devenus orphelins de père et de mère, alors que chacun de leurs parents faisait partie de la Société depuis au moins un an, au moment de son décès.

L'une et l'autre de ces Caisses sont alimentées par des dons, legs et subventions, et sont distinctes de la Caisse de la Société.

Opérations de la Société en 1899 et depuis le 2 décembre 1849 :

Recettes

Caisse de secours mutuels	Cotisations, droit d'entrée, amendes (hommes).....	31.150 50	929.708 14
	— (femmes et enfants)	26.075 70	433.441 10
	Cotisations honoraires, dons et legs, subvention de la ville, etc.	49.238 49	886.410 97
Caisse de retraites	Subventions diverses	10.251 45	201.554 90
	Coupons de rente	23.837 88	425.625 97
	Rentes supplémentaires pour les septuagénaires...	1.577 79	5.834 40
	Intérêts capitalisés	5.270 49	143.528 45
Recettes spéciales	Souscriptions et produits divers	1.151 50	107.115 33
	Caisse des prêts d'honneur	4.208 85	21.939 50
	Totaux des recettes......	152.762 65	3.155.155 76

Dépenses

Caisse de secours mutuels	Secours en argent aux grabataires et octogénaires, secours de vieillesse	4.802 35	88.489 64
	Subventions en argent pour maladies	13.966 45	377.674 43
	Médicaments	24.029 70	675.324 49
	Frais funéraires, secours aux veuves et orphelins..	2.337 »	93.147 70
	Honoraires de MM. les médecins	9.476 »	214.463 55
	Frais généraux	12.912 52	262.219 82
Caisse des retraites. Pensions servies		26.162 67	445.759 37
Dépenses spéciales	Souscripteurs et divers	1.151 50	107.115 33
	Prêts d'honneur	4.345 »	14.115 95
	Totaux des dépenses......	98.883 19	2.278.310 28

Résumé.... {	Recettes.......	152.762 65	3.155.155 76
	Dépenses......	98.883 19	2.278.310 28
	Excédent des recettes.......	53.879 46	876.845 48

Total de l'avoir au 31 décembre 1899 ... {	Disponible.............	98.629 43 }	876.845 48
	A la caisse des retraites.	778.216 05 }	

Le Jury de l'Exposition universelle de 1900 a décerné un grand prix à l'Emulation chrétienne de Rouen, 2 médailles d'argent, ainsi que 2 médailles de bronze à ses collaborateurs.

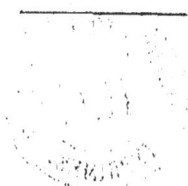

LA SOCIÉTÉ PHILANTHROPIQUE

DES

Commis Marchands-Tailleurs

(17, rue des Lavandières-Ste-Opportune,

A PARIS

Cette société fondée en 1850, a pour but d'allouer en cas de maladie une indemnité pécuniaire (2 francs par jour pour les 4 premiers mois, 1 franc pour les 4 mois suivants), de fournir gratuitement les soins du médecin et les médicaments ; de pourvoir aux frais des funérailles des membres décédés et d'accorder des secours à leurs veuves et orphelins et, enfin, de faire une pension de retraite aux membres âgés.

Les statuts indiquent, probablement pour éviter les abus, que les visites du médecin seront remboursées à 3 francs, et fixent à 150 francs la contribution de la société dans les frais funéraires, et à 50 francs le secours fixe alloué aux familles des membres participants décédés.

Comme toutes les autres sociétés de secours mutuels, cette société admet des membres participants et des membres honoraires.

Le droit d'entrée à la société est fixé à 10 francs, et la cotisation mensuelle à 2 fr. 50 pour les membres participants. Les membres honoraires paient une cotisation annuelle de 30 francs ; on peut devenir honoraire perpétuel au moyen d'un versement unique de 300 francs.

Le nombre de membres participants ne peut excéder 500, à moins d'une autorisation spéciale.

Les conditions d'admission sont les suivantes : avoir au moins 16 ans et pas plus de 40. Etre commis marchand-tailleur ou employé dans une maison de confection depuis au moins un an, n'avoir subi aucune condamnation infamante, faire un noviciat de six mois, pendant lequel il sera soumis à toutes les obligations de la Société sans avoir droit à aucun secours.

La société est administrée par une commis-sion de 24 membres, nommés pour trois ans, sauf le président, et renouvelables par tiers chaque année.

Le président est nommé pour cinq ans.

La Société est actuellement en pleine prospérité et compte 46 membres honoraires et 360 membres participants. Son avoir au 31 décembre 1899 était de 90.106 fr. 73, se décomposant comme suit :

Capital. Fonds libre......	37.576 fr.	94
Capital disponible pour constituer des pensions..	32.792	20
Fonds de retraites non disponible pour 7 pensions.................	17.997	»
Valeur mobilière........	1.073	40
En caisse chez le trésorier.	667	40
Total......	90.106	73

Le jury de l'Exposition de 1900 a décerné une médaille d'argent à cette société.

La Caisse générale de Secours

DES OUVRIERS

à BUDAPEST (Hongrie)

La Caisse générale de secours des ouvriers de Budapest a été fondée le 3 avril 1870, à la suite du mouvement ouvrier qui procéda à l'organisation de la classe ouvrière en 1869.

Le premier statut de la Société visait une organisation nationale. Les ouvriers marchant d'accord avec la petite bourgeoisie des villes de province se mirent à l'œuvre pour organiser l'assistance des malades dans le pays entier, et à partir de 1874 la Caisse créa des succursales dans les différents centres du pays, si bien qu'en 1893, elle comptait 50 succursales et 54.000 adhérents.

En 1874, la Caisse fit l'acquisition, au prix de 100.440 francs, de l'immeuble qu'elle possède encore dans la Dob-utcza ; une partie des locaux fut affectée aux Bureaux de la Caisse ; plus tard,

7

on aménagea l'immeuble entier pour les divers services de la Caisse et, aujourd'hui, la maison contient les bureaux, les salles des médecins spécialistes, l'hospice avec huit lits, et deux établissements hydrothérapiques, l'un pour les hommes, l'autre pour les femmes. L'hospice a été reconnu d'utilité publique, le 4 juillet 1895

Le 1er septembre 1893, la Société dut, pour se conformer aux dispositions de la loi XIV de 1891, se séparer de ses succursales et rayer de ses rôles 24,000 adhérents de province.

L'Assemblée générale du 18 octobre 1896 vota une somme de 37,200 francs pour la création d'un sanatorium pour les tuberculeux et un asile pour convalescents. Ces deux établissements, qui se trouvent à Szent-Endre (commune de Budapest), comprennent 10 lits, et sont entourés d'un jardin de 4 hectares 1/2. Un établissement hydrothérapique a

été ensuite adjoint aux deux précédents et a coûté 7.440 francs.

Depuis le 1er août 1897, la Caisse assure le traitement gratuit et la distribution gratuite de médicaments, non seulement à ses membres, mais encore à leurs familles. Le service médical est fait par 69 médecins.

Renseignements statistiques divers. — Les dépenses pour traitement médical et allocations de secours se sont élevées aux chiffres suivants pour la période de 1870 à 1899 inclus :

Secours d'alimentation	6.426.389 »
Secours pour cas d'accouchement.	81.749 »
Traitement médical	2.888.412 »
Frais d'hôpital	698.310 »
Secours pour enterrement	748.947 »
Secours extraordinaires	318.472 »
Total	11.162.249 »

Voici maintenant, résumés en quelques chiffres, les mouvements qui se sont produits parmi les Sociétaires :

	1870	1880	1890	1898
Nombre total des associés	756	21.011	52.816	78.587
Nombre des membres secourus par la caisse	60	4.324	16.718	12.031
Nombre de journées de maladie payées aux Sociétaires	1.001	93.248	376.388	272.447
Nombre de malades	77	6.487	23.375	16.550
Nombre d'accouchements	.....	372	618	470
Nombre de décès	6	309	763	453

Etablissement hydrothérapique. — Quelques détails sur l'aménagement intérieur de l'établissement intéresseront nos lecteurs. L'installation comporte : Un grand bassin, deux étuves pour le corps entier, une étuve pour les extrémités inférieures, une étuve pour les extrémités supérieures (alimentées par des jets continus de vapeur), deux bains de siège dont l'un avec eau à jet continu, deux bains de pieds à jet continu, trois baignoires outillées pour bain électrique, dont le courant est fourni par la grande dynamo de l'établissement. Il y a également deux lits à emmailloter, deux lits à massage, une douche à jet latéral, une douche en colonne, une douche montante, deux douches en pluie, les formes et la température des douches sont réglées à volonté; il y a aussi des douches de vapeur et un cercle.

Cette installation a coûté :

Le bâtiment.. 5.766 fr. 00
Les machines. 3.720 fr. 00
L'outillage.... 7.752 fr. 00 = 17.238 fr. 00

On traite dans l'établissement non seulement les associés qui ont droit à des secours, mais encore des milliers d'ouvriers travaillant, mais souffrent de faiblesse des nerfs, d'anémie, de difficultés de digestion, de légères affections du poumon et du cœur, et viennent aux heures du soir pour aguerrir leur corps et prévenir des maladies plus graves. On comprend sans peine les avantages de ce système pour les associés et la caisse.

Hospice. — L'établissement est desservi par plusieurs médecins spécialistes. Deux médecins, adjoints, qui alternent pour le service permanent,

habitent dans la maison même ainsi que l'infir-
mier.

L'hospice est aménagé de façon à le tenir à
la hauteur des perfectionnements de la chirur-
gie moderne. On y trouve l'appareil stérilisa-
teur, les bandages, les instruments, la table
d'opérations complètement outillée.

Il comprend huit lits.

A l'hospice est adjointe une ambulance des-
servie par les mêmes médecins.

Pendant les années 1896-1897 et 1898 l'hospice a reçu 526 malades pendant 8,893 journées,
soit, pour chacun d'eux, 17 journées.

Pendant la même période il a été pratiqué
331 opérations chirurgicales et 51 ophthalmi-
ques, soit en tout 382 opérations en 3 ans.

*Asile de convalescents et sanatorium pour
tuberculeux.* — Le nombre des associés traités
dans ces établissements a été, pour la période, du
1er janvier au 31 décembre 1898, de :

Convalescents...   57
Tuberculeux   114

Total   171   malades parmi lesquels
il y a eu 109 célibataires, 58 mariés et 4 veufs.

Les dépenses de ces établissements en 1898
sont détaillées dans le tableau suivant :

Lait et ses dérivés...............	916	»
Viande.......................	4.601	»
Pain........................	789	»
Epicerie.....................	536	»
Autres denrées................	3.046	»
Total pour la nourriture...	9.888	»
Appointements du personnel médical et autres....................	2.253	»
Jardinage.....................	2.090	»
Entretien des bâtiments..........	1.089	»
Chauffage et éclairage...........	602	»
Transport des malades...........	411	»
Frais divers...................	264	»
Travaux de construction, outillage, impôts divers.................	3.241	»
Total général.....	19.838	»
Dépense de traitement par malade.	57 82	
y compris les frais généraux.....	97	»
Dépense de traitement par malade y compris les frais généraux et de construction.................	124 86	

Les perfectionnements apportés dans les divers
services et établissements créés par la Caisse
générale des secours aux ouvriers de Budapest,
ont été constatés officiellement par les autorités
de la capitale de la Hongrie.

La Commission supérieure de l'administration de la ville de Budapest, ayant examiné les
établissements de la Caisse, s'est exprimée
comme suit, dans son rapport du 13 février 1892,
sur la polyclinique de la Caisse.

« La polyclinique de l'Association ouvrière,
récemment inaugurée dans la Dob-utcza,
a été visitée par la commission pour la
première fois. Cet établissement va combler une
importante lacune dans la capitale, car les membres de l'Association y trouveront toujours les
conseils médicaux et le traitement requis. Il est
aménagé conformément aux exigences modernes
et nous l'avons trouvé propre et dans un ordre
parfait. »

La Commission des Hôpitaux de la capitale a
visité l'établissement en 1898, et la Commission
supérieure s'est exprimée comme suit, dans son
rapport daté du 9 janvier 1899 :

« Dans l'hôpital entretenu par la Caisse générale des Ouvriers, la Commission a trouvé tout
dans un ordre irréprochable. Le rapport de la
Commission des Hôpitaux constate, à notre vif
plaisir, que le bâtiment, tout en étant petit et
vieux, contient tout ce qui est nécessaire pour
un régime médical moderne. L'établissement
hydrothérapique est aménagé avec des soins tout
à fait exemplaires et son outillage est conforme
aux exigences de la science moderne. »

La Caisse générale de Secours aux Ouvriers a
obtenu une médaille d'or, à l'Exposition universelle de 1900 dans l'Exposition collective des
Caisses autrichiennes.

CHAPITRE V

INSTITUTIONS PATRONALES
HABITATIONS OUVRIÈRES [1]

SOCIÉTÉ DES MINES DE LENS (Pas-de-Calais)

Caisse de secours. — La caisse de secours fondée le 1er octobre 1860 est obligatoire, pour tout le personnel de la Société qui comprend environ 11.000 ouvriers et employés.

Elle est administrée par un Conseil d'administration, composé de 36 membres dont 12 sont désignés par l'Exploitant et 24 élus par les ouvriers et employés. Ceux-ci sont nommés pour trois ans et renouvelables par tiers chaque année. La Société est divisée en 12 sections nommant chacune deux membres du Conseil.

La Caisse de la Société est alimentée: 1· par un prélèvement sur le salaire de chaque ouvrier et employé, qui ne peut dépasser 2 0/0 du salaire ni 48 fr. par an ; 2· par un versement de l'Exploitant égal à la moitié de celui des ouvriers et employés ; 3· par le produit des amendes encourues par les membres d'une façon quelconque.

La Caisse assure aux ouvriers et employés les soins médicaux et pharmaceutiques et leur alloue une indemnité journalière, variant de 0,60 à 1 fr. 85 dès le premier jour de la maladie.

Les soins médicaux et pharmaceutiques sont étendus aux femmes et enfants des sociétaires à leurs veuves et aux orphelins, et aux ouvriers et employés pensionnés, dans les conditions arrêtées par les Statuts.

Le service médical est assuré par trois médecins principaux et vingt médecins dont un oculiste, et douze sage-femmes. Le service pharmaceutique est assuré par douze pharmaciens.

Le nombre des participants était à la fin

de 1896 de   9.792
de 1897 de 10.134
de 1898 de 10.640
de 1899 de 11.294

La Caisse à payé, pendant les années de

1896 — 410.426 91
1897 — 385.634 09
1898 — 406.649 49
1899 — 458 904 78

    1.661.615 27

Elle a encaissé pendant les mêmes années

	1896	1897	1898	1899	Total
Versements du personnel	245.954 27	258.535 76	281.602 38	307.329 22	1.093.421 63
— de l'exploitant	122.977 12	129.267 88	140.801 19	153.664 61	546.710 80
Amendes..............	42.060 33	50.241 66	54.033 29	65.684 48	212.019 76
Intérêts du fonds.......	2.081 04	1.861 49	3.956 63	6.849 04	14.748 20
Divers	3 571 26	3.397 15	13.338 51	5.910 3)	26.217 31
	416.644 02	443.303 94	493.732 00	539.437 74	1.893.117 70

Les recettes totales ont été, de 1860 à 1900, de 8.160.404 francs.
Les dépenses   —   —   7.880.894   —

---

(1) Nous avons réuni dans le même chapitre les documents concernant les Habitations ouvrières et les Institutions patronales, ces dernières comprenant surtout des fondations en vue du logement et du bien être des ouvriers, qui se rattachent à la question des Habitations ouvrières.

Depuis le 1er janvier 1892, la Société des Mines de Lens a pris à sa charge le service des blessés, incurables, veuves, etc.

Il a été déposé de ce fait :

Indemnités journalières	1.478.531 94
Frais médicaux	100.171 24
Frais pharmaceutiques	36.163 18
Frais funéraires	36.283 11
Divers	19.376 46
Total	1.670.525 93

Caisse de retraites. — La Société des Mines de Lens a fondé une Caisse de retraites pour son personnel.

Dès le 1er janvier 1895, date à laquelle cette Caisse a été mise en harmonie avec la loi du 29 juin 1894 sur les caisses de retraites des ouvriers mineurs, c'est-à-dire pendant une période de 5 ans, la Société des Mines de Lens a demandé à la Caisse nationale des retraites l'émission de 14.362 livrets de Caisse de retraites et a effectué sur ces livrets et trimestriellement, des versements dont le total s'élève au chiffre de 2.267.381 fr., chiffre qui représente 4 0/0 des salaires dont la moitié a été prélevée sur le salaire et la moitié fournie par la Société.

Tous les ouvriers et employés de la Société ont accepté le bénéfice de la loi et sont titulaires d'un livret de caisse de retraites.

Ces versements sont faits à capital aliéné et de la façon suivante :

1° Moitié du prélèvement sur le salaire au profit du mari et moitié au profit de la femme ;

2° Totalité du versement fourni par la Société au profit du mari.

Ensemble 3 0/0 des versements au profit du mari et 1 0/0 au profit de la femme.

En ce qui touche spécialement la retraite des employés, la Société, dès 1890, a élaboré et mis à exécution un règlement sur les retraites.

Ce règlement stipule que, tout employé qui verse 3 0/0 de ses appointements à la Caisse nationale des retraites et qui se constitue ainsi une retraite personnelle, aura droit, après un certain nombre d'années de service à une retraite basée sur le chiffre des émoluments, mais sans pouvoir dépasser 3.000 fr. par an. Cette retraite, payée par la Société, est indépendante de celle acquise par les versements personnels de l'employé à la Caisse nationale des retraites. En cas de mort de l'employé, la moitié de cette retraite est reversée sur la tête de la veuve.

Conformément aux presciptions de la loi, ce règlement a été maintenu pour les retraites acquises ou en cours d'acquisition.

Habitations à bon marché pour les ouvriers et employés. — La question du logement de la famille ouvrière est l'une de celles dont s'est préoccupé tout d'abord l'administration des Mines de Lens, estimant avec raison, qu'au double point de vue de la morale et de l'hygiène elle devait primer toutes les autres.

Aussi la Société a-t-elle apporté tous ses soins dans la construction des maisons ouvrières qu'elle a édifiées pour son personnel employé et ouvrier.

Quelques chiffres démontreront l'importance des sacrifices consentis par elle, et ceux qu'elle s'impose annuellement.

En 1855, elle avait déjà construit 78 maisons.

En 1899, le nombre des maisons était de

3.957	habitées,
88	inhabitées,
255	en construction.

soit au total 4.300 maisons.

Ces maisons dont l'importance varie de 2 à 6 pièces, ont été construites sur 29 types différents (prix de revient, de 1.700 à 3.940 fr.) pour les ouvriers, et sur 11 types (prix de revient de 3.400 à 5.000 fr.), pour les employés. Les murs ont en épaisseur : en fondation 0m 45, en élévation 0m 34, murs de refend 0m 22, les cloisons 0m 11.

Le prix de ces loyers est de 15 francs par mois pour les employés et varie de 5 à 10 fr. par mois pour les ouvriers.

Chaque maison est dotée d'un jardin et dans la cour on y trouve un hangar, les cabinets d'aisances et une cabane à lapins.

Enfin, les ouvriers reçoivent de la Société leur chauffage en nature, en quantité proportionnée, dans une certaine mesure, au nombre d'habitants.

Chaque chef de famille reçoit :

5 hectolitres en été,
6 au printemps et en automne,
7 en hiver,

plus un supplément de 1, 2 et 3 hectolitres si le nombre d'habitants sous le même toit est de 7, 8 et 9, ou supérieur.

Le total des loyers s'est élevé en
1899, à 338.281 54
Soit une moyenne par maison de   84 »
Et les réparations effectuées pendant la même période, s'élèvent au total à 123.481 90
Donnant par maison une moyenne de   31 »

Ces chiffres démontrent qne la Société ne cherche pas à tirer profit de ses immeubles et qu'elle ne voit, dans la modicité des loyers, qu'un des nombreux moyens qu'elle a institués, de rendre à ses ouvriers l'existence, après les heures de travail, aussi agréable que peu coûteuse.

Aussi, le Jury de l'Exposition ne lui a pas ménagé les récompenses, nous en avons compté dans les diverses classes dans lesquelles elle a exposé, jusqu'à 33, se répartissant comme suit :

Grand prix   2 dont 1 aux collaborateurs
Méd. d'or   7 — 4 —
Méd. argent 9 — 8 —
Méd. bronze 10 — 10 —
Ment. hon.   5 — 5 —

ÉTABLISSEMENT MENIER
à NOISIEL-SUR-MARNE

La maison Menier occupe un personnel très considérable qui est l'objet, de la part des patrons, d'une sollicitude toute paternelle qui les suit jusque dans leur retraite.

Les salaires sont rémunérateurs et rien n'a été omis pour le bien-être et la culture morale des ouvriers. Aussi, ne connaît-on pas le chômage à Noisiel, où les ouvriers, ouvrières et employés, au nombre de 1.950, vivent sédentaires depuis plusieurs générations.

Des primes d'ancienneté sont accordées aux ouvriers proportionnellement à leur temps de services. Ils reçoivent :

à 6 ans de services,   60 fr. par an de primes.
à 10   —   100   —   —
à 15   —   150   —   —
à 20   —   200   —   —

Les ouvrières reçoivent également des primes qui égalent la moitié de celle des ouvriers.

Cité ouvrière. — La population entière de Noisiel étant occupée aux travaux de l'Usine, M. E. J. Menier créa à son intention, dans les meilleures conditions d'hygiène et d'économie, une cité ouvrière composée de plus de 300 maisons isolées et indépendantes, entourées d'un jardin, auxquelles on accède par de larges rues, plantées d'arbres, éclairées au gaz et avec bornes fontaines fournissant l'eau nécessaire aux besoins domestiques. Il assura ainsi à ses ouvriers des logements sains et confortables, dans des maisons agréablement exposées et dont la distribution répond à toutes les nécessités.

La cité est construite dans une plaine de 30 hectares environ ; les rues ont dix mètres de largeur, et les maisons qui les bordent sont séparées entre elles par un jardin de 22 mètres, divisé en deux, et dont chaque moitié est réservé à un locataire.

Chaque maison est divisée en deux logements qui mesurent chacun une superficie de 300 mètres carrés pour le jardin, et de 64 mètres pour l'habitation, sans compter les dépendances, qui mesurent une surface égale.

Chaque logement comprend quatre pièces, 2 au rez-de-chaussée, 2 au premier étage, dont 3 sont pourvus de cheminées et 2 garnies de placards ; au deuxième est un grand grenier. La cuisine est vaste et possède un grand fourneau et un évier. Un grand hangar clos est dans le jardin, à la suite de la maison, et sert de buanderie et de bûcher. Les water-closets, qui suivent, sont fermés, bien aérés et desservis par une canalisation spéciale d'assainissement avec refoulement à plus de deux kilomètres, pour utilisation à l'agriculture.

Le prix de revient d'une maison est de 8.300 fr.

soit 4.150 fr. par logement, et chaque logement est loué à raison de 150 fr. par an.

Une des maisons, type a été construite, par MM. Menier, à l'Exposition universelle de 1900, groupe de l'Économie sociale (annexe du bois de Vincennes).

Des lavoirs et des bains, largement pourvus d'eau chaude et d'eau courante, ont été installés dans la cité et suffisent amplement au lavage du linge et aux soins de propreté des habitants.

Le nettoyage des rues est fait par des hommes spéciaux. Les ordures et produits du balayage sont enlevés deux fois par semaine, les jeudis et dimanches, et les ordures du ménage ne doivent être déposées sur la voie publique que le matin, lors du passage du tombereau de service.

En dehors des logements de la cité ouvrière, MM. Menier ont aménagé une centaine d'habitations dans les villages environnants, pour assurer, dans de meilleures conditions que dans les habitations ordinaires des villages, le logement des nombreux ouvriers qui les occupent.

Écoles. — Un groupe scolaire, fondé par M. E. Menier, s'élève sur la belle place de la cité, en face du monument de son fondateur inauguré en octobre 1898. Il comprend six classes, très largement aménagées avec salles de couture et de dessin, salle de récréation, préaux couverts, cours, etc. Le nombre des élèves dépasse 300 ; les enfants y sont reçus gratuitement, et tous les frais, sans exception, sont à la charge de MM. Menier.

Les enfants qui ont terminé leurs études primaires peuvent entrer en apprentissage dans les ateliers de l'usine, où ils sont l'objet d'une attention toute particulière. Durant cet apprentissage, ils reçoivent des salaires qui vont en progressant.

Des cours du soir sont faits aux adultes.

Restaurants. — Deux grands établissements ont été installés par la maison, pour servir de restaurant aux ouvriers qui y trouvent à prix réduits des aliments sains et substantiels, et le logement.

Réfectoires. — Trois grands réfectoires (pour les hommes, pour les femmes, et pour les ménages) installés par la maison, sont pourvus de poêles et de chauffoirs pour tenir chauds les aliments apportés par les ouvriers, pour la journée. Le service de ces réfectoires fournit également à prix de revient des aliments pour composer ou compléter les repas. Les prix des portions varient de 10 à 20 centimes.

800 personnes peuvent être logées commodément dans ces réfectoires.

Économat. — Des magasins, très grandement installés, livrent au prix de revient les denrées, habillements, combustibles, etc., nécessaires à la vie. Une boulangerie mécanique, des abattoirs, de grandes caves et de vastes hangars sont annexés aux magasins.

Le débit journalier est de 1.200 kilos de pains, 250 kilos de viande et 400 litres de vin.

Service médical. — Le service médical, avec salles de consultations, pharmacie, très confortablement agencées, est assuré gratuitement par un médecin et une sage-femme attachés à l'établissement.

Caisse de secours. — Une caisse de secours, alimentée exclusivement par MM. Menier, distribue des dons en nature et en argent, et de plus, alloue pendant la maladie, une indemnité journalière de 2 fr. aux hommes et de 1 fr. aux femmes.

Maison de retraite. — Une maison de retraite destinée aux vieux ouvriers et ouvrières, vient d'être édifiée et porte le nom de Mme Claire Menier.

Caisse d'épargne. — Une caisse d'épargne reçoit les économies des ouvriers et leur alloue un intérêt de 6 0|0 l'an.

Autres institutions. — Enfin, MM. Menier ont fondé une bibliothèque avec salle de réunions et de conférences, une harmonie et chorale composée de plus de 100 exécutants ouvriers, une compagnie de sapeurs-pompiers, dont tous les frais : locaux, matériel, habillement, équipement, indemnités sont à leur charge exclusive, et un projet de caisse de retraites, en ce moment à l'étude, complètera heureusement le faisceau des institutions patronales dont bénéficie leur personnel.

Tous ces sacrifices ont attiré l'attention du Jury de l'Exposition de 1900 qui a attribué à la maison Menier, dans les classes 106, 107 et 109, trois médailles d'or, deux médailles d'argent et deux de bronze.

La Compagnie des Mines d'Anzin (Nord)

Cette Compagnie a été fondée le 19 novembre 1757.

La Compagnie possède aujourd'hui huit concessions contiguës dont l'étendue superficielle est de 28.088 hectares.

Le domaine de la Compagnie
a une superficie de....... 1417 hectares 17
La surface totale occupée par
des canaux de fosse est de 131 — 89
Les constructions couvrent une
surface totale de........ 38 —
Le nombre total des machines fixes de la Compagnie est de 290
Représentant une force totale de 32.820 chevaux, dont 20.500 pour l'extraction.

Le personnel de la Compagnie d'Anzin a touché en 1899, savoir :
Salaire des ouvriers 18.182.432 98
Traitement des employés... 1.542.310 »
La production annuelle de la Compagnie a été pour 1899 de 3.154.092 tonnes.

La Compagnie a créé en faveur de ses ouvriers des institutions de toute nature, pour l'entretien desquelles elle fait chaque année d'importants sacrifices.

Habitations ouvrières. — Elle a fait construire 2.884 maisons pour loger des ouvriers. Ces maisons réparties auprès de tous les sièges d'exploitation, sont louées 69 francs en moyenne par an ; ce qui, défalcation faite des frais d'entretien, représente à peine l'intérêt à 1 1/2 % du capital immobilisé.

Elle a fait aux ouvriers, avec la facilité de payer par retenues mensuelles, à peu près égales au loyer d'une maison de même importance, et sans intérêt, des avances de fonds pour l'achat ou la construction de maisons à leur usage.

Ces avances se sont élevées à une somme totale de : 1.497.236 fr. 29, dont la plus grande partie est aujourd'hui remboursée ; grâce à ces facilités les ouvriers ont acquis pour eux 741 maisons.

Instructions. — Eglises. — La Compagnie a établi trois écoles de garçons et trois salles d'asile et un certain nombre d'écoles de filles. De plus, elle subventionne des salles d'asile partout où demeurent un certain nombre de ses ouvriers.

Une école préparatoire spéciale, dont les cours théoriques et pratiques sont faits par les Ingénieurs de la Compagnie, et qui est destinée à fournir des ouvriers d'élite, reçoit les meilleurs élèves à la sortie de l'école primaire.

Le Compagnie paie chaque année la pension de plusieurs de ses jeunes ouvriers à l'école des maîtres mineurs de Douai.

La Compagnie possède quatre églises consacrées au culte catholique et paie les desservants de deux de ces églises.

Société coopérative. — La Société coopérative dite des Mineurs d'Anzin, a été fondée en 1865, sous le patronage de la Compagnie. Elle est aujourd'hui tout à fait indépendante, ses membres sont au nombre de 5.642, elle a livré en 1899, 3.984.611 francs de denrées, qui ont donné un bénéfice net de 744.471 fr. 36 à répartir au prorata des achats.

Allocation de charbon. — La Compagnie alloue à ses ouvriers le chauffage consistant en sept quintaux de charbon menu par mois, avec supplément en cas de maladie et pour les familles de plus de six personnes.

Elle a délivré ainsi en 1899 : 739.519 quintaux, soit, pour 443.711 fr. 40.

Pensions et secours. — Voici les chiffres des depenses faites en 1899, par la Compagnie, pour le service des pensions et des secours annuels :

Pensions aux chefs ouvriers, ouvriers, employés et à leurs veuves 762.494 85
Secours annuels renouvelables aux anciens ouvriers et à leurs familles 72.006 05
Versement de 2 0/0 des salaires à la Caisse nationale des retraites pour la vieillesse......... 345.487 55
Constitution du capital nécessaire au paiement des majorations et primes accordées aux ouvriers, chefs ouvriers et employés pour longs services............. 220.000 »

Total..... 1.399.988 45

Secours aux malades et aux blessés. — En 1869, la Compagnie a versé 152.674 70.

Service de santé et Pharmacie. — Le service de santé est fait par treize médecins, dont l'un s'occupe spécialement des yeux, qui donnent gratuitement leurs soins aux ouvriers malades et blessés, ainsi qu'à leurs familles.

Les ouvriers reçoivent aussi, gratuitement : 1° les médicaments, 2° des secours pécuniaires déterminés par un règlement ; 3· du vin, de la viande et du bouillon.

Le service de santé a coûté à la Compagnie, en 1899, 143.917 fr. 03.

Sociétés de secours mutuels. — Il a été créé, sous le patronage de la Compagnie, six sociétés de secours mutuels, dont voici le résumé des opérations en 1899.

Nombre de sociétaires : 12.034.

Recettes........ 281.496 18
Dépenses........ 272.287 45

La Compagnie a alloué à ces sociétés une somme totale de 11.000 fr. en 1899.

En résumé, la Compagnie a fait, en 1899, les dépenses suivantes pour les institutions ou les services créés en faveur de son personnel :

Habitations ouvrières 321.543 46
Instruction 26.583 87
Allocations de charbon 443.711 40
Pensions et secours 1.399.988 45
Secours aux malades et blessés . 152.674 70
Service de santé et pharmacie .. 143.917 03

Total...... 2.488.418.91

Le Jury de l'Exposition de 1900 a décerné à la *Compagnie des Mines d'Anzin et à ses collaborateurs*, un grand prix, une médaille d'or et deux médailles d'argent.

Les Œuvres sociales de Morlanwelz

La Belgique occupe l'un des premiers rangs parmi les Etats où l'initiative gouvernementale, aidée par les efforts des citoyens, a donné un développement considérable aux institutions économiques et sociales, et il est intéressant d'étudier les résultats obtenus par les œuvres créées par le patronat et les travailleurs, aussi bien dans le parti catholique que dans l'élément socialiste.

Du reste, la Belgique, depuis un demi-siècle, a présenté un faisceau de lois et de mesures, qui ont été vivement approuvées par ceux-là qui réclament ou admettent l'intervention modérée de l'Etat. Cet ensemble de lois sociales, établies par les pouvoirs publics pour réconcilier le travail avec le capital, et faire cesser l'antagonisme entre les classes ouvrières et les classes dirigeantes, sont consultées avec fruit par ceux, et le nombre en est grand, qui dans notre pays recherchent la solution de ce problème.

L'initiative privée a secondé puissamment les efforts de l'Etat.

Un nombre considérable d'Associations de toute nature couvre le territoire de la Belgique, et, dans bien des circonstances, nous avons entendu vanter les résultats de la Mutualité et de la Coopération dans ce pays.

Un certain nombre d'institutions mutuelles datent de 1840, et depuis cette époque d'autres ont été créées. Mais c'est surtout après la tourmente de 1886, marquée par les incendies et la fusillade, que surgit impérieuse l'idée de propager les Sociétés de secours, de retraites et de coopération.

« La terreur, dit le rédacteur de la notice sur les œuvres sociales de Morlanwelz, avait régné un instant dans le pays industriel, et comme les partis politiques s'étaient trouvés impuissants à prévenir une lamentable situation et ne pouvaient y porter remède, force fut bien de se retourner vers les institutions susceptibles de refaire l'éducation des masses profondément troublées au point de vue moral. »

Et alors, dans le pays de Morlanwelz, surgit une abondante moisson d'œuvres diverses, destinées à améliorer la situation morale et matérielle du peuple ouvrier. Ces œuvres, sur lesquelles nous allons dire rapidement quelques mots, sont groupées dans une institution générale, appelée Maison des Ouvriers, dont elles forment des divisions.

Le Patronage Saint-Martin. — Cette Société a été fondée en 1887. Elle a pour but de procurer aux jeunes affiliés des amusements honnêtes, de leur donner de sages conseils, et de leur inculquer des principes d'honnêteté et de morale. Pour y être admis, il faut être âgé de moins de 16 ans. A la fin de chaque mois, il est décerné des prix aux gagnants de différents jeux et des récompenses aux plus assidus. Le Comité-Directeur supporte toutes les charges et les dépenses de ce patronage.

Cercle ouvrier : Le patronage de Saint-Joseph — Est destiné à recevoir les jeunes gens qui, ayant atteint l'âge de 16 ans, ne peuvent plus faire partie du patronage Saint-Martin. Il a adopté pour base « la Charité et la Fraternité », et comme devise : « Aimons-nous, aidons-nous. »

Le Comité-Directeur pourvoit le Cercle de journaux amusants et instructifs ; un débit de bières livrées à bas prix, où l'alcool est sévèrement interdit, a été ouvert ; des prix et récompenses sont distribués. Enfin, la fréquentation du Cercle donne droit à des jetons de présence, qui procurent certains avantages dans les diverses œuvres.

Société de secours mutuels. — Cette Société fonctionne depuis 1887. Aujourd'hui elle compte 300 membres, payant une cotisation de 1 franc par mois. Elle accorde à ses affiliés, malades ou blessés, une indemnité de 1 fr. 50 par jour. Elle a distribué à cette heure une somme totale de 24.880 fr. 35, et possède une encaisse de

313 fr. 90. Elle paie les funérailles des Sociétaires défunts, et accorde des subsides à leurs veuves et à leurs enfants. Le service médical et pharmaceutique s'étend également à la femme et aux enfants.

Cercle d'agrément. — Ce Cercle, marchant de pair avec le précédent, fut créé dans le but d'attirer les affiliés par des faveurs gratuites.

Le Comité-Directeur a voulu grouper dans le local de la Maison des Ouvriers, tous les amusements qui permettent aux membres de passer le temps le plus agréablement possible. Il y a installé billards, tir à la carabine, etc. A tous ces jeux, des prix sont décernés chaque trimestre.

Une bibliothèque instructive et amusante, composée de 1.500 volumes, est à l'usage des membres.

Des avocats donnent gratuitement aux Sociétaires des consultations juridiques dans toutes les questions litigieuses.

Le Cercle fait célébrer des services pour le repos de l'âme des Sociétaires défunts.

Conférence de Saint-Vincent-de-Paul. — C'est la première des œuvres qui a été fondée.

Son but est de visiter les familles pauvres, sans distinction d'opinions politiques ou religieuses, et de pourvoir à tous les besoins spirituels et corporels.

Chaque quinzaine, ses membres visitent, par groupes de deux, 90 familles pauvres.

La distribution de secours ne fait pas seulement l'objet de ces visites, mais on s'occupe aussi de bonnes lectures, de l'ordre et de la propreté dans les habitations, et surtout de la régularisation, tant civile que religieuse, des unions illicites et libres.

C'est grâce surtout à la générosité des membres honoraires, que les membres effectifs et les visiteurs peuvent faire de larges distributions. Pendant son dernier exercice, la Conférence a distribué pour 1.915 francs de secours ; le nombre des familles secourues s'est élevé à 90. Le nombre des visiteurs est de 17.

Cercle dramatique. — Fondée le 3 mars 1888, cette Société cherche à procurer à ses membres et aux habitants de la commune, des amusements convenables et honnêtes, et outre qu'elle exerce les jeunes gens dans l'art dramatique, elle procure, au moyen de Fêtes payantes, des ressources à la Conférence Saint-Vincent-de-Paul.

Cercle d'Etudes sociales, scientifiques et littéraires. — Ce Cercle, fondé le 15 mai 1889, a pour but de procurer à ses membres un centre où ils puissent augmenter leurs connaissances par l'étude des questions scientifiques, littéraires ou sociales, et de permettre à la collectivité de profiter des travaux de chaque membre en particulier.

Caisse de retraite et d'épargne. — Cette Société a été fondée le 18 janvier 1890, dans le but de faciliter à ses membres l'affiliation à la Caisse de retraite instituée par la loi du 16 mars 1865 ; de leur assurer ainsi une pension garantie par l'Etat au moyen de contributions hebdomadaires, et de faire fructifier leurs économies en les plaçant, soit dans une banque, soit à la Caisse d'épargne de l'Etat.

La Maison des Ouvriers accorde un subside de 6 francs par an au Sociétaire qui verse un franc par mois ; de plus, elle accorde à la Section 10 0/0 des bénéfices de l'Estaminet. Ce subside permet de couvrir les frais généraux de cette Caisse.

L'Etat belge et la province de Hainaut, faisant aussi des allocations aux versements opérés par les ouvriers, ne parvient à obtenir une pension importante que si l'affiliation s'est faite dès la pension. Cette Caisse compte aujourd'hui 250 membres.

Caisses de retraites ouvrières. — Le Comité-Directeur, ému de voir de vieux ouvriers, qui s'étaient affiliés trop tard à la Maison des Ouvriers, pour participer aux immenses avantages qu'elle offre à ses jeunes membres, créa, le 19 janvier 1890, cette Caisse, pour améliorer dans une certaine mesure la situation des Vieillards.

Le nombre des pensionnés est, à ce jour, de 19, avec une pension d'environ 100 francs.

L'encaisse de la Société est de 2 513 fr. 74.

Caisse des veuves et des orphelins. — La même raison qui avait dicté la création de la Caisse précédente motiva la fondation de celle-ci, deux ans plus tard, en 1892.

Son but est d'accorder gratuitement une pension aux veuves et aux orphelins.

Elle compte aujourd'hui neuf pensionnés, et possède un avoir de 549 fr. 95.

Caisse des victimes du travail. — Fondée le le 1er janvier 1890, son but est d'assurer une pension aux membres du « Patronage de Saint-Joseph (Cercle Ouvrier) », lorsque par suite d'un accident survenu dans le cours de leurs travaux, ils sont devenus invalides, ou à leurs veuves et orphelins, dans le cas où ils seraient tués.

La pension annuelle ne peut dépasser 100 francs.

Le nombre des pensionnés a été de trois, il n'en reste plus qu'un seul aujourd'hui. L'encaisse de la Société est aujourd'hui de 1.401 fr. 11.

Cercle Saint-Eloi. — Ce Cercle a été créé pour faciliter le recours aux bons offices de la Société anonyme de Saint-Eloi, dont il sera question plus loin.

Il peut n'exiger qu'une légère coopération de la part du Sociétaire, pour faire construire ou acheter une maison. Il fait profiter ses membres des bénéfices que lui cède la Société anonyme et les partage entre ses affiliés, au prorata des annuités et des loyers, d'une part, et à raison de leurs jetons de présence d'autre part.

Cette institution fut la première de ce genre en Belgique.

Société chorale « La Concorde ». — Fondée le 25 janvier 1891, elle compte aujourd'hui 40 exécutants.

La fanfare « L'Union ». — Fondée en 1891, très bien dirigée, elle marche de succès en succès et occupe une des premières places dans la région, si célèbre pourtant par l'excellence de ses sociétés musicales.

La société compte 120 membres effectifs et tous les frais qu'elle nécessite sont à la charge du Comité directeur.

Cercle de gymnastique et d'escrime. — Fondé en 1892.

Syndicat des Francs-Mineurs. — Bien que le Comité directeur fut composé exclusivement de patrons et d'industriels, il n'hésita pas à se lancer dans la démocratie et fonda, au sein de la maison des ouvriers, un syndicat de mineurs, composé exclusivement d'ouvriers, qui discutent entre eux, en toute liberté, leurs intérêts, qui sont, chacun le sait, parfois en opposition avec ceux du patron.

Quand le syndicat s'est mis d'accord sur une question, celle-ci est soumise au patron en cause, qui discute amiablement avec les délégués du syndicat, et il est rare qu'on n'arrive pas à une entente parfaite.

Lors de sa fondation, en 1892, le syndicat des francs-mineurs comptait plus de 50 membres. Il s'est fédéré avec les syndicats du Centre, ses délégués assistent régulièrement aux réunions du parti démocratique du centre et plusieurs membres ont suivi les discussions des congrès des mineurs.

Syndicat St-Eloi, des métallurgistes.—Fondé en 1896, ce syndicat compte aujourd'hui 210 membres et son encaisse est de 630 francs. Les travailleurs apprécient hautement la liberté absolue qui leur est laissée de discuter comme ils l'entendent, leurs intérêts, aucun employé n'étant admis dans leurs réunions Grâce au fonctionnement du syndicat, plusieurs réformes ont été apportées dans les usines des patrons mêmes affiliés à la Maison des ouvriers.

Société anonyme Saint-Eloi. — Cette société fondée le 27 octobre 1890, s'occupe de prêts pour l'achat, la construction et l'exonération de maisons ouvrières.

Le capital social s'élève à 100.000 fr.

Elle fut la première de ce genre fondée en Belgique.

Elle a fait jusqu'ici 154 prêts s'élevant à plus de 450.000 francs.

Pour arriver à être propriétaire, les ouvriers n'ont fait que de très légers sacrifices, on pourrait même dire qu'ils n'en ont fait aucun. La location mensuelle qu'ils payaient auparavant à leurs propriétaires, ils la paient actuellement au Cercle Saint-Eloi agissant en leur nom près de la société anonyme, avec cette différence que leur paiement mensuel sert à amortir l'argent que la société anonyme leur a prêté et ils deviennent ainsi possesseurs de l'immeuble qu'ils occupent, au bout de quelques années.

Société coopérative de consommation « Le bon grain ». — Ayant vu à l'œuvre les boulangeries socialistes, et ayant pu constater quel moyen de propagande elles avaient été entre les mains de leurs créateurs, le Comité directeur des œuvres sociales de Morlanvelz, ne pouvait négliger ce puissant rouage. La société fut fondée au capital de 100.000 francs.

Son but est de fournir le pain à un bon marché exceptionnel, de développer chez les ouvriers les idées de mutualité et de prévoyance, et d'accorder une pension aux sociétaires âgés de 60 ans.

Moyennant une légère retenue de 2 fr. 60 par semestre sur les bénéfices auxquels le sociétaire a droit, la société accorde un pain par jour pendant toute incapacité de travail du sociétaire soit pour maladie, soit pour accident. En 1899, il a été accordé 15.087 pains d'indemnité.

Pour jouir de la pension de retraite, il suffit d'être affilié à la société depuis au moins cinq ans, mais l'importance de la pension varie suivant le nombre de pains achetés par le sociétaire. Ainsi en 1900, le pensionnaire le plus favorisé, jouit d'une pension de 306 fr. d'autres, affiliés plus récemment, ont des pensions variant de 300 à 200 fr. et au-dessous.

Cette idée de servir des pensions aux vieux ouvriers, tout en leur procurant une denrée alimentaire de première nécessité à très bon marché, était originale autant que hardie ; aussi le succès a-t-il répondu aux promoteurs de cette œuvre.

Le nombre des pensionnés est aujourd'hui de 250 environ et l'encaisse va en augmentant. Il est actuellement de 80.000 fr. ; il sera supérieur en 1900 après avoir payé aux ayants droits les pensions échues.

La société est administrée par un conseil d'administration composé de huit membres.

La Société anonyme le Comptoir du Centre.— Cette société, du modèle des banques populaires, a été fondée en 1896 pour mettre à la portée des ouvriers économes et prévoyants, un rouage très peu coûteux qui pût faire fructifier l'argent des travailleurs.

Elle a été fondée au capital d'un million et ses opérations annuelles en banque s'élèvent à 10 millions et en change à 4.500.000 fr.

Elle est administrée par un conseil d'administration de sept membres.

Société anonyme les Hôtelleries du Centre. — Fondée en 1896, cette société a pour but de fournir aux ouvriers un logement et une nourriture confortables et à bon marché.

L'Hôtellerie du Centre, fait l'admiration de tous les passants, et par ses dimensions et par son architecture. Elle surpasse en beauté et en confortable tout ce qui été fait en ce genre jusqu'à ce jour.

125 ouvriers, peuvent s'y abriter, chacun possédant sa chambre, éclairée et chauffée.

Le prix du logement est de 0 fr. 40 par nuit ;
—   2 » par semaine ;
—   3 50 par quinzaine;
—   5 » par mois.

Le prix de la pension est de 1 fr. 50 par jour et comprend : nourriture (5 repas) logement, lessive, réparation de vêtements. Aux deux déjeuners et goûter : café et tartines à volonté ; au dîner : potage, viande, pommes de terre, légumes, pain, 1/2 litre de bière ; au souper : viande, pomme de terre, pain, 1/2 litre de bière.

Les repas pris à part sont fournis aux prix suivants :

Déjeuner ou goûter. . 0 fr. 25 cent.
Dîner 0   60 —
Souper. 0   50 —

Le pensionnaire trouve également des salles de bains (eau froide et eau chaude) des salles de récréations, etc.

Tout l'établissement est éclairé à la lumière électrique et chauffé à la vapeur.

Il y a actuellement 54 pensionnaires.

Les Ecoles. — Cette institution comprend : Les crèches et pouponnats pour les enfants de un à deux ans dont les mères vont au travail. Les écoles gardiennes pour les enfants ayant moins de six ans. (211 élèves sont gardés et nourris). Les écoles primaires de garçons et de filles ayant les premières 245 élèves et les dernières 258. Les écoles-ménages où l'on apprend aux jeunes filles la coupe, la couture, le raccomodage, le repassage, le lessivage, le remaillage, la broderie et la cuisine. Elles comprennent 70 élèves.

La fanfare scolaire, fondée en 1897, comprend 50 exécutants de 8 à 16 ans et remporte des succès étourdissants.

Voilà l'ensemble des œuvres sociales établies à Morlanvelz, par quelques hommes de bien en tête desquels se distingue M. Valère Mabille.

La postérité gravera leurs noms sur l'airain en caractères ineffaçables, car leur dévouement et leurs sacrifices ont tendu sans cesse au relèvement de la condition morale et matérielle des ouvriers de leur pays.

Le Jury de l'Exposition a consacré leurs efforts en attribuant deux grands prix (cl. 109 et 110), aux institutions qu'ils ont fondées, et en décernant un grand prix à M. Valère Mabille, leur créateur, et une médaille d'or et deux d'argent à trois autres collaborateurs.

LES MAGASINS
DU BON MARCHÉ
à PARIS

Les œuvres fondées par une famille de grands philanthropes : M. et Mme Boucicaut, qui ont consacré leur immense fortune à améliorer le sort de leur nombreux personnel en lui assurant des salaires rémunérateurs et la sécurité des vieux jours, méritent mieux qu'une mention banale. Nous allons les étudier un peu longuement.

MM. Boucicaut et fils ont organisé successivement au profit de leur personnel des deux sexes :

A. — La participation aux bénéfices ;

B. — Une caisse de Prévoyance (fondée en 1876, par MM. A. Boucicaut et fils ;

C. — Une caisse de retraites (fondée en 1886, par Mme Boucicaut ;

D. — Enfin, MM. les gérants et actionnaires de la maison du Bon Marché, continuant la tradition de leurs bienfaiteurs, ont fondé en 1892 une Caisse de secours et de retraites en faveur des ouvriers et ouvrières.

A côté de ces institutions royalement dotées, fonctionnent divers services sur lesquels nous dirons également quelques mots.

Participation aux bénéfices. — Le capital social de la maison est divisé en 400 actions de 32 coupons chacune, soit 12.800 parts qui toutes se trouvent actuellement entre les mains d'employés ou d'anciens employés de la maison. Seuls, les membres de la Société, ou les personnes intéressées aux bénéfices annuels de la maison, peuvent se rendre acquéreurs de parts sociales.

Les employés de la maison du Bon Marché sont devenus progressivement les propriétaires de la maison à la suite des magnifiques libéralités des anciens propriétaires, MM. A. Boucicaut et fils, et des facilités qui leur ont été accordées par ces derniers.

Les bénéfices annuels réalisés par la maison sont donc distribués aujourd'hui entre les employés qui en sont les actionnaires et, de plus, des sommes considérables sont affectées aux œuvres de prévoyance fondées au profit du personnel, ouvriers et employés, associés ou non.

Les prélèvements annuels faits à cette intention, donnent le total suivant à fin 1899 :

Versements à la Caisse de Prévoyance....................	3.125.947 65
Sommes distribuées à 1073 employés, à leur départ de la maison......................	1.450.026 50
Versements à la Caisse de retraites........................	2.508.525 80
Versements à la Caisse de secours et de retraite des ouvriers et ouvrières....................	438.484 60
Ce qui donne un total de..	7.383.524 55

prélevés sur les bénéfices de la maison pour la dotation des institutions de prévoyance du Bon Marché.

Prévoyance Boucicaut. — En créant, le 31 juillet 1876, la Caisse de Prévoyance à laquelle leurs employés ont donné ensuite le nom de *Prévoyance Boucicaut,* les fondateurs ont inscrit en tête du livret des participants les lignes suivantes :

« En instituant la présente caisse de Pré-
« voyance, nous avons voulu assurer à chacun
« de nos Employés la sécurité d'un petit capital
« qu'il puisse retrouver au jour de la vieillesse,
« ou qui, en cas de décès, puisse profiter aux
« siens.

« Nous avons voulu, en même temps, leur
« montrer d'une manière effective, quelle est
« l'étroite solidarité qui doit les unir à la Mai-
« son.

« Ils comprendront mieux, que l'activité de
« leur travail, le soin des intérêts de la Maison,
« l'économie du matériel mis à leur disposition,
« sont autant de devoirs qui tournent au profit de
« chacun.

« Ils se pénétreront davantage des principes
« que nous ne cessons de leur prescrire ; ils
« sauront mieux, y étant plus directement inté-
« ressé, que le succès dépend de leurs soins, de
« leur bonne tenue et de l'attention qu'ils appor-
« teront à satisfaire la clientèle, but auquel nous
« tendons tous. — A. Boucicaut et fils. »

La *Prévoyance Boucicaut* est régie par les Gérants de la maison, qui décident en dernier ressort sur toutes les questions concernant cette caisse.

Elle est alimentée au moyen d'une somme prélevée sur les bénéfices de la Maison et dont le chiffre est fixé chaque année par la Gérance.

Sont admis à participer au bénéfice de cette Caisse tous les Employés ayant cinq années de présence non interrompue dans la Maison, au 31 juillet de chaque année. Sont exclus de la participation les Employés qui ont un intérêt, soit sur les bénéfices, soit sur les affaires de la Maison, soit sur la vente générale de leurs rayons.

Chaque participant reçoit un livret indiquant

sa situation à l'égard de la *Prévoyance Boucicaut*. La répartition se fait proportionnellement au chiffre total des appointements de chaque employé : sur le minimum de 3.000 francs, s'ils sont moindres et sur le maximum de 4.500 francs, même s'ils sont plus élevés.

Les sommes versées au compte de chaque participant bénéficient d'un intérêt de 4 0/0 l'an.

Le droit à la *Prévoyance Boucicaut* est acquis :

1° Pour un tiers aux Employés, Dames et Hommes, comptant 10 années de présence non interrompue dans la Maison ;

2° Pour deux tiers aux Employés Hommes, comptant 15 années de présence ;

3° Pour la totalité aux Employés Dames, comptant 15 années de présence ou 45 ans révolus ;

Aux Employés Hommes, comptant 20 années de présence ou 50 ans révolus.

L'employé ayant atteint la limite d'âge prévue ci-dessus peut rester attaché à la Maison et son compte continue à s'accroître. Il n'a pas la disposition du Capital, mais peut en toucher l'intérêt annuel.

En cas de décès d'un participant les sommes figurant à son compte sont remises à ses héritiers.

Si un employé participant se trouve atteint d'infirmités ou de maladie entraînant incapacité de travail, il peut toucher le montant de sa participation.

La dame ou demoiselle participante qui contracte mariage, et même si elle quitte la Maison, a droit à sa participation qui lui est remise le jour de son mariage, quelle que soit son ancienneté.

L'employé quittant la Maison pour une cause quelconque est déchu de ses droits à la participation.

Les sommes disponibles, provenant des comptes particuliers des employés décédés sans héritiers ou ayant quitté la Maison, sont réparties, le 31 juillet suivant, aux autres participants.

Dès qu'un Employé participant a un intérêt dans la Maison, il cesse de faire partie de la *Prévoyance Boucicaut* et le montant de son compte est arrêté pour lui être versé, dès qu'il aura atteint l'ancienneté prescrite.

Caisse de Retraite. — Mme Boucicaut, désirant compléter l'œuvre de son mari, institué, le 4 août 1886, une Caisse de retraite pour la dotation de laquelle elle a prélevé sur sa fortune personnelle une somme de un million, afin que cette caisse puisse fonctionner sans retenue sur les appointements des Employés.

Deux mois plus tard et afin d'affirmer ainsi sa volonté de doter définitivement la Caisse de de retraite tout ce qui pourra lui être nécessaire, afin d'assurer largement tous ceux qui contribuent à la prospérité de la Maison, Mme Boucicaut lui fait, le 16 octobre, par devant notaire, une nouvelle donation d'une autre somme de quatre millions en une propriété dont elle se réserve seulement l'usufruit.

Enfin, dans une Assemblée générale extraordinaire, tenue le 12 février 1897, les actionnaires de la Maison, voulant continuer l'œuvre de leurs anciens patrons, ont, sur la proposition des gérants, voté par acclamations et à l'unanimité, un prélèvement sur les bénéfices pour fournir un fonds spécial dont le capital et les produits accumulés serviront à remplacer la Caisse de Retraite actuelle, ou pourront être répartis entre les employés du Bon Marché non pensionnés de cette Caisse et réunissant certaines conditions d'âge et de présence.

Les capitaux accumulés provenant de ces prélèvements s'élevaient, au 31 juillet 1899, à la somme de : 2.508.125 fr. 80.

A la même date, l'avoir de la Caisse de Retraite s'élevait à.................. 6.751.685 fr. 00

Depuis sa fondation la Caisse a payé aux retraités.. 1.233.880 fr. 00

Et des secours ont été distribués depuis la fondation de la Caisse pour........ 25.597 fr. 85

Soit au total....... 8.011.162 fr. 85

Tous les employés du Bon Marché, qui n'ont aucun intérêt personnel sur les bénéfices ou les affaires de la Maison, participent à la Caisse de Retraite. La pension est viagère et personnelle, et elle est servie à l'âge de 50 ans révolus pour les hommes, à 45 ans révolus pour les femmes, aux employés comptant 20 ans de service au Bon Marché.

Si avant l'expiration des 20 années de service exigées, un employé est intéressé dans la Maison, il n'aura droit à la pension de Retraite à l'âge fixé, que dans la proportion des années de service pendant lesquelles il n'aura pas eu d'intérêt, en prenant pour base le minimum de la pension.

L'employé pensionné ne peut jamais cumuler sa pension avec un traitement d'activité dans la Maison du Bon Marché, ou dans une autre maison de Paris dont le genre d'affaires serait analogue à celui du Bon Marché.

Un employé démissionnaire, ou congédié avant l'expiration du temps de service prescrit, est déchu de son droit à la pension de Retraite.

Mais, en cas de réadmission, son premier service effectif compte pour la pension de Retraite.

Les mêmes avantages sont faits aux employés qui, après avoir accompli leur service militaire, rentrent à l'expiration de leur congé dans la Maison du Bon Marché.

Le minimum de la pension est fixé à 600 fr. et le maximum à 1.500 fr. Le chiffre de cette pension est déterminé par le Conseil d'administration au moment où l'employé quitte la Maison du Bon Marché. Le service en est fait tous les 3 mois.

Des pensions ou secours peuvent, exceptionnellement, être accordés par le Conseil d'administration :

1º Aux employés en activité de service qui sont dans l'impossibilité de continuer leurs fonctions ;

2º Aux veuves et aux orphelins mineurs des Employés ;

3º Aux employés, même intéressés, dont la situation est devenue mauvaise.

La Caisse de Retraite est gérée par un Conseil d'administration, composé de 19 membres de droit (les 3 gérants et les 16 administrateurs du Bon Marché) et de 6 membres choisis parmi les Membres de la Société civile du Bon Marché et nommés par l'Assemblée générale de cette Société.

Les fonctions des administrateurs sont gratuites. Les membres sortants sont rééligibles.

Caisse de Secours et de Retraites pour les ouvriers et ouvrières du Bon Marché. — Cette Caisse, fondée en 1892 par MM. les Gérants et Actionnaires de la Maison du Bon Marché, avait au 31 juillet 1899, un avoir de 438.485 francs. Elle est alimentée uniquement par un prélèvement sur les bénéfices annuels de la Maison du Bon Marché, sans aucune retenue sur les salaires.

Cette Caisse est destinée à venir en aide aux ouvriers et ouvrières, reconnus dans le besoin, travaillant dans les ateliers de la Maison du Bon Marché ou de ses dépendances, à la journée ou aux pièces, et payés par la Caisse de cette Maison.

A. — Au moyen de secours temporaires qui peuvent être alloués :

1º Aux ouvriers et ouvrières qui, par suite d'accident ou de maladie, se trouveraient momentanément dans l'impossibilité de travailler ;

2º Aux femmes en couches, ouvrières de la maison ;

3º Aux veuves et orphelins mineurs des ouvriers et ouvrières décédés en état d'activité, après cinq ans de présence.

B. — Au moyen de secours renouvelables accordés aux ouvriers et ouvrières ayant 15 ans de présence, atteints de maladie ou d'infirmité contractées au service de la Maison, et entraînant incapacité de travail.

C. — Au moyen de pensions de retraites accordées aux ouvriers âgés de 55 ans et aux ouvrières âgées de 50 ans, ayant 25 ans de présence dans la Maison, et se trouvant dans l'impossibilité de continuer leur travail.

Le montant des secours ou de la pension fixé par la gérance ne peut dépasser 365 francs, par an sauf dans le cas de services exceptionnels ou de charges particulières. Dans ce cas, les Gérants, après avis du conseil des Administrateurs intéressés, peuvent élever le chiffre des secours ou de la pension à 500 francs.

Le service des pensions est fait tous les 3 mois par la Caisse de la Maison du Bon Marché.

Comptes courants des Employés. — Dans le but d'encourager les Employés à faire des économies, la Maison du Bon Marché reçoit en dépôt, jusqu'à concurrence de 3.000 francs, les sommes qu'ils ont épargnées sur leur appointements, et leur sert un intérêt de 5 °/° l'an.

Cours gratuits. — MM. A. Boucicaut et fils, désireux d'encourager le goût de l'étude parmi leurs employés (dames et hommes) et voulant mettre à leur disposition tous les moyens d'utiliser leurs soins d'une manière instructive et attrayante, ont fondé, en 1872 :

Un cours de langue anglaise;

Un cours de musique vocale avec choral ;

Un cours de musique instrumentale avec orchestre d'harmonie;

Une salle d'escrime, le tout absolument gratuit.

Chaque année, les élèves les plus méritants du cours de langue anglaise sont envoyés à Londres, aux frais de la Maison, pour un séjour de plusieurs mois, afin de se perfectionner dans l'usage de cette langue.

Les cours de musique instrumentale (hommes) et vocale (hommes et dames) ont lieu plusieurs fois par semaine. Les instruments sont fournis gratuitement par la Maison, qui prend à sa charge les frais de voyage et de logement des exécutants, allant dans les concours.

Les cours d'escrime ont lieu deux fois par semaine, et donnent lieu deux fois par an à des assauts entre les élèves, à la suite desquels des prix sont décernés aux vainqueurs.

Logement et nourriture des Employés. — La Maison du Bon Marché pourvoit au logement des Demoiselles, qui n'ont pas leur famille à Paris, et des Jeunes Gens, qui ne peuvent habiter chez leurs parents. Les uns comme les autres doivent être rentrés, en semaine, à 11 heures précises du soir ; les dimanches et jours de fête, à minuit et demi, à moins qu'ils aient demandé et obtenu la permission de rentrer plus tard.

Un salon de réunion, avec bibliothèque, piano, est à la disposition des demoiselles dans la maison où elles sont logées.

Le service des chambres est fait gratuitement.

Tous les employés sont nourris gratuitement dans la maison. Ils sont servis dans 4 salles à manger et ont droit à deux repas complets par jour et, en outre, à partir de 7 heures 30 du matin, les employés logés par la Maison peuvent se faire servir un potage (hommes), du café au lait et du chocolat (demoiselles).

En été, des rafraîchissements sont servis de 2 à 4 heures dans deux locaux, dont l'un est réservé aux demoiselles.

Service médical. — Deux médecins sont attachés à la Maison. Les consultations ont lieu tous les matins, à 9 heures ; elles sont gratuites.

Une infirmerie est établie dans la Maison pour les employés logés, qui ne peuvent rejoindre leur famille ; les malades y sont reçus en présentant une attestation du médecin.

A l'hôpital Boucicaut, construit selon le vœu exprimé par Mme Boucicaut dans son testament, 16 lits sont réservés aux employés de la Maison. Un pavillon avec bibliothèque leur est spécialement réservé; ils peuvent y recevoir leurs familles.

Tous les employés doivent faire partie d'une Société de secours mutuels.

Les femmes en couches ont droit à une allocation de 100 francs pour les employées et 60 francs pour les ouvrières.

Les diverses fondations que nous venons d'énumérer, en donnant quelques détails sur chacune d'elles, constituent l'ensemble des institutions patronales dont bénéficie le personnel du Bon Marché :

Est-il nécessaire, après avoir lu ce qui précède, d'insister sur les services immenses rendus par la famille Boucicaut à ses employés, qui, de simples salariés, sont devenus, de par la volonté de leurs anciens patrons, les patrons de cette formidable maison de commerce : Le Bon Marché.

Ne serait-ce pas déflorer l'œuvre de ces grands philanthropes et en diminuer la grandeur, que de la commenter ?

8

Devant de pareils actes de générosité, le cœur est ému et les expressions manquent pour les célébrer comme ils le mériteraient.

Le nom de la famille Boucicaut a sa place marquée sur la liste des Bienfaiteurs de l'Humanité, et tous ceux — et ils sont nombreux— qui ont au cœur le culte du bien et l'amour de leurs semblables, saluent respectueusement la mémoire de ces braves gens.

Le Jury de l'Exposition (classe 109, Institutions de prévoyance) a décerné un grand prix à la Maison du Bon Marché et une médaille d'or à l'un de ses collaborateurs.

Il n'est pas inutile de dire que cette Maison, figurant parmi les membres du Jury dans les classes 85 et 86, a été mise hors concours, et que dans ces deux classes, ses collaborateurs ont obtenu 4 médailles d'or, 5 médailles d'argent et 4 médailles de bronze.

Les Usines J.-C. Van Marken

A DELFT (Hollande).

En outre des nombreux renseignements, vues, chiffres statistiques que l'on pouvait consulter en parcourant l'importante et si intéressante exposition de M. J.-C. Van Marken, il était facile au visiteur de se procurer une fort jolie brochure in-4º, de 67 pages, agrémentée de nombreuses gravures, publiée par M. Van Marken, sous le titre « l'Organisation sociale dans l'Industrie » et distribuée gratuitement dans le palais de l'Economie Sociale. Cette brochure, qui comme son titre l'indique, fait connaître les vues de son auteur sur la transformation qu'il souhaite et sur les droits du travail et les devoirs du capital, renferme des détails précieux sur les moyens employés par M. Van Marken, pour améliorer au point de vue moral comme au point de vue pécuniaire, la situation du personnel qu'il emploie dans ses usines. Rien n'a été négligé par lui pour atteindre le but qu'il s'est proposé et, en lisant les pages qu'il vient de publier, on

éprouve une véritable émotion. Il a été et il est pour son nombreux personnel mieux qu'un excellent patron, généreux et juste, mieux qu'un ami bienveillant et dévoué, il est pour tous ses collaborateurs un père plein de sollicitude et de bonté, s'inquiétant de leurs besoins et de leurs misères pour les satisfaire et les soulager, leur enseignant l'économie, les incitant, les forçant à être prévoyants, et, après leur avoir assuré l'indispensable, puis le nécessaire et l'utile, il embellit leur vie en leur procurant les plaisirs que l'on trouve dans les fêtes, la musique et les distractions nombreuses qu'il a organisées en leur faveur, jetant ainsi, comme il le dit lui-même, un rayon de soleil sur leur existence.

Nous allons énumérer rapidement les diverses améliorations réalisées et les institutions fondées par M. Van Marken.

Entente et rapports sociaux avec le personnel. — La direction des usines, désirant rendre plus étroite que par le passé l'entente qui avait régné entre elle et le personnel, a réparti entre plusieurs organes le soin de diriger les diverses œuvres de solidarité sociale créées dans l'intérêt du personnel.

Dans cette organisation nous trouvons d'abord ce que M. Van Marken appelle les organes de la Direction, savoir : 1º la section des intérêts du personnel ; 2º le Secrétariat social ; 3º Le messager de la Fabrique.

La *Section des Intérêts du Personnel* est composée d'un chef et de trois employées subalternes, dont une femme, et est chargée de recevoir les doléances, les confidences du personnel. C'est le conseiller fidèle presque un ami paternel de tous.

Le *Secrétariat Social* est chargé de tenir à jour la codification du travail dans l'usine. De compléter et de modifier, au fur et à mesure des besoins, les statuts et les règlements touchant les institutions en faveur du personnel.

Le *Messager de la Fabrique* est une publication hebdomadaire paraissant tous les samedis. Il est rédigé par M. Van Marken assisté d'une Commission de collaborateurs. Il renseigne les ouvriers et employés de tout ce qui survient de nouveau dans la vie sociale des usines, fabriques et personnel de celles ci. Il rend compte des réunions des diverses sociétés, clubs, etc.

A côté de ces organes, il en existe deux autres que l'on désigne sous le nom de « Représentation du personnel ».

L'un deux est appelé le « Noyau », l'autre « La Commission réunie ».

Le *Noyau* comprend trois subdivisions :

La chambre des Employés supérieurs. Elle comprend tous les employés supérieurs chefs des différentes sections. Elle se réunit tous les 3 mois.

La chambre des Employés et contremaîtres. Elle a pour membres les deux plus anciens en service, et 6 élus par leurs camarades du même rang. Elle se réunit tous les 2 mois.

La chambre du Travail. Elle comprend les 4 plus anciens ouvriers et 12 choisis par leurs camarades, elle se réunit tous les mois.

Chaque chambre élit son président et son secrétaire.

Les procès-verbaux de l'assemblée sont contresignées par la Direction.

Chaque membre a le droit de soumettre des propositions à la Direction et de solliciter le concours des autres chambres.

L'assemblée semestrielle du noyau, présidée par l'un des Directeurs, décide dans tous les cas concernant les intérêts du personnel. Du reste, le noyau a un caractère purement consultatif.

La Commission réunie comprend quatre commissions : des intérêts matériels, des finances, des intérêts intellectuels, des récréations, et est chargée de la direction et de l'administration de toutes les institutions créées au profit du personnel des usines de M. Van Marken. Un bureau central composé du chef de la « Section des intérêts du Personnel », président ; du secrétaire des « Intérêts sociaux », secrétaire, et du chef de « l'administration centrale », trésorier, composent le Bureau exécutif de la « Commission réunie », et forment un lien entre elle et la Direction.

Salaires. — Le personnel reçoit un minimum de salaire devant suffire aux besoins d'une famille ouvrière moyenne. En outre de ce minimum, le personnel reçoit une prime de 25 % pour le travail du dimanche, et de 10 % pour le travail supplémentaire au-dessus de 12 heures par jour. Il est alloué également des primes de capacité, de dévouement pour collaboration pour gratifications.

La moyenne de la durée du travail est de 60 heures par semaine pour les ouvriers, et de 45 heures pour les employés aux écritures.

Des avances sur salaires, variant de 10 à 60 francs, peuvent être obtenues par les ouvriers. Elles devront être remboursées en 28 semaines.

Participation aux bénéfices. — Le personnel reçoit une participation de 10 % dans les bénéfices.

Assurance. — La maison assure tout son personnel contre la maladie et les accidents, et paie elle-même toutes les primes et cotisations.

Epargne. — Le personnel des usines doit obligatoirement verser une partie des ses primes dans une caisse d'épargne, qui fonctionne dans les usines mêmes, l'argent ainsi épargné reçoit un intérêt de 4 %.

Cette caisse a reçu depuis sa fondation (1879-1899) 352.750 21

Les remboursements se sont élevés à. 251.352 73

Il restait donc au 31 décembre 1899 un avoir de. . . . . 101.397 48 appartenant à 264 personnes.

Les fonds de cette caisse ne peuvent être remboursés que dans certaines circonstances particulières.

Une autre caisse qui reçoit les épargnes, volontaires celle-là, est mise à la disposition du personnel. Elle paie un intérêt du 5 % aux fonds déposés.

Cette caisse a reçu, depuis sa fondation (1875-1899) 274.049 52

Les remboursements se sont élevés à. 196 230 63

Il restait donc au 31 décembre 1899 un avoir de. 77.818,89

Maladies, accidents, vieillesse. — *Sociétés de secours mutuels.* — *Retraites.* — En cas de maladie, chaque membre du personnel fixe a droit à son salaire ordinaire pendant deux mois. Pour ceux qui n'ont pas de salaire fixe, la somme à rembourser est réglée sur la moyenne du salaire qu'ils gagnent ordinairement.

Si la maladie se prolonge, l'assistance provisoire ultérieure du malade est réglée par la direction des usines. Le secours ainsi accordé varie alors de 8 à 20 fr. par semaine, suivant la situation de famille du malade et son ancienneté de services.

Si le malade tire des revenus de quelques caisses pour malade, on les inscrit à son nom à la Caisse d'épargne obligatoire.

Caisse obligatoire de secours mutuels. — Les membres du personnel sont obligés de participer à cette caisse pour eux et leur famille, et la cotisation est fixée, par semaine, à :

0 f. 25 pour les hommes,
0   17 pour les femmes,
0   06 pour les enfants au-dessous de 18 ans.

Les malades ont droit aux consultations gratuites du médecin choisi par eux. Le prix des visites à domicile est de 10 à 30 centimes.

En cas d'accident au service des usines, la victime reçoit gratuitement un traitement médical et chirurgical et le salaire intégral jusqu'à la fin du traitement. Quand l'accident est suivi d'incapacité absolue, l'intéressé peut, soit se faire mettre à la retraite, soit être employé à un autre genre de travail compatible avec sa nouvelle situation physique. Jusqu'ici tous sont restés dans les usines. En cas de retraite, la pension atteindrait au maximum, 20 fr. par semaine.

La Société des usines paie à une société d'assurances les primes utiles pour assurer à son personnel une pension de retraite à 60 ans d'âge.

A l'heure actuelle le total des retraites assurées est de 310 pour une somme de 316.320 fr.

La Société a fondé, en 1886, sous le nom de « Fonds pour les Veuves » une Caisse, administrée par 3 ouvriers, et destinée à venir en aide aux veuves et orphelins des ouvriers et employés.

Les allocations sont de 8 francs par semaine pour chaque veuve, avec un supplément de 2 fr. pour chaque enfant, sans que le total de l'allocation puisse dépasser 16 fr. par semaine.

Les subventions allouées par le « Fonds pour les Veuves » depuis sa création, se sont élevées à 111.549 fr. 40.

Réfectoire. — *Dortoir.* — Un réfectoire confortable a été mis à la disposition du personnel pour lui permettre de prendre ses repas, pendant les temps de repos trop courts pour lui permettre de se rendre à son domicile. — Au-dessus du réfectoire, un dortoir a été installé pour les équipes de nuit qui peuvent s'y reposer après le repas, pendant les repos.

Bains. — Des Bains avec douches ont été installés pour les employés et ouvriers qui peuvent en faire usage à titre gratuit.

Hygiène. — Un comité ouvrier, composé de 3 membres, est chargé d'étudier les mesures qui peuvent être prises en vue d'assurer l'hygiène et la santé du personnel. On peut dire que grâce au contrôle de ce comité, le service qu'il est chargé de surveiller ne laisse rien à désirer.

Coopération — Une Société Coopérative a été fondée, en 1884, au capital de 320.000 francs, représenté par 1.600 actions de 200 francs, dont 320 furent placées dès le début.

La Société a contracté un emprunt obligatoire de 256.000 francs, portant intérêt à 4 1/2 %.

Elle a pour but : la construction d'habitations à bon marché, la fabrication, l'achat et la livraison des articles de consommation.

La Société a construit jusqu'à ce jour des maisons dans lesquelles sont logées 74 familles, comprenant 386 personnes.

Elle possède deux magasins d'épicerie, dont l'un (qui se trouve dans le parc des usines), livre par an pour 80.000 francs de denrées, et l'autre (qui est au centre de la ville de Delft), fait 40.000 francs de livraisons. La Société possède également un magasin de mercerie et de vêtements, qui fait 28.000 francs par an de ventes.

La Société donne des conférences de propagande coopérative, où tout en dégustant, les femmes une tasse de cacao, et les hommes un verre de bière, l'on discute les intérêts de l'Association et l'on répand les principes de la Coopération : le self-help et l'altruisme.

Instruction. — *Ecoles.* — *Cours.* — La Société des usines a fondé de nombreuses écoles et des cours pour les enfants et les adultes :

Ecole maternelle pour les enfants au-dessous de 6 ans ;

Ecole de travaux manuels pour les garçons de 12 à 18 ans,

Ecole de tricotage pour les fillettes de 6 à 13 ans ;

Ecole de couture pour les jeunes filles de 13 à 16 ans ;

Cours d'économie ménagère, de coupe, de couture et de raccommodage, pour les jeunes filles au-dessus de 16 ans, et les mères de famille ;

Cours de répétition pour les jeunes apprentis ;

Cours de gymnastique obligatoire pour les jeunes commis ;

Cours de grammaire obligatoire pour les jeunes commis ;

Cours de correspondance en 4 langues (français, anglais, allemand, hollandais, pour les jeunes commis ;

Cours de comptabilité pour les commis-adjoints au-dessus de 18 ans ;

Cours de droit commercial, ce cours est facultatif, et impose aux élèves des cotisations annuelles de 15 à 40 francs.

M. Van Marken a fondé plusieurs bibliothèques (dont une date de 1878). Il y en a une pour les enfants, et deux pour les adultes. Il a fondé également une salle de lecture et des conférences.

Distractions diverses. — *Théâtre.* — *Musique.* — *Sport.* — La direction des usines a favorisé la fondation d'une foule de distractions et d'amusements.

Le personnel peut, suivant les goûts particuliers ou les aptitudes de chacun, se livrer aux plaisirs de la gymnastique, de l'escrime, du canotage, du patinage, du jeu de quilles, de billard, du tir à l'arbalète et à la carabine, de la musique vocale et instrumentale.

Dans le bâtiment appelé : *La Communauté*, mis à la disposition du personnel pour toutes les réunions des Sociétés, il a été organisé une salle de spectacle où se donnent des concerts et des soirées théâtrales.

Des bals sont donnés de temps en temps.

M. J. Van Marken se félicite d'avoir introduit toutes ces améliorations dans ses usines et d'avoir appelé son personnel à faire connaître son opinion dans la direction et l'administration de ces diverses institutions.

Après avoir réduit le temps du travail pour ses ouvriers et augmenté leur salaire, par rapport aux autres industriels, en lui donnant des bases justes et équitables, il a pris toutes les dispositions utiles pour soutenir son personnel non seulement dans les circonstances normales de la vie, mais encore et surtout dans les moments de crise.

Vivement intéressé au développement intellectuel et moral de la population des usines qu'il dirige, M. Van Marken s'est préoccupé de l'instruction et du patronage des enfants et des adultes, des soins à donner aux apprentis. Il a cherché à étendre et à fortifier parmi son personnel, des liens de camaraderie et de communauté. Enfin, il leur a procuré des distractions saines et honnêtes, en créant des lieux de récréation, en donnant des fêtes et en fondant des sociétés et des clubs sportifs.

Il a voulu vivre et il a vécu en famille parmi ses ouvriers et employés et il a créé à cet effet, dans le Parc agueta une agglomération de citoyens, libres et indépendants autant que peuvent l'être des travailleurs, qui l'entourent de leur vénération.

En présentant ses différentes organisations à l'appréciation du Jury de l'Exposition de 1900, M. J.-C. Van Marken écrivait :

« Puisse mon œuvre, contribuer dans son ensemble, pour quelque peu que ce soit, à la solution de cet immense problème : la paix sociale.

« Et si, pour résultat de mes efforts, je ne réussis finalement qu'à rendre la lutte pour la vie un peu moins dure pour quelques centaines de mes collaborateurs, qu'à jeter un rayon de soleil, dans un certain nombre de maisons ouvrières autour de nos usines, je me consolerai de mes illusions trompées, et je m'en irai de ce moude imparfait avec la satisfaction que mon passage n'y a pas été absolument stérile. »

Le Jury de l'Exposition a placé l'œuvre de M. Van Marken au premier rang, en lui accordant les plus hautes récompenses que nous énumérons ici :

Classe 102. — Rémunération du travail. — Participation aux bénéfices. — M. Van Marken : Hors concours. — Grand Prix à Mme Van Marken ; Médaille d'or et médaille d'argent.

Classe 103. — Grande et petite industrie. — Grand Prix.

Classe 105. — Sécurité des ateliers. — Réglementation du travail. — Hors concours.

Classe 106. — Habitations ouvrières.— Médaille d'or.

Classe 107. — Sociétés Coopératives de consommation. — Médaille d'or.

Classe 108. — Institutions pour le développement intellectuel et moral des ouvriers.— Médaille d'or.

Classe 109. — Institutions de prévoyance. — Grand Prix.

LA SOCIÉTÉ HAVRAISE

DES

Cités Ouvrières au Hâvre

La Société Hâvraise des Cités Ouvrières a été fondée au Hâvre, le 26 novembre 1870.

D'après les statuts, la Société a pour but :

1° La construction au Hâvre et dans son rayon, de maisons d'ouvriers, ayant chacune, autant que possible, une cour et un jardin, à l'usage d'une seule famille ;

2° L'acquisition des terrains nécessaires aux constructions et à leurs dépendances, et à l'établissement, s'il est besoin, de rues, égouts, lavoirs et autres accessoires, qui pourront être reconnus utiles ;

3° La location des dites maisons et dépendances à des prix modérés ;

4° La vente successive de ces immeubles à toutes personnes et particulièrement à des contremaîtres et à des ouvriers ;

5° Et généralement toutes opérations et transactions quoique non prévues, auxquelles lesdites constructions, acquisitions, locations et ventes pourront donner lieu.

Le capital social avait été fixé à 200.000 francs, divisé en 400 actions de 500 francs chacune, entièrement versé, dont les 3/4 sont remboursés aujourd'hui.

L'article 38 des statuts stipule que :

« La Société n'ayant en vue que l'amélioration du sort des travailleurs, et d'autre but que celui de leur procurer des habitations saines et convenables et de leur en faciliter l'acquisition dans les meilleures conditions possibles, renonce à percevoir aucun bénéfice. »

Le taux de l'intérêt servi aux actions est fixé à 4 %.

La Société a construit successivement, en 1871, 20 petites maisons entre cour et jardin, ayant un rez-de-chaussée et un étage avec 4 pièces, au prix de 3.100 francs ; en 1872, 26 nouvelles maisons du même prix ; en 1873, 31 maisons ; en 1883, 40 maisons encore, mais du prix de 5.000 francs.

Il a donc été construit 117 maisons pour une somme de 550.000 et le prix naturel de l'amortissement a permis de faire face à ces dépenses avec un capital de 200.000, francs seulement.

Bien mieux, au moyen des rentrées successives faites sur le montant des maisons vendues, la Société a pu rembourser les 3/4 du capital social qu'elle espère amortir entièrement à la fin de 1900, en remboursant 50.000 francs qui figurent encore dans son passif.

Au 31 décembre 1899, le bilan de la Société accusait la situation suivante :

PASSIF

Capital social..............	50.000 fr.	»
Compte de réserve........	25.202	50
Total..........	75.202 fr.	50

ACTIF

En banque...............	2.603 fr.	35
Fonds placés.............	50.063	40
Gérance.................	1.533	»
Dus sur maisons..........	21.002	75
Total..........	75.202	50

Il résulte donc de ces chiffres que la Société possède actuellement une réserve de 25.202 fr. 50.

D'autre part, la statistique nous fait constater que la moyenne de la mortalité dans l'ensemble de la ville du Hâvre a été bien supérieure à celle des cités ouvrières pendant la dernière période décennale, tant au point de vue de la mortalité générale que pour les décès par suite de phtisie.

Mortalité générale

Ensemble de la ville.. 29.9 pour 1.000 habitants
Cités ouvrières...... 24.5 — —

Phtisie

5 » pour 1.000 habitants
2.4 — — —

On peut donc conclure que l'expérience a réussi complètement et démontré que, sans avoir recours à des œuvres de charité et en retirant de l'argent ainsi affecté un intérêt normal, et sans courir de risques sérieux de perte, il est possible de rendre à la population ouvrière de nos villes le grand service de lui procurer des habitations hygiéniques, dont les occupants peuvent devenir progressivement propriétaires

La Société Hâvraise des Cités Ouvrières a été classée hors concours à l'Exposition universelle de 1900, son président faisant partie du Jury.

LES USINES DU PIED-SELLE
à FUMAY (ARDENNES).

La Société des Usines du Pied-Selle a fondé, à l'usage de son personnel, un certain nombre d'institutions destinées à améliorer la situation morale et matérielle de ses ouvriers et employés. Ces fondations, qui comprennent une cité ouvrière, une école, une Société Coopérative de consommation et des institutions de prévoyance, ressortissent aux classes 106, 107 et 109, demanderaient à être traitées séparément dans des chapitres spéciaux, mais nous avons pensé qu'il était préférable de les présenter ensemble, car elles se complètent mutuellement.

Cité ouvrière. — L'Administration des usines a construit une cité ouvrière qui comprend aujourd'hui 102 logements. Les premières maisons datent de 1855. Chaque logement est indépendant, il possède son entrée particulière et un jardin contigu à la maison. Le prix des loyers est de 9 à 10 francs par mois.

Une cantine et une maison pour dortoir sont destinées aux ouvriers célibataires ou étrangers au pays. Chaque ouvrier, moyennant 3 francs par mois, a le droit d'y être chauffé, éclairé, logé, et la cantine lui doit pour l'heure des repas, la cuisson des aliments qu'il fournit.

Les apprentis sont logés autant que possible dans les familles de la cité ouvrière, et celles-ci sont exonérées de 1/3, 2/3 ou de la totalité de leur loyer, suivant qu'elles prennent 1, 2 ou 3 pensionnaires travaillant à l'usine.

Le mémoire exposé par la Société des Usines du Pied-Selle ajoute que « l'éloignement des cabarets, les soins qu'exigent la culture des jardins, l'attrait d'un logement gai et confortable, sont autant de causes qui retiennent l'ouvrier chez lui, pour le plus grand bien de sa bourse et de sa santé. Que, d'autre part, si la Société s'est imposé des sacrifices elle trouve par compensation, grâce à la cité, un personnel plus stable et plus attaché à l'usine ».

Ecole. — La Société a pendant longtemps entretenu de ses deniers l'école construite en 1856 dans la cité ouvrière. Les enfants y sont admis depuis l'âge de 2 ans jusqu'au certificat d'études. Il y a 5 ans, l'importance de cette école, qui compte 118 élèves, a décidé l'Etat à la prendre à sa charge. La Société n'en continue pas moins à s'y intéresser, soit qu'elle donne en prix des livres et des carnets de Caisse d'épargne aux élèves dont les parents travaillent au Pied-Selle, soit qu'elle attribue aux allocations collectives, aux cours d'adultes ou aux réunions du dimanche pour les jeunes filles. Les classes, le logement des institutrices, le chauffage et l'éclairage sont aussi fournis gratuitement à l'Etat par la Société.

Société Coopérative de consommation. — La Société Coopérative a été fondée en 1883, et les capitaux nécessaires ont été avancés par MM. E. Bouche et Cie, propriétaires des usines.

Elle est administrée par un conseil de 5 membres, dont 2 sont désignés par la Société des Usines du Pied-Selle, et 3 sont élus par les sociétaires et choisis par les ouvriers.

Les locaux nécessaires pour le fonctionnement de la Société sont fournis gratuitement par l'usine, qui se charge gratuitement aussi de tous les frais de correspondance.

Les bonis sont remboursés intégralement aux consommateurs.

Dans les six dernières années, de 1894 à 1899 inclus, les livraisons ont dépassé 1 million, sur lesquels il a été réalisé plus de 160.000 fr. de boni.

Le nombre a varié de 300 à 400.

Institutions de prévoyance. — L'Administration de l'usine a fondé, en 1897, une Caisse de retraites administrée par un Comité de 6 membres, dont l'un est nommé par la Société, et 5 par les ouvriers et ouvrières de l'usine.

Le Comité est élu pour 5 ans. Chaque année, l'un des membres est soumis à la réélection.

Les demandes de retraites sont examinées par le Comité, qui fixe en outre le montant de la retraite à allouer.

Les candidats à la retraite doivent avoir au moins :

25 ans de services ininterrompus à l'usine et 55 d'âge ;
ou 35 ans de services ininterrompus à l'usine sans limite d'âge ;
ou 35 ans de services à l'usine, coupés par une seule interruption d'un an au plus, et 55 ans d'âge.

Les années de service militaire obligatoire ne comptent pas comme interruption, mais elles ne comptent pas non plus comme temps passé à l'usine.

Les retraites ne sont accordées qu'aux personnes incapables de gagner régulièrement leur vie.

La Caisse des retraites sert actuellement 6 pensions de 550 francs par an, et a en caisse un capital de 15.207 fr. 95.

La Société des Usines du Pied-Selle a fait don à la caisse d'une somme de 6.000 francs à sa fondation, et depuis elle lui verse annuellement une somme qui n'a jamais été inférieure à 3.000 francs.

Les soins médicaux en cas de maladies sont assurés gratuitement à tout le personnel des usines.

En outre, la Société accorde aux familles nécessiteuses des dons ou secours en argent ou en nature, et fait aux ouvriers sérieux des avances pour acheter des bestiaux, pour bâtir, etc.

Les sommes totales qu'elle accorde ainsi ont varié de 8 à 14.000 francs dans les 6 dernières années.

Le Jury de l'Exposition de 1900 a décerné aux Usines du Pied-Selle une médaille d'argent, classes 106 (Habitations ouvrières), et 107 (Sociétés Coopératives de consommation), et une médaille de bronze, classe 109 (Institutions de prévoyance).

LA COMPAGNIE RUSSO-AMÉRICAINE

Pour la Fabrication d'Articles en Caoutchouc

A St-PÉTERSBOURG (Russie)

Cette Société, fondée en 1860, a aujourd'hui un capital social de 18 millions et un capital de réserve de 30 millions de francs et occupe un personnel de 5.097 ouvriers et ouvrières savoir :

Ouvriers.. 2.478.
Ouvrières. 2.366.
Employés.   253. (Dont 14 ingénieurs et chimistes).

Ses installations comprennent 37 machines à vapeur, représentant 4.925 chevaux, et sa production, pendant l'année 1899 a atteint 76.492.000 francs.

Ses constructions rangées sur une seule ligne donneraient une longueur de 2 kilomètres. Outre les mesures prescrites par la loi, l'administration s'est efforcée d'assurer dans l'extrême mesure du possible la sécurité et la santé de ses ouvriers sans regarder à la dépense.

Tous les ateliers de la fabrique sont hauts, clairs, et bien aérés, et des ventilateurs et des appareils d'humectation y entretiennent constamment un air pur.

Pendant l'année 1899, les salaires, appointements et gratifications distribués au personnel se sont élevés à 7.000.000 de francs.

La Compagnie a organisé un certain nombre d'institutions en faveur de son personnel pour la subvention, l'entretien et l'alimentation desquelles, elle a dépensé et dépense chaque année des sommes considérables.

Elle a d'abord pensé aux enfants et construit spécialement, à cet effet, une maison où elle a installé une *Crèche*, qui reçoit journellement plus de 300 bébés, qu'elle entretient complètement. L'entretien de la Crèche coûte à la Compagnie 72.000 francs par an.

A côté de la Crèche se trouve un bâtiment où est installée une école qui reçoit 400 enfants.

Au point de vue du *logement*, la Compagnie a fait édifier quatre maisons à deux étages, pour les inspecteurs, chauffeurs, gardiens et cochers, et deux grandes maisons à cinq étages pour les ouvriers et contremaîtres qui sont chargés des fonctions de pompiers, en échange de quoi ils sont logés gratuitement.

Enfin, elle a fait élever deux immenses maisons à cinq étages, dans lesquelles elle loge 438 ouvriers et 587 ouvrières. Les prix de location sont très modérés.

Pour mettre ses ouvriers invalides et ses vieux serviteurs à l'abri du besoin, la Compagnie a fondé une *Caisse de Retraite* qu'elle a doté d'un capital de 920.000 francs pour servir des pensions variant de 240 à 600 francs.

A l'heure actuelle elle sert 64 pensions et et élève 11 enfants orphelins sur les fonds de cette caisse.

Pour assurer la stabilité de son personnel et récompenser les anciens ouvriers, elle donne un *sursalaire* de :

60 francs par an, aux ouvriers ayant 15 ans de service ;

160 francs par an, aux ouvriers ayant 20 ans de service ;

240 francs par an, aux ouvriers ayant 25 ans de service.

A l'heure actuelle, 672 ouvriers bénéficient de cette mesure, savoir :

112 ouvriers travaillant depuis plus de 25 ans ;				
294	»	»	»	20 »
266	»	»	»	15 »

La Compagnie a créé également et entretient exclusivement avec ses fonds une *Caisse de secours pour les employés à appointements mensuels*.

Elle verse annuellement à cette caisse une somme égale à deux mois d'appointements des employés. La caisse dispose actuellement de 1.200.000 francs.

Le *service médical* est assuré gratuitement à tout le personnel au moyen d'une ambulance à laquelle sont attachés 4 médecins, 4 aides-chirurgiens, une sage-femme et une pharmacie.

En outre, la Compagnie entretient dans plusieurs hôpitaux un nombre considérable de lits gratuits.

Tous les ouvriers sans exception sont *assurés contre les accidents* aux frais de la Compagnie.

La Compagnie a fondé une bibliothèque de 1000 volumes et une salle de lecture qui est ouverte trois fois par semaine, et une Société chorale dont elle paie tous les frais.

Pendant l'hiver, l'administration, avec l'assistance du clergé local, organise plusieurs fois des divertissements et des conférences religieuses et instructives.

La Compagnie a mis à la disposition des ouvriers qui préfèrent dîner à la fabrique, deux grands réfectoires bien aérés.

Enfin, les ouvriers ont constitué une Société coopérative de consommation, au capital de 80.000 francs, qui débite annuellement 1.200.000 francs de denrées.

Le Jury de l'Exposition de 1900 a décerné, à la Compagnie, deux médailles d'or pour ses institutions patronales.

LES FILS DE PEUGEOT FRÈRES
à VALENTIGNEY (Doubs)

Cette puissante maison a organisé et alimente de nombreuses institutions de prévoyance en vue du bien-être du personnel.

Nous allons les passer en revue très rapidement :

Caisse de retraite. — Fondée en 1872, a donné d'abord 180 fr., ensuite 300, puis 330 fr. de retraite aux employés et ouvriers de la maison, comptant 60 ans d'âge et 35 ans de services. Depuis le 1er décembre 1895, le chiffre de la pension a été porté à 500 fr. — Tous les agents des établissements bénéficient de la pension de 330 fr., dès qu'ils arrivent à 50 ans d'âge et 30 ans de service; ils peuvent continuer à travailler.

Un secours annuel, pouvant dépasser la moitié de la pension servie aux retraités, est alloué à

leurs veuves et à leurs orphelins de père et de mère, ayant moins de 14 ans.

Cette institution est alimentée uniquement par les patrons.

Depuis sa fondation elle a reçu.... 3.225.200 »
Ses dépenses ont été de.......... 2.047.900 »
Son avoir est donc de........... 1.177.300 »
Le nombre des adhérents à cette caisse était :
En 1896, de   805 et les pensionnés de   28
— 1899, de 2.729   —   199

Société de Secours mutuels. — Il existe deux Sociétés, une à Valentigney-Beaulieu, et une à Terreblanche. Ces Sociétés sont approuvées.

Elles allouent à leurs membres participants une indemnité en cas de maladie et pourvoient aux frais de leurs funérailles, et assurent gratuitement aux Sociétaires et à leurs familles, les soins du médecin et les médicaments.

La cotisation mensuelle des membres est de 1 fr. 50 pour les membres au-dessus de 20 ans, 0,75 pour ceux au-dessous de 20 ans, et les femmes.

Le droit d'admission est de 10 fr. pour les membres au-dessus de 30 ans jusqu'à 40, et de 5 fr. pour les membres au-dessous de 30 ans.

Chaque sociétaire a droit à 1 fr. 50 par jour de maladie, pour les membres au dessus de 20 ans, et 0,75 par jour de maladie, pour les autres membres, et cela pendant un an; après, cette indemnité peut être remplacée par un secours de 30 fr. par an.

En cas de décès, il est alloué un secours de 40 fr. pour frais d'enterrement des Sociétaires et de leurs femmes.

Les Sociétés de secours mutuels sont administrées chacune par un président, un vice-président, un secrétaire, un trésorier et un visiteur par 25 membres.

Elles ont les mêmes statuts et les mêmes ressources, et fonctionnent avec la même caisse que la Caisse de retraites qui leur est adjointe.

Voici la situation des deux Sociétés de secours mutuels et Caisse de retraite réunies :

En caisse.. 1.127 15
Fonds de retraites disponible à la caisse des Dépôts et Consignations.............. 662.338 85
Capital de retraites disponible en compte courant chez les fils de Peugeot frères 592.763 80
Avoir de la caisse pour les malades.................................. 63.417 80

Total du Capital disponible au 31 décembre.......... 1.319.647 60
Capital de retraites engagé, versé à l'Etat pour le service de 183 pensions de 180 fr. 908.354 »

Avoir total de la Société au 31 décembre 1899..... 2.228.001 60

Sociétés d'appui mutuel en cas de décès. — Ces Sociétés sont administrées par les conseils d'administrations des Sociétés de secours mutuels. Elles ont été fondées en : 1890 1892

	Valontigny		Terreblanche	
La cotisation mensuelle est, pour les hommes de 20 ans et plus....	0 f. 50		1 f.	»
Pour les garçons de moins de 20 ans et les femmes de tout âge......	0	25	0	50
Pour les femmes des Sociétaires.................................	0	50	0	50
En cas de décès, la Caisse d'Appui mutuel paie aux héritiers des indemnités :				
Pour les hommes de 20 ans et au-dessus.....................	400	»	700	»
Pour les femmes des Sociétaires...........................	400	»	350	»
Pour les femmes seules ou les garçons de moins de 20 ans......	200	»	350	»
Le nombre de décès survenus depuis sa fondation a été de.........	145		115	
et les sommes payées aux ayants droit, de......................	53.220 f.	»	70.619	60
Au 31 décembre, le budget des caisses était comme suit :				
En caisse au 1er janvier 1899..........................	18.548	30	26.702	15
Recettes pendant l'année................................	13.790	60	14.422	70
Total............	32.338	90	41.124	85
Indemnités payées aux familles des Sociétaires décédés.............	9.000	»	9.271	35
Le nombre des membres participants des Sociétés est de.........	2.545		1.437	

Caisse d'assurance contre les accidents. — Fondée le 1er janvier 1892, elle est alimentée exclusivement par les patrons qui ont versé depuis sa création... 112.307 15 sur lesquels il a été payé comme indemnités aux ouvriers victimes d'accidents............ 79.513 15

Il reste donc en caisse au 31 décembre 1899, un avoir de.... 32.794 »

Habitations ouvrières. — La maison des Fils de Peugeot frères a créé un grand nombre de maisons ouvrières, autour de ses diverses usines. Le taux du loyer varie entre 15 et 20 fr. par mois pour les maisons isolées et 10 à 17 fr. dans les maisons à plusieurs logements.

Le nombre des constructions est de 61 maisons isolées avec 106 logements, et 25 maisons collectives avec 209 logements.

En outre la maison a aidé par des avances d'argent, 230 chefs de familles à faire construire eux-mêmes leurs habitations.

Enfin elle a provoqué la fondation d'une Société coopérative de construction, *l'Immobilière*, pour faciliter à ses ouvriers et employés, la possession de leurs habitations.

La Société a émis pour 190 000 fr. d'actions et 120.000 fr. d'obligations, et a déjà fait construire 15 maisons de 2 logements, une de deux et 1 de 10 logements. Les maisons deviennent la propriété des occupants après 20 années.

Les fils de Peugeot frères ont mis gratuitement à la disposition de la Société, deux ingénieurs, pour l'établissement des plans et devis de constructions, un surveillant de travaux et un comptable.

Epargne. — Les Fils de Peugeot frères, reçoivent jusqu'à concurrence de 2.000 fr. les épargnes de leur personnel. Les sommes déposées ainsi dans leur caisse s'élèvent aujourd'hui à 750.000 fr.

Institutions scolaires. — La maison a construit et entretient 3 écoles et 3 salles d'asile ayant une population enfantine de 580 élèves pour l'instruction et la surveillance desquels elle entretient 6 instituteurs et 11 institutrices.

Sociétés coopératives de consommation. — Sous le nom de Fraternelle, deux Sociétés cooporatives de consommation ont été créées: l'une à Valentigney, et l'autre à Terreblanche, sur l'initiative de MM. Peugeot frères.

	Valentigney	Terreblanche
Les Sociétés ont été fondées en....................	1867	1867
Le Capital social est de........................	130.000 f. »	150.000 f. »
Le nombre des Sociétaires	1970	1387

Le bilan pour l'année 1898-99, s'établit comme suit :

ACTIF	Valentigny	Terreblanche	PASSIF	Valentigny	Terreblanche
Immeubles	95.405 20	88.648 45	Capital	130.250 »	150.000 »
Mobilier..............	7.505 95	8.692 10	Comptes divers.......	53.581 65	9.967 05
Affaires en litige......	»	6.495 35	Réserve	8.176 20	»
Marchand. en magasin.	135.458 50	84.480 50	Boni	73.868 25	90.483 55
En caisse.............	27.506 45	33.036 25			
En cais. chez les patrons	»	24.325 50			
Solde du compte de la boucherie	»	3.458 45			
Divers................	»	1.314 60			
Totaux.......	265.876 40	250.450 60	Totaux......	265.876 40	250.450 60

Le chiffre des ventes pendant l'année 1899 a été de................... 782.594 20 774.510 05

Restaurants populaires. — Deux restaurants sont installés dans les locaux donnés gratuitement par les patrons, et servent des repas à prix très réduits.

Des Etablissements de bains avec 23 cabines ont été installés à proximité des maisons ouvrières.

Deux Compagnies de sapeurs-pompiers de 80 et 60 hommes ont été organisées et équipées aux frais de la Maison, qui a dépensé à cet effet 28 701 fr. 50.

La Maison a également organisé : 2 *cercles ouvriers*, 3 *cafés de tempérance*, 2 *sociétés de musique*, 2 *chorales*, 2 *sociétés de gymnastique*. Les instruments de musique payées par elles ont coûté 16.154 fr. 05.

Hôpitaux. — Enfin 2 hôpitaux ont été créés pour recevoir gratuitement le personnel des usines. Ils renferment 20 lits.

Leur installation coûte 195.000 fr. et leur entretien annuel 15.500 fr.

En résumé, les Fils de Peugeot frères ont dépensé 2.500.000 fr. pour les institutions patronales qu'ils ont créées et qui leur coûtent annuellement 210.000 fr.

Le Jury de l'Exposition de 1900, leur a décerné une médaille d'or.

LES INSTITUTIONS PATRONALES
Des six grandes Compagnies françaises de chemins de fer
(Est, Midi, Nord, Orléans, Ouest, P.-L.-M.)

L'Exposition collective des six grandes Compagnies françaises de chemin de fer, était installée au rez-de-chaussée du Palais de l'Economie à gauche de l'entrée de la rue de Paris et occupait tout un compartiment.

Elle présentait un ensemble de graphiques, diagrammes, dont les chiffres avaient une éloquence saisissante, et comprenant une période de 10 ans de 1890-1899.

En voici le résumé :

Pendant cette période, les Caisses de retraites des Compagnies ont inscrit en recettes 434.133.296 »
provenant 1° des versemenes des Compagnies................. 345.228.526 »
2° des versements des Agents.................... 88.904.770 » 434.133.296 »

En comparant les chiffres afférents aux années 1890 et 1899, on trouve :

	1890	En 1899	Différence absolue	
Versements des Compagnies.......	13.603.381 »	29.154.601 »	plus 15.551.220 »	plus 114 31
Versements des Agents,..........	4.414.795 »	5.848.045 »	» 1.433.250 »	» 32 46
Revenus des Caisses.............	9.107.364 »	17.712.098 »	» 8.604.734 »	» 94 48
Total des recettes	27.125.540 »	52.714.744 »	» 25.589.204 »	» 94 33
Si l'on passe au chapitre des dépenses, on trouve :				
Arrérages des pensions d'Agents...	13.973.755 »	25.263.429 »	plus 11.289.674 »	plus 80 76
— des veuves et orph.	2.816.397 »	6.251.577 »	» 3.435.180 »	» 121 97
Remb^t des retenues en cas de radiation sans pensions......	516.373 »	360.403 »	— 155.970 »	— 43 27
Total des dépenses.....	17.306.525 »	31.875.409 »	» 14.568.884 »	» 82 66
Le nombre des Agents inscrits aux caisses était de..............	218.522	250.285	plus 31 763	plus 14 53
Le nombre des retraités était de....	27.670	51.545	» 22.875	» 86 94
Soit une moyen. des agents inscrits de	12.60 %	20.56 %	» 7.96 %	
L'avoir des Caisses était de........	248.772.111 »	450.966.730 »	202.194.619 »	plus 81 30
Moyenne des pensions des retraités .	938 27	1.005 20	66 93	» 6 81
— — des veuves et orphel.	421 66	465 40	43 74	» 10 38
Allocations pour pensions ·				
Versem^ts des Cies à leurs Cais. de retrait.	15.023.381 »	32.145.601 »	17.122.220 »	plus 113 96
— — à la Caisse Nationale de la vieillesse	3.835.193 »	7.684.950 »	3.849.757 »	» 100 38
Autres versements pour pensions....	1.690.998 »	2.103.540 »	412.542 »	» 24 45
Totaux......	20.549.572 »	41.934.091 »	21.384.519 »	» 104 60

	1890	1899
Ensemble des allocations patronales :		
Gratifications............................	4.604.288 48	6.031.094 59
Allocations aux agents (cherté des vivres, famille nombreuse, secours, habillement)....................................	4.730.718 63	7.148.814 22
Subventions aux caisses fondées par les agents, aux coopératives de consommation	329.389 74	550.930 14
Dépenses scolaires (écoles, bourses, crèches, ouvroirs, etc...........	249.416 82	361.245 16
Secours médicaux et pharmaceutiques, salaires de maladie..........	6.376.608 67	8.093.797 95
Versements divers pour les retraites.	20.549.571 88	41.934.090 64
Autres dépenses patronales........................	1.238.864 53	1.531.740 55
Totaux......	38.078.858 75	65.651.713 1

Il y a lieu d'ajouter également à cette nomenclature les facilités de circulation, les logements, le chauffage et l'éclairage, les prêts gratuits, etc.

Les profits annoncés en 1890 et 1899, se répartissent comme suit :

	En 1890	En 1890
Aux actionnaires	160.336.330 »	164.573.196 »
A l'Etat	215.270.749 »	230.000.000 »
Au personnel	328.549.584 »	397.990.477 »
Totaux	704.156.663 »	792.563.673 »

Les allocations patronales figurent, en 1899, dans les 397.990.477 fr. de dépenses du personnel pour un chiffre global de 65.651.714 fr. qui représente, au profit des employés et ouvriers, une augmentation de 20 0/0 des traitements et salaires et une proportion de 40 0/0 du revenu des actionnaires.

Les dépenses du personnel représentent, pour l'année 1899, 300 0/0 du revenu des actionnaires.

Le Jury de l'Exposition a décerné aux 6 grandes Compagnies, 7 grands prix, et à leurs collaborateurs dans les Œuvres patronales, 7 médailles d'or, 5 médailles d'argent et une de bronze.

LA SOCIÉTÉ DES MANUFACTURES

B. P. ET A. YASSUNINSKY

à Kokhma (Russie)

La Société a créé, à l'usage de son personnel, diverses institutions très bien organisées, qui dénotent chez les propriétaires des manufactures de très bons sentiments à l'égard de leurs ouvriers et employés.

Au point de vue du logement, ces derniers disposent de deux vastes maisons pouvant loger 950 ouvriers dont 730 célibataires et 220 hommes mariés. Les célibataires prennent leurs repas en commun dans de grandes salles à manger. Une grande salle, pouvant contenir 700 personnes, a été ménagée dans l'une de ces maisons pour servir de lieu de réunion, de salle de lecture, de spectacle, de concert. Des bains ont été construits dans ces maisons. Ils sont mis gratuitement à la disposition des employés et ouvriers des manufactures.

Un hôpital, avec 32 lits, est placé sous la direction d'un médecin, assisté de trois aides-chirurgiens et d'une sage-femme. Le personnel des manufactures y est soigné gratuitement.

MM. Yassuninsky ont construit et entretiennent 4 écoles pour 540 élèves, qui y reçoivent l'instruction et toutes les fournitures scolaires gratuitement. Pour les enfants qui habitent des villages éloignés, on a organisé un asile où ils trouvent la nourriture et un lit, et pour les plus pauvres, les vêtements et les chaussures. 65 enfants sont ainsi entretenus. Tous les enfants du pays, que leurs pères soient ou non employés dans des manufactures, jouissent des mêmes avantages dans les écoles.

Des cours du soir, pour les ouvriers mineurs illettrés, ont été fondés et sont fréquentés par 90 adultes.

Une bibliothèque met gratuitement 1.000 volumes à la disposition des ouvriers et employés.

Trois fois par an il est alloué des sommes de 400 fr., soit 1.200 fr. pour doter des fiancées pauvres.

Une caisse, alimentée par un prélèvement sur les bénéfices des manufactures, sert à donner des secours aux veuves et orphelins des employés et ouvriers.

Une Société de consommation a été créée en 1892. Cette Société, qui a débuté avec 295 sociétaires et un capital de 44.280 francs, possède un capital de 250.000 francs réparti entre 1.150 actionnaires et a fait, en 1899, pour 1.320.000 francs de livraisons. Elle vend de la farine, de l'épicerie, des denrées coloniales, les vins et liqueurs, la boucherie, les articles de mercerie, de coiffure, de lingerie et les chaussures.

Le Jury de l'Exposition a décerné une médaille d'or à la Société des Manufactures B. P. et A. Yassuninsky.

HARMEL FRÈRES

Au Val-des-Bois (Marne)

La maison Harmel frères, qui a exposé dans plusieurs classes de l'Economie sociale, a créé de nombreuses œuvres patronales en vue du bien-être de ses ouvriers et de l'amélioration de leur condition sociale et économique.

Nous ne nous occuperons, dans cette étude que des habitations ouvrières et de la Société coopérative de consommation.

Habitations ouvrières. — Dans l'usine de MM. Harmel frères, toutes les facilités sont données aux familles qui veulent construire ou acheter une maison, mais peu d'entre elles sont propriétaires de la maison qu'elles occupent, préférant placer leurs économies sur des titres mobiliers.

Les maisons construites sont réunies en un certain nombre de cités, dont les principales sont : les cités Malakoff, du Bon-Père, Saint-Paul, Jeanne-d'Arc, Saint-Joseph, Camus, Ste-Virginie et Florentin.

MM. Harmel se sont attachés, en construisant ces maisons ouvrières, à préserver le plus possible la liberté du foyer. Pour cela, les maisons sont isolées les unes des autres par une muraille très épaisse, chaque famille occupant intégralement tout le logement de la cave au grenier.

Devant les maisons sont des jardins entourés de barrières et terminés par une remise où sont les cabinets d'aisances, une étable pour les animaux domestiques et le magasin de bois et de charbons.

Les maisons ont été orientées au midi, pour celles n'ayant qu'un logement, et à l'est et à l'ouest pour celles ayant des logements de deux côtés, de façon que toutes aient le soleil. On a évité autant que possible l'exposition au nord, qui rend les logements froids et malsains.

Les maisons sont pourvues généralement de buanderies, quelques-unes ont une pompe pour l'eau potable et des lavoirs ont été construits sur la rivière.

Chaque logement possède un jardin qui atteint quelquefois une longueur de 20 mètres. En dehors du jardin attenant à la maison, les familles ont autant de jardins qu'elles peuvent en cultiver ; en sorte que le plus grand nombre n'achète pas de légumes.

Presque toutes les maisons sont pourvues de caves : celles où il n'en a pas été prévu utilisent à cet effet la remise du jardin.

Le prix des loyers varie entre 75 fr. et 225 fr. suivant la superficie du logement.

Société coopérative de consommation — La Société coopérative de consommation a été fondée le 7 octobre 1879 au capital de 10.000 francs divisé en 100 actions de 100 fr. Quelques années après, le capital a été porté à 20.000 francs.

La Société, en dehors des actionnaires, admet comme coopérateurs les membres du Syndicat professionnel du Val-des-Bois. Comme, d'autre part, elle vend ses denrées à tout le monde, elle a perdu en quelque sorte son caractère coopératif, pour devenir société commerciale.

Elle est administrée par un Conseil d'administration, composé de neuf membres élus pour 6 ans et renouvelables par tiers chaque année.

Les assemblées générales ont lieu tous les six mois.

Sept commissions consultatives sont chargées d'étudier les affaires à soumettre au Conseil d'administration. Ces Commissions, dont deux sont composées de dames, ont un double but : faciliter la gestion du Conseil d'administration, associer et initier au travail d'administration le plus grand nombre de coopérateurs. Elles sont nommées par le Conseil d'administration.

L'inventaire social a lieu 2 fois par an, le 1er avril et le 1er octobre.

Le boni est distribué, savoir :

5 % au moins au fonds de réserve ;

Aux actions, 6 % du taux d'émission ; le surplus est attribué :

1/8 aux actionnaires à titre de dividendes ;
7/8 aux coopérateurs et actionnaires consommateurs.

Depuis sa création, jusqu'au 30 septembre 1899, la Société a livré pour :

      993.119 f. 05 à la boulangerie.
       90.032 65 à la boucherie.
      437.427 65 marchandises diverses.

Total 1.522.579 35

Elle a réalisé un boni brut de 100.669.35, qui a été réparti comme suit :

Intérêts aux actions	40.876..95
Dividende aux actionnaires	7.508 65
Passé à la réserve	21.951 20
Dons divers	4.735 50
Créances douteuses	1.748 15
Aux consommateurs	53.848 90
Total	100.669 35

Le boni revenant aux intéressés ne lui est pas remis séance tenante. Il est inscrit sur le livret corporatif de chacun des syndiqués et versé en son nom au Compte des économies ouvrières, pour former une réserve dont les intérêts sont servis à 4 % l'an. Ce petit capital, bien que ne cessant pas d'appartenir au syndiqué, ne lui est versé que dans les cas suivants :

Quand le chef de famille a dépassé la cinquantième année;

A la veuve, en cas de décès du chef de famille;

En cas d'infirmité grave de celui qui nourrit la famille de son salaire ;

En cas de départ de l'usine, ou d'exclusion, ou de retrait du syndicat.

Les remboursements se font en espèces.

Après les remboursements qui ont été faits selon le règlement adopté, voici la situation de la réserve du boni :

Familles possédant de 25 francs et au-dessous					64
—	25	à	50	id. ...	19
—	50	à	100	id. ...	40
—	100	à	200	id. ...	37
—	200	à	300	id. ...	7
—	300	à	400	id. ...	9
—	400	à	500	id. ...	6
—	500	à	600	id. ...	2
—	600	à	700	id. ...	1
—	1.000 et au-dessus				1
					186

Dans la notice qui accompagnait l'exposition particulière de MM. Harmel frères, nous avons lu les réflexions suivantes :

Les résultats matériels et moraux de la Société coopérative, sont les suivants :

Education économique des hommes et des mères de familles qui font partie des divers conseils officiels et consultatifs. Celui qui gère les intérêts communs et qui constate qu'il ne suffit pas d'acheter et de vendre pour gagner, mais qu'il faut agir avec intelligence et réflexion pour faire ses affaires, celui-là comprend que dans son intérieur il doit apporter la même intelligence, la même économie, la même sévérité pour les frais généraux et pour les frais inutiles, que dans la Société coopérative.

Le second avantage de la Société coopérative c'est la diminution des dettes par le paiement au comptant. L'expérience prouve que l'ouvrier endetté se décourage et renonce à épargner, tandis que celui qui paie comptant voit clair dans sa situation et se laisse facilement gagner aux idées d'économie.

Le troisième bienfait de la Société coopérative, le moindre par ordre d'importance, mais cependant qui n'est pas à dédaigner, c'est de maintenir les prix des commerçants de la contrée et d'abaisser les prix des denrées.

La Société coopérative est un instrument de relèvement moral et matériel.

Le Jury de l'Exposition de 1900 a décerné à la maison Harmel frères, 3 médailles d'or et 2 médailles d'argent pour ses institutions patronales et attribué à leurs collaborateurs 3 médailles d'argent, 5 médailles de bronze et 7 mentions honorables.

CHAPITRE VI

LE MUSÉE SOCIAL A PARIS

Le visiteur, qui après avoir parcouru les galeries du rez-de-chaussée du Palais de l'Economie Sociale et des Congrès, dirigeait ses pas vers le 1er étage, se trouvait, après avoir gravi les degrés du grand escalier de gauche, en présence d'un vaste panneau surmonté d'un très beau tableau, reproduisant les traits d'une belle et noble figure. Le panneau composait l'Exposition du Musée social, et le portrait était celui de M. le comte de Chambrun, son illustre fondateur.

Qu'est-ce que le Musée Social ?

Nous allons l'expliquer, dans ce chapitre, que nous consacrons spécialement à cette fondation, qui est, au point de vue théorique, comme la synthèse et le résumé de toutes les formes d'association que nous venons de décrire. (1)

Né le 19 mai 1894, dans une réunion intime tenue chez son fondateur, le Musée Social était reconnu d'utilité publique trois mois après, le 31 août 1894, dans des condition inouïes de rapidité qui attestent de quelle estime toute exceptionnelle a été entouré son berceau. Le 23 mars 1895, par un nouveau décret, il était autorisé à accepter la donation d'un immeuble de rapport d'une valeur d'un million et demi qui assurait son avenir. N'oublions pas de dire que son installation avait été faite dans un autre immeuble de grande valeur, généreusement donné à la Société du Musée social par M. le comte de Chambrun. (2)

(1) La société du Musée Social a eu pour Présidents d'Honneur, MM. Jules Simon, et Léon Say, aujourd'hui décédés.
Le Président de la société est M. Jules Siegfried, ancien Ministre du Commerce.
M. Léopold Mabilleau, professeur à la Faculté des Lettres, correspondant de l'Institut, en est le Directeur.
(2) M. le comte de Chambrun, est décédé à Nice, le 7 février 1899.

Comment fonctionne le Musée Social?

M. Cheysson, inspecteur général des Ponts et Chaussées, et vice-président du Musée Social, a défini comme suit son fonctionnement :

« Fonctionnant à la façon d'une pompe aspirante et foulante, le Musée Social réunit des informations, puis les emmagasine, enfin les canalise et les distribue. C'est à ces diverses tâches que correspondent la répartition de ses services et leur organisation.

« Comment s'acquitte-t-il de son premier rôle, celui de collecteur de renseignements ? Il dispose à cet effet de plusieurs moyens d'alimentation, et puise à toutes les sources pourvu qu'elles soient limpides et sûres. C'est ainsi qu'il est abonné aux publications les plus qualifiées, journaux et revues de toutes les langues, et qu'il reçoit, dès leur apparition, tous les ouvrages dont le sujet se rattache à son vaste domaine; pour avoir un œil et une oreille dans les principaux pays, il s'y est assuré des correspondants émérites, qui le renseignent avec précision sur le mouvement social, dont ils sont non seulement les spectateurs, mais parfois aussi les acteurs les plus en vue, enfin quand il sent le besoin de compléter son butin sur place, il organise des missions chargées d'étudier à fond telle ou telle question spéciale. C'est ainsi qu'il a procédé l'année dernière pour la question agraire en Allemagne, pour les *Trades Unions* en Angleterre, pour la coopération en Italie. La direction de ces missions était confiée à des maîtres de la science sociale, assistés par des jeunes gens distingués, qui ont appris sur le terrain leur métier d'observateurs et qui autorisent, par l'éclat de leurs débuts, les plus brillantes espérances pour l'avenir.

« Voici donc, par ces divers canaux, les rensei-

9

gnements arrivés au Musée Social ; il faut maintenant, pour compléter leur bienfaisant circulus, les faire parvenir au public. Ici encore, plusieurs moyens sont mis simultanément en jeu.

« L'un des premiers auxquels on ait dû naturellement songer est d'installer sur nos murs, et en particulier sur ceux de la salle des conférences, cette exposition permanente d'économie sociale, dont l'idée même a donné naissance au Musée. Le plan de cette exposition est arrêté dans ses derniers détails et nous allons en presser l'exécution. Quand elle sera complète, le public pourra embrasser d'un coup d'œil, en le voyant résumé par les chiffres expressifs et des dessins saisissants, — ce grand mouvement des institutions sociales, qui constitue certainement un des traits les plus honorables de ce siècle à son déclin.

« Quant aux hommes d'étude qui ne se contentent pas d'une impression d'ensemble et veulent fouiller un sujet déterminé, nous leur ouvrons une bibliothèque, où tous les documents dont ils ont besoin sont contenus dans des dossiers méthodiquement classés et consacrés à chacune des grandes questions du jour. Il y a là une dépense considérable d'efforts obscurs; mais fructueuse, qui vont mettre aux mains des travailleurs ces matériaux de bon aloi, ces informations abondantes et sûres, dont on sent profondément le prix, quand on a eu la peine de les recueillir soi-même.

« L'expérience personnelle de chacun de nous lui a enseigné à ses dépens que la besogne la plus ingrate et la plus longue correspond précisément à la réunion de ces documents, qui mettent à notre service l'expérience accumulée, nous épargnent des erreurs ou au moins des redites, et peuvent seuls donner une base solide à nos conclusions.

« Etait-ce assez de placer ces documents sous l'œil et sous la main du public et de livrer nos visiteurs à leurs réflexions solitaires ? Le Musée Social ne l'a pas cru, et craignant que la plupart d'entre eux ne fussent pas en état d'entendre suffisamment ces témoignages muets, il a jugé utile de leur en offrir la traduction et le commentaire. C'est à cette pensée que répond l'organisation des conférences et de la publicité.

« Les Conférences fournissent à nos missionnaires l'occasion de nous rendre compte de ce qu'ils ont vu, touché, observé. Elles ont obtenu dès le premier jour un grand succès, qu'expliquent à la fois l'intérêt des sujets et le talent des orateurs. Elles ont eu lieu dans cette salle élégante et commode qui a été construite par l'éminent architecte et ami du Musée Social, M. Vaudremer.

« J'ajoute que cette salle est mise très libéralement par le Musée à la disposition des « Sociétés Sœurs » — comme il les appelle, — qui voient en lui un auxiliaire et un allié, non un concurrent dont elles aient à prendre ombrage. Et en effet, comme le disait Napoléon à l'un de ses lieutenants impatient de se signaler : « Sur ce champ de bataille, il y a de la gloire pour tout le monde ! »

« A ce premier moyen de diffusion par la parole, le Musée en joint un autre, qui vise un public plus nombreux : c'est la publication d'ouvrages spéciaux, et notamment d'une circulaire, dont quelques numéros ont déjà paru et ont reçu le meilleur accueil. La circulaire n'est pas un organe de dogmatisme ou de polémique, mais une feuille documentaire. Son tirage varie suivant le sujet et s'est déjà élevé jusqu'à 7.000 exemplaires, de manière à pouvoir atteindre, dans leurs principaux groupes de la ville et de la campagne, les mutualistes, les coopérateurs, en un mot tous ces hommes vaillants et modestes que nous voulons aider à réaliser leurs aspirations instinctives vers le progrès social, dont ils cherchent la formule à tâtons.

« Les conférences, la circulaire et les livres s'adressent au public en bloc, à l'auditoire collectif, mais ils ne suffisent pas en général pour venir au secours individuel de telle personne ou de telle institution, qui a besoin d'un enseignement adapté à son cas particulier et pour ainsi dire taillé à sa mesure. Il y avait donc à faire un nouveau pas pour répondre à ce besoin. Ce pas a été fait et le Musée a organisé un service de Consultations techniques, qui constituent certainement l'une de ses originalités les plus précieuses. Ces consultations sont pratiquées couramment et portent, suivant le texte de nos Statuts, « soit sur l'agencement d'œuvres à créer, soit sur la situation d'œuvres et sur les modifications que cette situation pourrait comporter. » (Art. 2.)

« Pour donner pleine satisfaction aux multiples exigences de ce service et à lui assurer toutes les compétences qu'il réclame, nous avons fait appel à une centaine de collaborateurs dévoués, que nous ne saurions trop remercier de leurs concours. Ils sont répartis en sections où l'on étudie à fond les questions neuves ou délicates qui veulent un examen très attentif.

« N'ayant d'autre prétention que d'être un bureau d'informations précises, le Musée Social est ouvert à tous et n'exclut personne ; mais il sera surtout utile à ces hommes de bonne volonté, qui, faute d'expérience, ou bien s'abstiennent de l'action ou bien, — ce qui est plus fâcheux encore, — s'y aventurent avec une témérité intrépide, qu'ils expient presque toujours par des chutes ou des faux pas. A ceux-là, le musée indiquera les applications déjà faites ailleurs, les solutions données à la même idée avec leurs résultats effectifs, les statistiques, les modèles de statuts qui ont fait leurs preuves, les barèmes de cotisations et de pensions qui équilibrent les engagements et les ressources, en un mot tous ces documents qui doivent permettre au consultant de se faire une opinion motivée, et de prendre ensuite un parti à ses risques et périls. »

Les Membres de la Société du Musée Social, comprennent l'élite des personnes, qui, dans le Parlement, l'Université, l'Institut, les anciens magistrats, les administrations publiques, le le corps des Ingénieurs, les Associations ouvrières de Production, les sociétés Coopératives de Consommation, les Syndicats agricoles, s'occupent d'une façon active de l'étude des problèmes économiques et sociaux.

La Société comprend les catégories de Membres ci-après :

1º Des présidents et membres d'honneur ;

2º Sept membres formant le comité de direction ;

3º Des membres collaborateurs qui donnent un concours actif au Comité de Direction et qui se partagent en sections. Ils sont nommés pour trois ans, sur la proposition du Comité de Direction, par le Grand Conseil ;

4º Des membres correspondants, choisis de la même manière, parmi les personnes et les sociétés désignées par leur compétence et la nature de leurs travaux.

5º Un grand Conseil de soixante membres, au plus, dont font partie les présidents d'honneur et les membres du Comité de Direction.

Les membres du grand conseil sont nommés pour 6 ans et renouvelables par tiers tous les deux ans.

Le grand Conseil procède à l'élection pour le remplacement de ses membres sortants.

Il se réunit au moins deux fois par an comme assemblée générale ordinaire de la *Société du Musée Social*.

L'assemblée nomme, lorsqu'il y a lieu, des membres du Comité de Direction dans sa première séance de l'année. Elle vote le budget pour l'exercice suivant, statue sur les comptes de l'année écoulée et nomme une commission de contrôle de 9 membres du Grand Conseil pris en dehors du Comité de Direction. Cette Commission vérifie les livres et les comptes du trésorier, le bilan annuel, l'état du musée, de la bibliothèque et des archives et fait un rapport écrit à l'assemblée générale.

Les membres d'honneur, les membres collaborateurs et les membres correspondants sont convoqués une fois par an, avec le grand conseil, à une séance spéciale dont la date et l'ordre du jour sont fixés par le Comité de Direction.

La Société est administrée par un Comité de Direction, composé de sept membres nommés pour sept ans et rééligible. Chaque année l'un des membres est sortant.

Le Comité de Direction nomme son bureau tous les ans.

La Société du Musée Social étant pourvue d'une dotation suffisante, ses membres n'ont à payer aucune cotisation.

La Société du *Musée social* a organisé les services suivants :

I. — Consultations.
II. — Bibliothèque.
III. — Enquêtes et missions.
IV. — Correspondants.
V. — Conférences.
VI. — Circulaires.
VII. — Publications.
VIII. — Exposition d'Economie sociale.

Pour assurer dans les meilleures conditions possibles, le service des consultations, le comité de direction a institué sept sections, savoir :

I. — Section des Relations avec les sociétés s'occupant de questions sociales, 20 memb.
II. — Section agricole. . . . . 10 —
III. — Section des associations ouvrières et coopératives. . . . 12 —
IV. — Section des assurances sociales. 17 —
V. — Section des institutions patronales. . . . . 10 —
VI. — Section juridique . . . . 14 —
VII. — Section des missions, études et enquêtes. . . . . . 10 —

Ces sections étudient séparément les diverses questions posées ressortissant à leur compétence, propre.

Le *Musée social* a déjà envoyé de nombreuses missions dans les Etats voisins et dans le Nouveau Monde : en Angleterre, en Allemagne, aux Etats-Unis, en Italie, en Westphalie, etc.

Les observations recueillies par les membres des missions du *Musée social* font l'objet de conférences et sont publiées en brochures.

Comme préface de son exposition d'économie sociale, le *Musée social* a extrait des documents qui la composent, les principes essentiels et les a inscrits sur les 26 panneaux, qui ornent le grand hall du rez-de-chaussée :

Voici les titres des inscriptions :

Intervention de l'Etat :

Entreprises.
Institutions.
Législation.

Contrat de travail :

Salaire.
Conseil patronal.
Participation.

Hygiène sociale :

Maisons et ateliers.

Habitations :

Types et sociétés.
Associations coopératives.

Associations coopératives :

Production.
Consommation.
Crédit.

Assurances et mutualité :

Accidents.
Maladie.
Infirmités et vieillesse.

Assurances :

Décès prématuré.

Epargne :

Caisse d'épargne.

Chômage :

Assistances.

Syndicats professionnels :

Syndicats industriels.
Unions de syndicats.
Syndicats agricoles.

Apprentissage :

Ecoles.

Arbitrage :

Conciliation.

Récréations :

Cercles et orphéons.

Institutions patronales :

Caisses.
Subventions.

La Société du Musée social, richement dotée par son fondateur, qui, jusqu'à sa mort n'a cessé de lui prodiguer les marques de sa vive sollicitude, a consacré des sommes considérables à diverses œuvres, auxquelles le nom du comte de Chambrun restera intimement lié, et que nous allons rappeler. Mais, comme depuis la fondation du Musée social la vie de cette institution se confond pour ainsi dire avec celle du comte de Chambrun, et qu'il est difficile de parler de l'œuvre sans citer le nom de son créateur, nous énumérerons ici toutes les libé-ralités que celui-ci a faites, soit sous son nom, soit par l'entremise du Musée social.

Quatre dons de 50.000 francs chacun :
  à la Société de Participation aux bénéfices ;
  à la Société d'Economie sociale ;
  à la Société française des habitations à bon marché ;
  au Centre fédératif du crédit populaire.

Quatre concours, avec des prix de 25.000 francs chacun relatifs :
  à la Participation aux bénéfices ;
  aux Syndicats agricoles ;
  aux Associations ouvrières et patronales ;
  aux Assurances sociales.

Deux distributions de rentes viagères de 200 fr., représentant chacune 50.000 francs :
  la première, à de vieux ouvriers industriels ;
  la seconde, à des paysans.

La création de trois chaires d'enseignement de l'économie sociale :
  à l'Ecole libre des sciences politiques ;
  à la Sorbonne ;
  à la Faculté de droit de Paris.

En mourant, le fondateur du Musée social a laissé la presque totalité de sa grande fortune à cette institution qui se trouve aujourd'hui l'une des plus riches de France.

Le comte de Chambrun, a dit un jour M. Jules Siegfried, est resté fidèle à ces belles paroles d'un grand penseur, qui s'appliquaient si bien à ce grand homme de bien : « L'homme qui connaît la vie, sent et voit qu'aimer Dieu par-dessus toutes choses, aimer tous les hommes comme soi-même, donner son cœur, son âme, son esprit et ses forces pour rendre les hommes meilleurs et plus heureux, c'est la vie, c'est la loi, c'est le bonheur, la justice et la vérité. »

Le Musée social, seule œuvre de ce genre jusqu'ici, restera comme l'une des créations qui, par la grandeur du but, comme par la no-blesse des intentions, auront le plus honoré la France et la République.

CONCLUSION

Il est temps de nous arrêter et de conclure.

Après avoir fait connaître les richesses sociales que les patientes recherches des économistes, unies aux travaux des pionniers prévoyants de la démocratie universelle, avaient permis d'exposer dans les galeries du Palais de l'Economie sociale, il est nécessaire de compléter notre modeste étude en exprimant notre humble avis sur le fructueux enseignement qui s'est dégagé de la merveilleuse leçon de choses que constituait cet ensemble harmonieux d'exemples magnifiques et de dévouements sublimes pour la plupart ignorés.

Tout d'abord, constatons-le pour l'honneur de l'humanité tout entière, notre cher pays, s'il a quelquefois devancé ses voisins dans la pratique des devoirs sociaux, n'en possède plus aujourd'hui le monopole exclusif. — L'esprit de dévouement et de sacrifices personnels pour l'allègement des souffrances humaines et le relèvement des classes laborieuses a franchi les frontières, et s'est répandu abondamment sur le monde civilisé. Les résultats qu'il a produits ailleurs, notamment en Belgique, en Hollande, en Allemagne, en Angleterre et en Italie, n'ont rien à envier à ceux dont nous pouvons nous glorifier.

Partout, aussi bien dans notre vieille Europe que dans les endroits les plus reculés de l'univers, des hommes, aussi dévoués que désintéressés, dont le cœur s'est ému à l'aspect des misères humaines, se sont imposé la tâche de remédier à ces maux. Dans toute notre sphère mondiale, une merveilleuse floraison d'institutions philanthropiques de toute nature s'est développée, grâce à leur initiative, reculant sans cesse les bornes de la solidarité dans le bien, tendant une main secourable à ceux que frappent le malheur et l'adversité.

Dans cette noble et touchante émulation, notre pays se distingue par la variété de ses œuvres d'assistance et de prévoyance, et l'on peut, sans crainte, affirmer que chez nous se rencontrent des exemples nombreux, de toutes les tentatives qui caractérisent le mouvement philanthropique, économique et social dans les autres nations.

En étudiant sur le vif le fonctionnement de ces milliers d'Associations, qui font rayonner autour d'elles l'idéal de justice et de bonté, qui est leur raison d'être et fait leur honneur, on se sent attendri et consolé.

Et si l'on pense avec bonheur au regne de paix universelle et d'entente harmonieuse entre tous les humains, que la diffusion des principes qui découlent de ces merveilleux instruments de concorde, d'union et de fraternité pourrait réaliser, sans beaucoup d'efforts, on est surpris, bien que le nombre des tentatives, soit déjà immense, de constater que les Associations d'épargne, de retraite et de secours ne renferment dans leur sein qu'une minorité humaine.

Toutefois, les progrès des œuvres mutuelles sont tellement considérables, depuis quelques années, que l'on peut prophétiser presque à coup sûr, que sous peu elles réuniront l'universalité des citoyens du monde civilisé.

Du reste, les pouvoirs publics entraînés par le mouvement secondent puissamment, aujourd'hui, l'initiative individuelle dans son œuvre mutualiste et coopérative, en vue de permettre aux Associations d'augmenter l'importance de leurs résultats et d'étendre leurs bienfaits.

Les Sociétés de production ont pris un très grand développement depuis quelques années, et les avantages nombreux qu'elles procurent à leurs membres ne peuvent qu'augmenter la faveur dont elles jouissent auprès du monde ouvrier. Elles ont, du reste, fait leurs preuves, et, à l'heure actuelle, c'est sans aucune appréhension que l'Etat, les grandes administrations et les particuliers, leur confient l'adjudication de grands travaux, dans l'exécution desquels elles apportent une science professionnelle qui les place au niveau des grandes entreprises patronales.

Pour quelques-unes d'entre elles, l'insuffisance des capitaux en a retardé le complet développement. C'est évidemment très *fâcheux*, et il y a lieu de craindre que pareille difficulté ne vienne apporter des entraves à la formation des Sociétés futures.

Le remède à cette situation nous paraît résider dans la combinaison mise en pratique par notre ami, M. Buisson, dans la transformation de l'Association des ouvriers peintres, *Le Travail*, à Paris, qui, dans cette circonstance, a fait appel aux capitaux étrangers à l'Association.

Cette innovation, plus hardie qu'on ne pense, a été féconde en bons résultats, qui la recommandent à l'attention de nos amis des Sociétés ouvrières de production. Ils peuvent l'appliquer sans rien abandonner de leurs principes, et en conservant à leurs Associations le caractère ouvrier qu'elles ne veulent pas abandonner.

Un brillant avenir nous paraît réservé aux Associations de production, qui sont composées d'une élite d'ouvriers joignant aux aptitudes professionnelles et aux connaissances techniques qui distinguent les travailleurs sérieux, capables et dévoués, les vertus morales qui font les bons citoyens.

Les Sociétés Coopératives de Consommation, qui figuraient nombreuses à l'Exposition universelle de 1900, ont été jusqu'à ce jour aussi peu connues que violemment attaquées. Et, sans vouloir froisser personne, nous pouvons dire que ce sont ceux qui les connaissent le moins qui les dénigrent le plus.

Le petit commerçant, qui, à tort ou à raison, voit en elles le concurrent redoutable d'aujourd'hui, dans lequel il soupçonne le remplaçant de demain, met tout en œuvre pour entraver leur essor et, si possible, les détruire ; c'est là une chose très naturelle, procédant d'un sentiment bien humain, et nous n'avons pas à nous insurger contre elle.

Tous les comptes rendus, notices, etc., exposés par les Sociétés de Consommation, racontaient les difficultés suscitées par les Syndicats des détaillants, pour faire obstacle à leur développement, et les dangers courus par elles à la suite de coalitions commerciales.

Que d'ennuis, que de misères *morales* ont été supportés par les initiateurs de ces institutions, contre lesquels toutes les accusations, même les plus infâmes, ont été portées. Tour à tour, ils ont été dénoncés aux pouvoirs publics comme des négociants trop habiles, cotoyant les plates-bandes du Code avec le plus grand cynisme, et à leurs sociétaires comme des administrateurs incapables, conduisant les Sociétés à la faillite.

Rien n'y a fait ! l'idée était bonne, elle a marché ; le principe était fécond, et il a produit les résultats qu'il promettait.

Aussi, quelle satisfaction pour les hardis novateurs de cette œuvre nouvelle, de pouvoir présenter au monde entier, convié à notre grande fête universelle, les magnifiques résultats que le jury a consacrés par de hautes et nombreuses récompenses.

Désormais, la preuve est faite ; la Société de consommation a droit de cité dans le concert économique, et il ne servirait de rien d'essayer de nier sa puissance comme de contester sa légitimité !

C'est le complément obligé, indispensable, de l'édifice de la mutualité.

Elle groupe des citoyens sous une forme nouvelle d'Association et concourt, dans une large mesure, à l'œuvre d'amélioration sociale poursuivie par l'ensemble des Sociétés basées sur l'aide mutuelle. Elle est à la base du système coopératif, dont elle constitue la première assise et le plus solide appui.

La Société de consommation est une œuvre de paix et de relèvement.

En diminuant les charges du travailleur, elle le libère de la situation précaire où l'avait jeté l'abus ou le mauvais usage du crédit ; elle lui rend la tranquillité morale, assure son indépendance et défend sa dignité.

Elle réalise donc une somme de résultats qui doit lui mériter la confiance et l'appui des classes laborieuses et la sollicitude des pouvoirs publics.

Par contre, ses adversaires commerçants l'accusent de vouloir détruire l'organisation économique actuelle, pour lui substituer un système basé sur l'Association coopérative, ces mêmes adversaires ajoutent que, sans procurer une amélioration sensible à l'état de choses actuel, cette transformation provoquera, à n'en pas douter, une véritable révolution qui fera courir les plus graves dangers à l'ordre social.

L'accusation nous paraît bien grosse et les dangers signalés bien lointains, si tant est qu'ils finissent un jour par menacer l'humanité.

Il est évident que la progression constante du nombre de Sociétés de consommation, doit avoir pour contre-partie une diminution équivalente dans le nombre des détaillants. C'est fatal, et nous ne saurions le nier.

Mais est-ce que l'élimination d'une catégorie de commerçants n'a pas été faite par les commerçants eux-mêmes, et dans des proportions bien plus grandes. Les grands magasins, les immenses bazars ne sont-ils pas autrement dangereux pour les commerçants au détail que nos modestes Coopératives.

Est-ce que la crise que traverse actuellement le petit commerce n'a pas été provoquée par le petit commerce lui-même, qui, en augmentant, sans raison comme sans nécessité, le nombre de ses magasins, a fini par effrayer la consommation par ses exigences, qui ont provoqué l'abstention des consommateurs.

N'est-ce pas une opinion courante, aujourd'hui, que le nombre des commerçants (de l'alimentation surtout) est absolument hors de proportion avec les besoins de la consommation, et que leur progression constante, loin de diminuer le prix des vivres par la concurrence qu'ils sont censé se faire, a déterminé au contraire un renchérissement graduel, qui constitue une menace sérieuse pour le budget du travailleur ?

Et n'est-ce pas cet abus, ajouté à bien d'autres, qui a amené la création des grands magasins et des grands bazars qui, en développant sans cesse leur chiffre d'affaires, devenu aujourd'hui formidable, ont provoqué la disparition d'un grand nombre de petits magasins dont la clientèle est allée grossir celle des grandes maisons concurrentes ?

Oui, c'est bien ainsi que les choses se sont passées, et tout homme sincère qui examine

avec sang froid la transformation qui se produit insensiblement dans le monde économique, est obligé de convenir que si tout cela n'a rien de bien gai pour les petits et
moyens détaillants, dont la situation devient chaque jour plus difficile, la responsabilité de cette situation n'incombe pas à une seule catégorie de citoyens. Les difficultés dans lesquelles le commerce se débat aujourd'hui, ont des origines diverses et com-
plexes et ont été provoquées par des causes aussi diverses.

Il y a d'abord l'excès même du nombre des commerçants, qui sont obligés, comme
nous le disons plus haut, de surélever sans cesse le prix des denrées pour arriver à faire
leurs affaires ce qui, fatalement, amène la disparition de la clientèle.

Il y a ensuite la création des grands magasins, qui en faisant la concentration des gros
capitaux peuvent opérer dans des conditions bien plus avantageuses que les petits magasins qu'ils suppriment *ipso facto*.

Mais la cause principale du malaise dont souffrent les commerçants réside surtout
dans la transformation qui se produit depuis un demi-siècle, et qui s'est manifestée dans
tout l'outillage industriel et économique du monde civilisé. L'établissement des chemins
de fer, qui ont permis de supprimer les distances et ont modifié les conditions des
échanges internationaux, l'introduction du machinisme dans la production industrielle
qui a rendu inutile le travail d'un grand nombre d'ouvriers, et a surchargé ainsi le
le marché d'une main-d'œuvre qui ne trouve pas à s'employer ; les modifications profondes que les conditions actuelles du travail ont apporté dans l'alimentation et les
besoins du travailleur, et tant d'autres causes diverses, ont déterminé la crise économique
que nous observons aujourd'hui, et dont ceux qui en pâtissent voudraient rejeter la responsabilité sur la Coopération de consommation. Ils n'y parviendront pas.

Loin d'être préjudiciable aux intérêts de la masse, la Coopération de consommation
est une source de bienfaits. — Elle sert de régulateur au marché, elle maintient les prix
à un taux raisonnable et sans nuire au producteur, dont elle est l'alliée et l'amie, elle
permet au consommateur de s'approvisionner dans des conditions meilleures en l'affran-
chissant de la tutelle des intermédiaires inutiles.

Les *Sociétés de consommation ont également trouvé des adversaires dans le parti
socialiste.*

Celui-ci, ou tout au moins une fraction du parti, après les avoir excommuniées dans
divers Congrès, cherche aujourd'hui à s'emparer de la direction du mouvement pour
se servir des gros bataillons de coopérateurs et des ressources considérables que possèdent
leurs Associations, pour hâter l'avènement du régime socialiste. On briserait ensuite cet
instrument devenu inutile, le but poursuivi étant atteint.

Comme la politique tuerait la Coopération sans profit aucun pour le parti qui s'en
serait emparé et que la disparition de cet organe économique serait une véritable cala-
mité sociale, les vrais amis du peuple ont pour devoir d'écarter de la Coopération les
dangers que lui ferait courir l'adoption d'une étiquette politique quelconque.

L'autre fraction du parti socialiste continue à traiter ces Sociétés en ennemies, «parce
que, dit-elle, le bien-être que la Coopération de consommation apporte au foyer du travailleur, peut devenir suffisant pour émousser l'ardeur de celui-ci et lui faire perdre de
vue que son émancipation ne peut-être obtenue qu'au moyen d'une révolution sociale. Or
il est à craindre que celui-ci désire d'autant moins une révolution que sa situation s'amé-
liore davantage ».

Nous espérons bien que la Coopération de consommation produira cet heureux résultat et que, d'autre part, la direction du mouvement coopératif ne quittera pas les mains des hommes sages et pondérés qui ont su jusqu'à ce jour lui éviter bien des à-coups, et lui faire faire une route lente, mais sûre, dans la voie du progrès.

Les Sociétés de Retraite et de Secours mutuels sont tellement répandues dans notre pays, où on les compte par milliers, et les services qu'elles rendent aux travailleurs de tous ordres sont si nombreux et si importants, qu'elles sont connues et appréciées de tous. Elles ont sur les Sociétés coopératives (de consommation surtout), cet avantage considérable de ne compter que des amis. C'est du reste ce qui leur a permis, non sans lutte toutefois, d'obtenir du Parlement une loi libérale (1), qui favorisera dans une large mesure leur progrès et leur développement.

Nous considérons, en effet, qu'un pas considérable a été fait lorsque, rompant avec les errements anciens et brisant le vieux moule dans lequel le Code mutualiste avait été coulé, le Parlement a introduit dans la loi nouvelle une disposition autorisant certaines catégories de Sociétés à employer à l'achat d'immeubles une partie de leurs fonds disponibles, qui jusqu'alors se cristallisaient dans les Caisses de l'Etat.

Cette réforme, dans les prescriptions légales relatives au placement des fonds des Sociétés de Secours mutuels, est une des plus importantes que la nouvelle loi ait sanctionnées. Elle procure aux Sociétés l'avantage de faire produire à leurs capitaux de plus gros intérêts, et elle remet dans la circulation industrielle des sommes dont elle était privée, ces sommes restant inertes dans les Caisses de l'Etat, qui en était embarrassé comme d'un poids mort. Le passif de la Caisse des Dépôts et Consignations est allégé du montant des sommes affectées à des achats d'immeubles et auxquelles l'Etat n'est plus obligé de bonifier la différence entre le taux d'intérêt réel et celui de 4 1/2 % déterminé par le décret-loi du 26 mars 1852, et le décret du 26 avril 1856.

Bien que la situation ne soit pas la même pour les Sociétés libres que pour les Sociétés approuvées, il est à désirer que cette disposition libérale puisse, dans l'avenir, s'étendre à toutes les Sociétés mutuelles, aussi bien aux libres qu'aux autres.

Habitations ouvrières. — Institutions patronales. — Au début de ce travail nous avons dit tout le bien que nous pensions des efforts considérables qui ont été faits par le patronat pour l'amélioration des conditions d'existence de son personnel ouvrier et employé. Comme nous ne pourrions revenir sur ce sujet sans nous répéter, nous nous bornerons à exprimer très sincèrement le vœu que les beaux exemples donnés par de nombreux industriels se généralisent.

Et parmi ces exemples ceux de MM. Boucicaut et fils, du Bon Marché à Paris, de M. Van Marken, à Delft (Hollande) et de tant d'autres, peuvent être cités ; ils sont l'honneur du patronat.

Nous savons bien que cette simple constatation, car c'est tout bonnement un procès-verbal de constat que nous faisons en ce moment, n'aura pas l'heur d'être du goût de tous, et que certains mêmes y trouveront comme une espèce de capitulation impardonnable.

Cela ne saurait toutefois, nous empêcher de faire connaître notre impression personnelle sur les choses que nous avons vues. Nous estimons, en effet, que notre rôle

---

(1) Loi du 1er avril 1898.

dans la circonstance n'est pas précisément de prendre parti pour un système économique quelconque. Nous pensons, au contraire, qu'il doit se borner à l'exposé des faits que nous avons étudiés, à faire connaître les expériences sociales qui ont été tentées en France et ailleurs, et, après en avoir décrit les résultats, indiquer les avantages ou les inconvénients qui découlent des œuvres considérées quelles qu'elles soient.

Aussi, et bien que l'égoïsme des uns, comme l'indifférence coupable de quelques autres, privent beaucoup de travailleurs des bienfaits dont jouissent un grand nombre d'entre eux, nous déclarons qu'il serait souverainement injuste de ne pas reconnaître loyalement les très grands sacrifices consentis par le patronat, en vue du bien-être de la classe ouvrière. Ces sacrifices, dont le chiffre est parfois très élevé, dénotent chez leurs auteurs le sentiment profond de la responsabilité morale qui leur incombe et leur désir bien naturel de rendre plus étroits et plus cordiaux les rapports qu'ont entre eux les deux grands facteurs de la richesse industrielle : le capital et le travail.

Nous sommes heureux de le proclamer et nous formulons le souhait le plus sincère pour que cette entente se développe et répande des bienfaits de plus en plus nombreux et considérables sur tout le monde du travail.

Et, comme le disait Jules Simon, dans un discours prononcé le 3 mai 1896, au Musée social : « J'espère que nous verrons fleurir avant peu en France, une mode qui commence à se dessiner et qui nous est venue des Etats-Unis, la mode qui consiste à avoir un certain nombre de millions pour les donner à des bonnes œuvres. »

TABLE DES MATIÈRES

CHAPITRE IV

Institutions de prévoyance

CHAPITRE V

Institutions Patronales. — Habitations ouvrières

CHAPITRE VI

Imprimerie BROTEL, rue Lafayette, 4, Grenoble.

www.ingramcontent.com/pod-product-compliance
Lightning Source LLC
Chambersburg PA
CBHW052203270326
41931CB00011B/2220